은파에서 쨰보선창까지

•

제5권

최 영 수상록

은파에서 째보선창까지

●

제5권

신아출판사

■ 책머리에

이 책 마지막 5, 6집을 함께 묶습니다.

1993년 6월 나는 그 해 초부터 호남매일에 써서 많은 관심과 인기를 끌었던 '군산 예술의 원류를 찾아서'란 제하의 칼럼 연재를 마치려 할 때였는데 채효 기자가 나의 또 다른 연재를 요청했습니다.

그 때 '내가 군산에 흘러와서 살아온 이야기'를 쓰자는 생각이 퍼뜩 떠올랐습니다. 독자들의 재미를 위해서 서신 형식으로 쓰자 그런 생각도 했습니다.

그렇게 1993년 7월 1일부터 이 연재 ≪은파에서 째보선창까지≫가 신문에 나갔습니다. 그 동안 호남매일, 군산신문, 서해신문, 다시 호남매일, 그리고 인터넷 군산타임스로 옮기면서 당초의 계획을 훨씬 넘겨 13년 4개월 동안 414회 연재를 마쳤습니다.

그것은 1973년 7월 1일부터 2006년 11월 18일까지 총 33년

4개월 동안 나의 제2의 고향 항구도시 군산에서 겪은 역사의 소용돌이 속에서 만난 일과 사람들의 이야기들입니다.

내가 군산에 흘러온 동기와 우리의 가족사 그리고 시인이 된 이야기입니다. 직원에서 계장, 과장, 읍장, 동장으로 가면서 행정과 민초들에 얽힌 이야기들을 진솔히 풀려 힘썼습니다. 그러면서 자연과 환경 그리고 인간의 작은 몸짓들이 하나의 역사로 장강처럼 흘러간다는 것을 알게 되었습니다. 오랜 세월이었지만 많은 독자들의 격려로 행복했습니다.

그들이 너무 궁금해 했던 '초라草羅와 예쁜이' 실체는 연재의 흥미를 더한 보헤미안이었습니다. 픽션이냐, 아니냐? 로 갈라져 버려 지금까지 독자들의 고정된 사념이 자칫 혼란해지고 싱거워 질까, 걱정도 됩니다.

처음 연재를 시작할 때, 그 때 형진이가 17세, 송일이가 14세, 내가 48세, 아내가 43세이었습니다. 그리고 이제 서울에서 공무원 생활을 하는 형진이와 며느리는 30세가 되었습니다. 건강한 손자 '쌀'이도 태어났습니다. 27세인 송일이도 서울에서 자기 사업을 열심히 잘하고 있습니다.

어느덧 나는 정년을 하고 회갑, 진갑이 넘어서 할아버지가 되었습니다. 아내는 할머니가 되었습니다. 어려움을 감내하고 나를 도와준 그녀에게 감사를 드립니다.

아! 오랫동안 나와 나의 글을 좋아했던 많은 독자들에게 감사드립니다. 이제 산문에서 탈출하고 싶습니다. 시집도 내려합니다. 오늘밤 아내와 함께 시내에 나가 저녁을 하고 낙엽 지는 은파를 한 바퀴 돌아 집에 돌아오려 합니다.

2006년 11월 18일

은파아파트 서재에서

■ 차례

302

김대중, 15년만의 광주 방문

예쁜이! '87년 9월이 왔습니다. 삼학동 손약국 사거리에 가을빛이 드리우고 있었답니다. 작곡가 이봉조 씨가 심장마비로 별세했습니다. 그는 55세였습니다. 경남 진주에서 태어난 이봉조는 '63년 '안개'란 작품으로 데뷔하여 '떠날 때는 말없이' '보고 싶은 그 얼굴' '맨발의 청춘'등의 대중가요 작곡가로 널리 알려져 있었습니다. 그의 트럼펫 솜씨는 많은 펜들을 확보하고 있었답니다. TV 추모 프로에서 가수 정훈이가 나와서 노래 불렀습니다. 이봉조의 전처 현미가 나와 노래 부르며 눈물을 흘리는 광경을 보았습니다.

우리가 월남에 있을 때 정훈희의 '안개' 현미의 '보고 싶은 그 얼굴'을 많이도 불렀었습니다. 눈물을 흘리며 죽은 전 남편의 노래를 부르는 가수가 참 얼굴 두껍다고 생각을 했답니다. 8년 후 작곡가 길옥윤이 죽었을 때 그의 전처 패티 김이 눈물을 흘리며 노래 부르는 모습을 보면서도 같은 생각을 했답니다.

대통령을 직접 뽑는 헌법안 국민투표를 앞두고 정치권은 성큼 대권행보에 들어갔습니다. 노태우는 미국에 날아가 레이건 대통령을 만나 눈도장을 찍고 왔습니다. 대통령 후보가 되면 미국 가서 신고하고 오는 것이 통례처럼 인식되었던 시절이었습니다. 그래야 국민이 안심하는 정서가 팽배해 있었답니다. 노무현이 대통령이 된 후 금년 봄 처음 미국에 갔다, 하여 화재가 되었지요. 그만큼 국가의 힘이 커졌다는 증거일 수도 있겠지요. 노태우가 미국을 갔다 오며 선거채비를 서두르는 것을 신호로 양김은 단일화를 모색했고 김종필은 신당 창당을 준비했습니다.

민주당 김영삼 총재 측에선 김동영을, 김대중 상임고문은 이용희를 실무대표로 선정하여 단일화 협상에 들어갔습니다. 하지만 그것은 형식적인 일에 그쳤습니다. 양김은 서로 다른 속셈을 가졌었습니다. 원내 기반이 강한 김영삼은 대의원 투표로 결정할 것을, 그렇지 못한 김대중은 바람몰이를 통하여 상대가 양보해주길 바랐습니다.

김대중 일행이 광주, 목포, 하의도 방문을 위해 부인 이희호 여사와 양순직, 노승환, 김영배, 신기하 의원 등을 대동하고 호남선을 탔습니다. 김영삼의 심복 최형우도 함께 탔습니다. 김영삼 측의 전략적 예우였을 것입니다.

그들을 실은 새마을호가 대전, 논산역 등에서 정차했을 때 많은 지지자들이 몰려와 환호했습니다. 열차가 남으로 가면서 더 많은 사람들로 불어났습니다. 김대중을 보려고 이리역사에 많은 사람들이 모여들었습니다. 이리 사람들뿐만 아니라 전주, 군산, 김제에서 버스를 대절하여 모여들었습니다. 역사 주위를 가득 메운 지지자들은 김대중을 연호하였습니다. 김대중은 승강장에 나가 지지자들의 함성에 묻혀서 그저 '감사합니다.' '감사합니다.'만 외쳤습니다. 어떤 남자는 '이희호 여사님! 영부인이 되세요!'라는 쪽지를 창 안으로 전달했습니다.

열차가 정읍 역에 도착하자 미리 기다렸던 '김대중 내광來光 환영위원회'에서 파견된 대표들이 객실 안으로 들어가서 김대중을 맞이했습니다. 안팎에는 김대중을 연호하는 정읍 사람들의 열기로 가득했습니다. 7년 전 정읍에서 있었던 동학혁명 기념식에 참석하여 연설을 하고 돌아간 며칠 후 5·18로 인하여 그가 구속된 것을 생각했을 것입니다. 해방 이후 호남선을 타고 가다가 정읍에 내려 대통령 출마 선언을 했던 이승만처럼 다시 정읍에서 김대중이 대통령 출마를 선언해주길 이곳 사람들은 바랐는지 모릅니다.

'87년 9월 8일 오후 1시 9분 김대중 일행이 광주역 플랫폼에 도착했습니다. '71년 대통령 선거유세 이후 실로 15년 만에 광주에 나타났습니다. 그는 '김대중 선생 내광 환영위원회'위원장인 홍남순 변호사 등의 안내를 받으며 열차에서 광장까지 빠져나오는데 10분 이상 걸렸다 합니다. 3,000여 명이 기다리는 광장에 미리 마련된 단상에 선 김대중은 '5·18 광주 영혼을 위로하고 부상자 및 시민께 감사하기 위해 내가 죽지 않고 돌아왔다.'고 선언했습니다. 환영 나온 시민들은 열광했습니다. 김대중! 김대중!을 연호했습니다.

연설을 마친 김대중 일행은 광주역을 출발하여 망월동을 향했습니다. 환영하러 나왔던 사람들이 뒤를 따랐습니다. 가면서 사람들은 늘어났습니다. 망월동에 도착했을 때는 기다리는 사람까지 합쳐 만여 명의 인파가 되었습니다. 그렇게 김대중은 5·18 묘역에 섰습니다.

그는 이희호 여사와 함께 조화를 바쳤습니다. 분향을 했습니다. 추모사를 했습니다. '나는 5월 17일 군부에 연행된 뒤 56일 째 되는 날 감옥에서 광주사건에 대한 기사를 처음 보고 충격을 받았다.'고 회고하는 대목에서 눈물을 흘렸습니다. 많은 사람들이 함께 울었습니다. 전계량 5·18 유족회장은 답사에서 '광주항쟁의 원만한 수습 없이 이 나라의 참민주화를 이룰 수 없다. 민주지도자는 민중이 선택해야 하며 광주의 원과 한을 풀어줄 수 있는 김대중 선생이 되어야 한다.'고 역설했습니다.

참배를 마친 후 트럭을 개조한 무개차 위에 이희호 여사와 함께 선 김대중의 카퍼레이드가 전남도청 앞 광장을 향했습니다. 김대중을 보려고 골목마다 거리마다 사람들이 나와 손을 흔들었습니다. 시내중심으로 접어들자 완전히 길을 메운 환영인파 때문에 차가 움직일 수가 없었습니다. 유동 3거리에서 2시간 이상 걸려 1.8Km를 통과하여 5·18의 텃자리 전남 도청 광장에 도착했을 때 10만 인파가 기다리고 있었습니다. 비록 그 자리가 어느 정도 인위적이었다 하더라도 참여한 민심은 천심일 수 있었습니다.

그의 연설은 감격에 겨웠습니다. 김대중은 김영삼 총재와 자신이 어떠한 일이 있어도 후보 단일화를 이루겠다고 선언했습니다. 김영삼 총재와 협력하여 망국적 지역감정을 해소하고 민주주의를 쟁취하겠다고 연설하면서 상도동계를 대표해서 참석한 최형우 부총재를 소개하였습니다. 시민들은 뜨거운 박수를 보냈습니다.

김대중은 5·18로 꺾인 광주시민들의 한을 자신이 풀어 줄 것이라고 다짐했습니다. 광주시민들은 살아서 돌아온 그를 보고 목소리 듣는 것으로 행복해 하는 듯 했습니다. 대통령 김대중! 김대중! 질서! 질서!…… 10만 인파가 함께 한 신명난 가을밤의 한판 굿이었습니다.

그날 밤 숙소인 그랜드호텔에서 성직자 및 재야인사 등 500명을 초청하여 만찬을 하는 것으로 전남 도청 앞 감동적인 한판 굿의 뒤풀이는 잘 끝났습니다. 다음 날 그의 정치적 고향인 목포를 16년 만에 찾았습니다. 그리고 그가 태어난 하의도를 28년 만에 찾아 선영에 성묘했습니다. 한 지도자의 고향방문이 이처럼 많은 사람이 환영하고 감동을 준 일은 근대사에 찾아보기 힘든 일이었을 것입니다. 그것은 고달픈 시대상을 반영한 것입니다. 어려운 시대에는 영웅을 기다리고 영웅을 만듭니다. 안정된 사회에서는 큰 지도자가 필요한 것을 못 느낍니다. 스스로가 지도자일 수 있습니다.

'87년 9월 21일 광주 쪽에 가서 열광적인 환영을 받고 고무되어 서울에 온 김대중은 그달 말까지 김영삼을 만나 단일화하겠다고 합의해줍니다. 그리고 여세를 몰아 인천, 성남, 청주 등을 돌며 군중대회를 열어 지지세를 과시했습니다.

이에 질세라 김영삼은 민주산악회를 결성하여 북악산에 모여 세를 과시했습니다. 다음 날 부산 수영만 매립지에서 열린 '군정종식 부산국민대회'에 실로 100만 인파가 참여하였습니다. 이는 김대중과 호남을 압박한 듯하였습니다. 마치 대선유세를 방불케 했습니다.

'87년 9월 29일 김영삼과 김대중이 외교 구락부에서 최종 담판을 벌렸습니다. 회담장 주변에는 국내보도진은 물론 미국, 일본 등 외국의 취재진들도 대거 몰려 있었습니다. 김영삼은 김대중에게 미창당 36개 지구에서 20개를 김대중에게 주고 전당대회를 열어 경선으로 후보를 결정하자고 제의합니다. 세 불리함을 알고 있는 김대중은 어물어물합니다. 서로가 자신이 후보를 내놓을 터이니 잘하자 하면 될 것입니다. 반대로 내가 후보가 될 터이니 네가 양보하고 총재를 하라 하는 협상은 결렬될 수밖에 없지요. 양김의 정치적 회동은 그것으로 끝이 났습니다.

민주당 김태룡 대변인을 통하여 '국민여망인 후보단일화를 하지 못한 데 대하여 국민과 당원에게 죄송하게 생각한다.'고 발표했습니다. 국민들은 '그러면 그렇지! 이었습니다.'경상도 사람들은 김대중을 욕하였습니다. 전라도 사람은 김영삼을 욕했습니다. 오랜 동지란 그들이 정치적, 인간적 결별의 순간이었다는 것을 먼 뒷날 가서 알게 합니다. 이쯤에서 대권 경쟁은 노태우와 3김의 구도로 흘러갈 것을 국민들은 알고 있었습니다.

예쁜이! ≪은파에서 째보선창까지≫ 3, 4집을 준비하며 세월은 2004년 4, 5월이 훌쩍 갔습니다. 북한 룡천역 사건으로 남한의 구호 물품들이 북으로 갔습니다. 군산 대우에서 만들어진 덤프트럭에 구호물자를 싣고 육로로 개성공단까지 들어가서 북한 사람들에게 차 조작법을 가르쳐준 후 차와 물품을 그들에게 주고 트럭 기사들은 버스로 돌아왔습니다.

헌법재판소는 지난 5월(2004년 5월 14일)에 있었던 노무현 대통령의 탄핵을 기각했습니다. 그 동안 대통령 직무 정지 기간에 여당은 국회의원 선거에서 과반수 의석을 얻었답니다. 자기희생이 크면 그만큼 큰 것을 얻을 수 있다는 교훈을 얻습니다.

구상 시인이 85세를 일기로 저세상 사람이 되었습니다. 전라북도에서 제33회 전국소년체육대회가 열리고 있답니다. 군산시에서는 야구, 농구, 탁구, 레슬링 등 4개 종목 경기가 있답니다. 군산시 직장협의회 제3기 회장 선거에서 임영진 후보가 현 회장 김찬균 그리고 정대현, 채택 후보를 누르고 당선되었습니다. 추두환, 김찬균에 이어 제3기 회장을 치열한 경선에 의해서 선출하는 달라진 직장 문화를 봅니다.

요사이 우리 월명동 사무실 환경은 매우 혼잡스럽답니다. 사무실 옆 금동 고지대를 깎아 내리는 작업을 합니다. 주민 자치센터를 만들기 위하여 사무실의 대대적인 보수를 합니다. 우선 이층으로 이사를 하여 업무를 보고 있습니다. 아래층 내부를 뜯어 고치고 옥상에서는 방수작업을 하고 있습니다. 사무실 현관 앞 도로 건너 개인 2층집을 개보수하고 있습니다. 사무실 양 도로변에 터진 상수도 공사를 하고 있습니다. 공무원 말년을 조용히 보내려 하는데 사방에서 천장에서 들려오는 소음으로 하여 견디기가 무척 어렵습니다. 이러한 소란스러움 속에서도 세월은 잘도 갑니다.

내가 이 직장을 떠날 날도 70여 일 남았나 봅니다. 이제 금강산 육로관광을 다녀오고, 새로 나올 은파 3, 4집을 발송하고 여름휴가 다녀오면 내 생애에 직장 출근하는 일은 소멸되어질 것입니다. 아침마다 하루씩 줄어드는 출근날짜를 세면서 무척이나 외로운 시절을 보내고 있습니다. 그대 안부가 너무 궁금합니다.

(2004. 5. 29)

303

그것이 최초로 쓴 수필 같은 것이었습니다

예쁜이! '87년 9월은 내내 정치적인 회오리 속에 있었습니다. 민정당 총재 노태우가 미국을 다녀왔습니다. 양김이 단일화에 실패했습니다. 김종필은 신당 만들기에 박차를 가했습니다. 이러한 정치적 회오리 속에서도 국가가 중심 잡을 수 있는 것은 모든 사람들이 주어진 자기 일들을 착실히 해나가는 것일 것입니다.

남원 윤영근 씨가 소설집 ≪상쇄≫를 펴냈습니다. 내가 사무장으로 나갈 때 문서계장 직무대리로 나갔던 김인택 씨가 월명동 사무장으로 발령되었습니다. 월명동 사무장 정성호 씨가 본청 계장으로 발령되었습니다.

'87년 9월 10일인가? 김선섭 시정계장에게 사무실로 전화가 왔습니다. 14일부터 전주 지방공무원 교육원에서 있을 4일짜리 정신이념반 교육을 다녀와야 되겠다는 내용이었습니다. '하필이면 나야!' 그런 생각이 뇌리를 스쳤습니다. 전화를 바꿔주기 전에 직접 말하지 계장에게 전화하라고 하느냐고 짜증내는 소리를 수화기를 통하여 들었습니다.

4일짜리 교육은 짜증스러운 것이었습니다. 교육 점수도 없거니와 교육 내내 새마을노래 부르고 박수치고 구보하고 잔소리 듣고 오기 때문에 회피했던 교육이었습니다. 왜 하필 나야, 하는 생각과 교육 3일 전에 일방적 통보에 대해 몹시 불쾌하였습니다. 얼마 전까지 내가 모시고 있던 계장이 자리가 달라졌다하여 그럴 수 있는가 해서 더욱 불쾌했습니다. 물론 계장 뜻만은 아니겠지만 말입니다. 하여튼 불만족스러운 상태에서 동의해 주었습니다. 지금은 정리되었지만 이 일은 한동안 가슴에 상처로 남아있었답니다.

'87년 9월 14일 전주 공무원교육원에 입교하여 4일 동안 군대식 기상, 인원보고, 국기에 대한경례, 구보, 체조, 청소, 식당 줄서기, 졸리는 강의, 강의 시작과 후에 새마을노래 부르고 손뼉치기, 취침점호 등 병영식 교육을 받았습니다.

교육기간 중 교육원 사무실로 삼학동에서 연락이 왔습니다. 내무부 지방공제회 문흥원 씨가 전화 한 번 걸어달라는 내용이었습니다. 그에게 전화했더니 지방행정지에 게재하겠다고 15매짜리 수필 하나 써 달라 합니다. 제목까지 '나의 첫 사랑'이라 하여 부탁을 했습니다. 거절할 수 없는 그의 부탁이었습니다. 나의 첫사랑이라, 첫사랑이 있는가? 쉬는 시간이면 교육원 등나무 밑에서 생각했습니다. 교육원 정원엔 모과가 익어가고 있었습니다. 담 너머로 벼들이 익어가고 있었습니다. 아! 그의 이야기를 쓰자!

고등학교 3학년 늦가을…… 대학가는 것을 포기하고 있었습니다. 7남매 중 둘째인 내가 대학가는 것은 불가능했습니다. 집안이 넉넉하지 못했던 것과 학업성적이 뛰어나지 못하였기 때문이었습니다. 어느 날 나락가마니를 지게에다 지고, 고개 너머 정미소에 가다가 산비탈 밭에서 깨를 베고 있는 초등학교 동창 아이를 만났습니다. 눈이 마주치자 가슴에선 방망이질을 했습니다. 그리고 언젠가부터 꼭 하고 싶었던 말, 저녁에 저기 감나무 밑에서 만나자, 땀을 흘리며 이 말을 했습니다. 얼굴이 붉어진 그는 도망가 버렸습니다.

그 날 저녁 차가운 달밤, 벌레소리 새소리 바람소리…… 감나무에 기대어서 오지 않는 그를 한없이 기다렸습니다. 그가 엉겁결에 버리고 간 낫을 주워 만지작거리며 말입니다.

얼마 후 나는 입대를 했습니다. 그리고 군 생활 중 월남을 가기 위한 휴가를 왔습니다. 휴가 기간에 시골학교 가설극장에서 영화를 상영했습니다. 그곳에서 무리 중에 멀어져 가면서 우리는 눈을 맞출 수 있었습니다. 그것이 다였습니다.

다음날 장에서 만난 그의 어머니와 함께 걸어왔습니다. 20여 리를 함께 오며 몇 번을 망설였습니다. 당신의 딸을 내게 주십시오, 하고 말하고 싶었습니다. 하지만 그럴 수 없었습니다. 용기가 없어서가 아니라, 월남에서 살아 돌아온다는 보장이 없었기 때문이었습니다. 미진이 일이 있긴 했지만 나는 월남 생활 3년을 무사히 마쳤습니다. 월남에서 돌아올 때 어머님이 남원까지 마중나와 주셨습니다. 남원에서 고향 가는 차 중에서 어머니께 그녀를 물었더니, 그가 충청북도 제천으로 시집갔다고 이야기해 주었습니다.

이런 것이 첫사랑이 될 수 있을까? 하지만 그것을 대략 정리하여 교육에서 돌아온 후 원고에 옮겨 내무부로 부쳤습니다. 지방행정지 '87년 11월호에 발표되었습니다. 책이 나오는 날, 많은 사람에게 전화를 받았습니다. 가슴이 찡한 글이라고 김성호 동장이 내게 이야기해 주었습니다. 직원들이 놀려대기도 했습니다. 남궁평 계장이 전화해 주었습니다. 오부길 계장께서 전화해 주었던 생각도 납니다. 그것이 내가 최초로 쓴 수필 같은 것이었습니다.

예쁜이! 제17대 국회개원과 부산시장, 경남지사, 전남지사, 제주시장, 그리고 지방의원 자치단체장 등 6·5 지방 재·보선을 앞앞두고 있습니다. 전라북도에서는 임실군수, 전주, 익산에서 3석의 도의원, 한 석의 시의원을 뽑게 된답니다.

어제는 2004년 6월 중 청원전체조회가 있었습니다. 내 공직생활에 마지막 참석하는 조회라 생각되어 복장과 마음을 깨끗이 하고 출근을 하였습니다. 새로 만든 신분증을 목에 걸고 대회의실 가득히 직원들이 앉아있었습니다. 다시는 못 볼 전체조회 모습을 머리와 가슴에 담아두고 싶었습니다. 예전엔 읍면동장들이 그룹으로 자리를 했는데 이제 들어오는 순서대로 앉다 보니까 앞이 채워져서 뒷좌석에 앉았습니다. 시장 말씀 이전 시상식 땐 여자직원이 단상에서 시장에게 상장과 상품을 전해주고, 그 여직원에겐 땅땅한 남자직원이 챙겨주고 있었습니다. 직급 높은 여직원에게 남직원이 자연스럽게 보좌해주는 변화를 봅니다. 자리에 앉은 절반 정도가 젊은 여직원들이었습니다.

시장은 청원전체조회를 분기별로 하기 때문에 시 사업과 시장의 소신을 직원들에게 알리고 당부하는 것이 만족스럽지 못하다고 이야기했습니다. 직장협의회와 조율해서 가능한 한 월 1회씩하고 싶다고 협조를 당부했습니다. 전체조회를 시장 마음대로 못 정하고 직장협의회와 상의하는 새로운 공무원 세계를 접합니다.

시장은 이야기 도중 지난번 제3기 직장협의회장 선거에서 새로 당선된 임영진 회장을 단상으로 불러 직원들에게 인사토록하고 격려하였습니다. 전임 김찬균 회장의 노고도 치하했습니다. 임영진은 공무원 노조의 최대목표는 시정발전을 위해 어떻게 할 것이냐에 대해 집단적 고민을 해야 할 것이라고 들고 협조를 구했습니다.

30여 년 전 그 때도 청원전체조회는 있었습니다. 지금도 있습니다. 시장 훈시에서 시장 말씀으로 바뀌어서 조회를 합니다. 그 말씀 중에 요사이 전라북도에서 열리고 있는 제33회 전국소년체전 이야기는 한 마디도 언급되지 않은 것을 보고 많이 달라졌구나 생각합니다. 내 나이만큼 공무원 사회가 많이 변화하고 있음을 보고 확인합니다. 시장 빼놓고 가장 나이 많은 내가 이제 떠날 때가 되었음을 확인합니다. 팔마광장, 시외버스 터미널을 거쳐 아스팔트 위로 돌아옵니다. 여름햇살이 눈부시게 부서지고 있었습니다. 그 대와의 추억 어린 내항을 지나며 눈물이 어렸습니다. 다음주에는 육로로 금강산 관광을 다녀오려 합니다.

(2004. 6. 2)

304

꿈에 그리던 금강산 육로관광

예쁜이! 금강산 가는 날 새벽 군산엔 비가 내렸습니다. 지금부터 62년 전 아버님이 금강산 총석정에서 찍은 사진과 그곳에서 구입해 오셨던 목탁을 챙겨서 짐을 꾸려 집을 나섰습니다.

같은 아파트 개인택시를 하는 기병이 아빠에게 아침 6시 30분으로 약속을 했었는데 기사는 저녁때로 잘못 알아들어 나타나지 않았습니다. 내가 전화하여 그때서야 준비해 나오느라 늦어진 출발이었습니다. 전주 객사 앞에 도착하니 두 대의 관광버스가 기다리고 있었습니다. 우리 부부는 전라북도 쪽에서 떠나가는 2박3일짜리 금강산 육로관광객의 일부가 되었습니다.

아침 비로 말끔히 씻긴 6월의 산하를 가르고 관광버스는 전주를 출발하여 동해안 속초 쪽으로 향하고 있었습니다. 일시에 모내기를 한 것같이 잘 정비된 국토의 들녘이 아름다웠습니다. 초록의 산하에 끼어 있는 밭곡식도 햇살을 받아 풍요로움을 더해 주고 있는 듯 했습니다. 사람들은 자기들만의 대화에 열중했고 그 대화를 우연히 듣게 되는 나는 상대 사람들의 신분을 짐작할 수 있었습니다. 오래 전에 퇴직한 공무원들 그리고 목사들과 교인들이 대부분이었습니다. 창밖을 바라보며 상념 속에 빠져들었습니다.

내가 태어나기 전 이야기입니다. 일제시대인 1943년 아버님 나이 23세 때, 그 분이 구림면 금융조합에서 근무하셨을 때였습니다. 아버님은 동료직원 정진철 씨와 함께 14일간 금강산 여행을 다녀오셨습니다. 돌아오실 때 기념품이 많아 짐꾼을 사서 순창 읍에서 구림 금융조합 사택까지 날라 왔다고 어머님은 늘 말씀하셨습니다. 금강산 다녀오며 한 달 봉급 절반을 썼다고 말씀하셨습니다. 달콤한 신혼 시절 어머님의 추억 속에는 아버님 금강산 다녀오시는 이야기가 크게 차지하고 있었답니다.

어머님이 일찍 저 세상으로 가셨습니다. 그 3년 후 아버님도 저 세상으로 가셨습니다. 돌아가신 지 8년 만에 나는 아버님 유고집을 내드렸습니다. 그 책 속에 아버님이 금강산 총석정에서 정진철 씨와 함께 찍은 사진을 실었습니다. 그 정진철 씨가 정동영 전 열린우리당 의장의 아버지란 것을 얼마 전에 알았답니다.

사진 외에 우리 집에 남아 있는 유품 하나, 그것은 작은 목탁 한 벌입니다. 아버님은 우연히 사셨겠지만 어쩌면 이것은 인연의 작은 끈일 수 있습니다. 목탁은 중이 가질 수 있는 물건입니다. 중이 가질 수 있는 물건이라면 그 임자는 법수 스님이 아닐까? 생각했습니다. 언젠가 법수에게 목탁을 주겠다, 하였더니 '우선 형님이 보관하시죠!' 하고 사양하더군요. 누가 보면 하찮은 물건일지 모르지만 언젠가 이 목탁을 법수에게 돌려주려 합니다.

아버님이 생전에 다시 한 번 더 가보시길 원했던 그 금강산 관광 구상을 정주영이 처음 밝혔을 때 많은 국민들은 설마했습니다. 정주영 씨는 위대한 사람이었습니다. 그가 구상했던 금강산관광, 개성공단, 개성관광, 남북철도연결 사업 등이 우리 생각보다 많이 앞당겨지고 있습니다. 우리가 육로로 금강산을 갈 수 있는 것도 상당 부분 정주영 때문이 아닌가! 그런 생각을 합니다. 정주영 생각을 하자 얼마 전에 죽은 그의 아들 정몽헌이도 생각이 났습니다. 조국이 통일된 먼 뒷날 역사는 그들 부자를 통일의 상징으로 크게 기록할 것입니다.

우리를 실은 차가 동해안 쪽으로 그리고 북으로 질주할수록 설렘을 주었습니다. 강릉에서 점심을 먹고 속초 금강산 콘도에서 물건을 보관한 후 수속을 마치고 통일전망대 바로 밑 출입국관리사무소에 도착합니다. 관리소 마당에는 북으로 오가는 사람들과 차들이 엉켜있습니다. 절차와 방법이 인천국제공항 입출절차와 같습니다. 북새통 속에 금강산 관광에서 돌아온 사람들이 빠져나간 후 북으로 갈 사람이 검색대를 통과하여 나갑니다. 밖으로 나가자 23번이라는 번호표가 달린 금강산 오가는 현대관광버스 속에 연변에서 온 조선족 기사와 현대아산 직원 안내양이 기다리고 있었습니다. 800여 명을 실은 25대의 관광버스가 북으로 향할 순서를 기다리며 두근거림을 감추고 있었습니다.

차가 움직였습니다. 안내양은 이야기합니다. 2003년 9월 육로관광을 시작한 후 오늘이 234회라고요. 갈라진 산하 남쪽 철조망을 직접 봅니다. 그리고 가까이 남북을 잇는 도로와 철로 작업을 하며 땀을 흘리는 남한 인부들의 모습을 보면서 비무장지대를 지납니다. 남쪽 방카에선 미군과 한국군이 북한에 총을 겨누고 있습니다. 조금 지나자 북한 인민군 병사들이 남쪽에 총을 겨누고 있는 모습을 봅니다. 아! 우리가 북한 땅을 진입한 것을 알게 합니다.

분단 반세기 만에 금단의 땅을 이렇게 들어갈 수 있는 것이구나! 처절했던 남북 분단사를 생각합니다. 하늘엔 새 떼들이 자유로이 날고 있습니다. 일정한 거리를 두고 북한 군인들이 부동자세로 서서 관광버스를 감시합니다. 안내양의 이야기에 의하면 남쪽 사람들이 차창으로 촬영하는 것을 감시하고 동태를 살핀다 합니다. 조금 가자 낙타봉이 잡힐 듯 다가옵니다. 거기서부터 모든 산들은 금강산의 크고 작은 자락들입니다.

북한 군인들이 검색을 하기 위하여 25대 차량 모두를 세웁니다. 2인 1조의 북한 병사가 순서대로 차에 오릅니다. 미리 열려져 있는 문으로 차에 오른 독일병정 같은 두 명의 병사는 무표정하고 냉철히 차 속을 앞으로 질러 뒤로 나갑니다. 서로가 안녕하세요!

그 한 마디를 하지 못하는 안타까운 마음의 거리를 접합니다. 차에서 내린 그들은 미리 열어놓는 짐칸을 검사합니다. 25번 차량까지 검사를 모두 마친 병사들은 맨 앞으로 나가 기다리던 상관에게 이상 유무를 보고합니다. 그리고 그들이 떠난 후에 관광버스가 움직인답니다.

피폐해질 대로 피폐한 북녘의 조국산천은 우리 모두를 한탄케 합니다. 같은 나라인데 남과 북의 자연과 사람들의 때깔이 너무 다른 데에 연민의 정을 느낍니다. 초라한 인민군 막사와 활기찬 모습이 전연 없는 북한병사들이 보입니다. 북의 농촌 모습은 60년대 초 남한 모습만도 못한 것 같아요. 잘 가꾸어진 남한의 들녘과 너무 차이가 나 보였습니다.

남쪽은 모내기가 거의 다 끝났는데 남한보다 빨라야 할 북쪽은 아직도 끝나지가 않았어요. 조잡하게 모내기한 논들과 자새질을 하는 북한 여인들을 봅니다. 빈약한 보리밭 이랑은 시들한 풀들이 절반이었습니다. 붉은 깃발들을 꽂아놓고 남루한 북한 농민들이 낫으로 보리를 베고 있습니다. 몇 사람이 망석 위에 보리를 갖다 놓고 나무막대기로 두드리는 원시적 수확 모습을 보며 놀랍고 한편 안쓰러움을 느꼈습니다. 남한 사람들은 집 주위 빈터에다 꽃도 가꾸고 채소도 가꾸어 노는 땅이 없는데 오히려 북한은 많은 빈터들을 이용하지 못하고 있었습니다. 공산주의의 피동적인 생산의욕이 그리 되었겠지요.

흙벽돌을 쌓아 만든 초등학교가 눈에 들어옵니다. 작업하던 북한 사람들이 관광차가 지나가는 동안 땅바닥에 앉아서 휴식을 취하고 있습니다. 손을 흔들어도 무표정한 얼굴로 멍히 바라볼 뿐입니다. 아니, 아예 돌아다보지를 안 했습니다. 낡고 초라한 병영들이 눈에 들어옵니다. 초가로 된 우체국을 봅니다. 인민도로 위로 자전거를 타고 가는 남루한 북한 사람들을 봅니다.

곳곳에서 현대건설 차량과 중장비들이 작업하는 모습을 봅니다. 현대 오일뱅크를 봅니다. 금강산 일부는 현대로 가득 차 있는 느낌을 받습니다. 낙타봉에서 온정각까지 30여 분을 가면 북한의 출입국 관리소가 나옵니다. 그 길을 가며 금강산 샘물공장 등이 있는 조금 큰 마을들을 만납니다. 여름날 오후 가득 담긴 금강산 봉우리들 속에 우리가 있습니다. 하늘에 다 있는 아름다운 바위에 새겨진 '천출 명장 김정일 장군'이란 글씨가 눈에 들어옵니다. 우리들을 실은 차는 해상관광 때 배가 닫는 항구에 도착합니다. 안내양의 말에 의하면 해상관광은 완전히 끝이 났다 합니다. 듬성듬성 서 있는 인민군 병사들의 감시를 받으며 북한 입국절차를 받습니다.

검색대에 짐을 통과시키고 북한 병사에게 입국증을 제시합니다. 안녕하십니까? 안녕하십네까? 2004년 6월 8일 오후 5시 55분, 내 생애에 북한 사람과 첫 대화입니다. 입국증을 유심히 보던 어린 병사는 내게 묻습니다. 정부공무원이냐, 그리고 동장이 이장 밑이냐고요. 나는 대답했습니다. 남한에서는 읍장, 면장, 동장이 다 같은 직위라고 설명해 주었습니다. 읍, 면 밑에 이장이 있고, 동 밑에는 통장이 있다고 답해 주었습니다. 북한 사람과의 첫 대화는 그렇게 이뤄졌고, 간단한 이 한 마디 대화가 나를 가슴 설레게 했습니다.

입국사정이 끝났습니다. 현대 온정각에서 두당 10$짜리 저녁식사를 마쳤습니다. 그리고 콘도에 짐을 풀고 금강온천욕을 했습니다. 야외 온천에 몸을 담그고 앉아 올려다보는 금강산 봉오리들과 대화하는 즐거움을 만끽했습니다. 분단할 수밖에 없었던 우리역사를 생각했습니다. 아버님은 금강산 여행 때 온정리 어떤 여관에서 주무셨을까? 그런 생각도 했습니다. 한 시간여의 목욕을 마치고 콘도로 돌아왔습니다.

서울서 일괄적으로 정밀하게 제작하여 대형차에 싣고 들어와 줄세워 내려놓은 콘도였지만 이틀 밤 지내기에는 부족함이 없었답니다. 다만 단체 콘도를 우리 부부가 단독으로 썼기 때문에 쌓아 놓은 메토로스 뒤 냉온 스위치를 찾아내지 못하여 새벽에 너무 추워서 곤란을 겪었습니다. 사실은 찾아볼 생각도 않고 그냥 자는 바람에 새벽을 춥게 보내고 아내에게 핀잔을 받았습니다.

2004년 8월 9일 구룡연 삼팔담 등반을 하기 위해 온정각에 모였습니다. 차에 타기 전에 죽은 정몽헌의 추모비를 보았습니다. 옆에는 그의 유언대로 육신의 일부와 유품을 묻어둔 작은 무덤도 있었습니다. 남북분단을 넘어 통일로 가려는 순교자의 자연석 비碑는 아름다운 금강산을 배경으로 우리를 기다리며 아침 햇살에 빛나고 있었습니다.

정몽헌(1949~2003)

여기 조선의 숨결이 맥동치는 곳
금강에 고이 잠들다.
아버지 아산 정주영의 유훈을 이어
세계사의 모든 갈등을 한몸에 불사르며
남북화해의 새로운 마당을 열었다
그의 혼과 백 영원히 하나된
민족의 동산에서 춤추리.

이천삼년 팔월 사일. 도올 짓고 쓰다.

보고 싶었고 서보고 싶었던 그곳에 아내와 함께 사진을 찍었습니다. 등산로 주차장까지 25대 차량이 금강산 자락을 돌아 우리들을 실어 나릅니다. 언젠가 생전의 김일성이 이곳 사과밭에 들렸답니다. 남한 같으면 조잡한 사과밭에서 '좋은 사과를 많이 수확하여 인민을 살찌우게 하라.' 합니다. 그러면 그곳에 어록 비를 새웁니다. 김일성이 지나는 곳마다 흔적을 남겨서 주민들의 교육장으로 활용합니다. 김정일이도 금강산을 다녀갔습니다. 그들 부자가 지나간 흔적을 금강산 봉우리마다 큰 글씨를 새겨 산을 망쳐 놓았습니다. 통일이 된 먼 훗날 김일성 부자의 독재보다 금강산 파괴가 더 큰 죄가 될 것입니다. 자손만대에 넘겨주어야 할 귀중한 산을 김일성 부자, 김정숙 등 그의 일가 찬양글씨로 망쳐 놓아 참 안타까웠습니다.

6·25로 파괴된 절터와 계곡 그리고 춘향목 사이를 지나 주차장에 차를 세웁니다. 그리고 산행의 대열에 섞입니다. 계곡엔 찬물이 굽이쳐 내려옵니다. 너무 차고 너무 깨끗하여 물고기나 모기가 살지 못한다 합니다. 먹이가 없기 때문에 금강산엔 짐승과 새들이 거의 없답니다. 천적이 없는 환경에 동물이 자라지 않는다는 것을 처음 알게 되었어요.

TV에서 자주 보았던 하늘 바위에서 내려오는 긴 폭포수를 파란 요강바위가 받아 다시 아래 요강 바위로 가는 구룡연을 봅니다. 선녀와 나무꾼 전설이 깃든 용소를 내려다볼 수 있는 삼팔담 정상에 오릅니다. 내려다보는 호수는 정말 선녀만이 목욕할 수 있는 곳이었습니다. 그 아름다움을 누가 글로 다 표현하겠어요.

몇 번을 포기하려던 아내를 설득하여 힘겹게 산의 정상에 올랐답니다. 산을 정복한 성취감 때문인지 아내는 하산할 땐 무척 기분 좋아했습니다. 그는 올라오고 있는 많은 사람들에게 자기가 산악인이라도 되는 냥 지도해 주었습니다. 아름다운 금강산 삼팔담 산행이었습니다. 아내가 완주했던 것이 기쁨이기도 했습니다.

산행 자체보다 알찬 것은 북한 사람들을 만나고 대화할 수 있는 기쁨이었습니다. 나를 만난 북한 환경원이 말하더군요. '남조선에서 이해찬 이래 총리 지명받았더구먼요.' 젊은 청년의 말이 내 귀를

의심케 했습니다. 아직 내가 모르는 소식을 그는 알고 있었습니다.

산 굽이 몇 군데에 북한 처녀 총각들이 노점을 벌려 놓고 물건을 팝니다. 사람이 낫으로 깎은 자연산 지팡이를 2$씩 주고 샀습니다. 평일이라 관광객 거의가 노인들인 탓도 있지만 물건이 너무 비싸고 조잡하기 때문에 거의 돈을 쓰지 않는답니다.

북한산 맥주 두 병을 10$에 시켰습니다. 한국 돈으로 맥주 두 병에 12,000원이면 군산시내에서도 비싼 맥주 값입니다. 아내가 맥주 값을 계산하자 북한 처녀는 말합니다. '남조선은 여자들이 돈을 관리하더구만이요. 북측은 그러지 않습네다.' 그러합니다. 남한은 남자들이 돈 벌어 집에 갖다 주고 집 살림은 여자가 한다, 여자가 남편 용돈주고 아이들 학비 주면서 자긍심을 갖는다, 각 가정이 안정되어야 더불어서 나라가 잘된다고 말해 주었습니다.

처녀는 나에게 총각은 아내에게 술을 따라 주었습니다. 나는 시원한 맥주를 단숨에 들이켰고 총각에게 맥주 한 잔을 권했습니다. 나의 컵을 받아든 그에게 국산 과자를 주었습니다. 부담 없이 받았습니다. 몇 살이냐 했더니 28세라 하더군요. 큰놈 형진이 생각이 나서 77년생이냐고, 그랬더니 그렇다고 하더군요. 나의 아들도 자네와 동갑이다 하였더니 놀라더군요. 그의 눈에는 우리 부부가 나이에 비해 너무 젊어 보인 것 같아요. 아내를 가리키며 몇 살로 보이냐 했더니 40을 이야기하더군요.

나는 청년에게 말합니다. 집이 어디냐고. 온정리라 합니다. 군대 갔다 왔느냐, 했더니 대학을 못 갔기 때문에 고등학교 졸업하고 18세에 입대하여 10년간 근무하고 금년 봄에 재대했다 합니다. 참한 너를 사위삼고 싶다고 했더니 통일이 되어야지요, 하면서 얼굴에 어두운 그림자가 스쳐가는 것을 보았습니다. 짧은 시간 잠깐 대화이지만 가슴속으로 무언가 뜨거움을 느꼈습니다.

10$짜리 맥주 두 병이 북한 사람들에게 상당히 큰돈일 것입니다. 금강산에 간 한 사람 당 6만 원을 북한에 준다 합니다. 하지만 많은 사람이 금강산에 가고 많은 사람들이 북한 상인들의 물품을 구입했으면 그런 생각을 했습니다.

오후에는 이산가족 상봉 장소이기도한 삼일포 구경을 했습니다. 그리고 평양교예공연 관람을 했어요. 1인당 30$씩을 주고도 관람객은 입석까지 가득 차 버려 표를 사지 못하고 돌아간 사람들이 많았습니다. 공연장을 해상관광에 맞추어 적은 규모로 설계했기 때문이라 합니다.

신기에 가까운 곡예를 봅니다. 인간의 한계가 신에 가까운 데 놀랬습니다. 목숨을 건 훈련이 사람들을 신의 경지에 가게 했겠지요. 많은 사람들이 눈물을 흘립니다. 나와 아내도 마찬가지입니다. 즐거움보다 그들이 신의 경지에 가기까지 얼마나 많은 고생을 했을까? 하는 연민 때문이었습니다.

공연이 끝났을 때 남한의 관광객과 북한의 공연단은 헤어지지 못하고, 고향의 봄, 또 만나요, 휘파람 등을 합창합니다. 남한 사람이 경영하는 슈퍼에서 하이트 캔 맥주를 사들고 콘도로 돌아옵니다. 금강산의 마지막 밤을 보냅니다.

오는 날 아침 아버님의 해금강 사진과 목탁을 챙겨들고 만물상 등반에 나섰습니다. 정상까지 한 시간이 걸렸습니다. 정상은 좁고 위험한데 많은 사람이 몰려 있었습니다. 23세 젊은 청년이었던 아버님은 이곳에서 어떤 생각을 했을까?. 아버님을 추억했습니다.

정상을 비켜 내려오면서 어제처럼 북한인 노점에서 맥주를 시켰습니다. 북한 점원에게 아버님께서 62년 전에 총석정에서 찍은 사진을 보여주었더니 너무 놀라더군요. 총석정이 어디쯤 있냐고 물었더니, 총각은 100여 리 떨어진 총석정을 갔다 왔다 하고, 처녀는 아직 가보지 못했다 하더군요. 부모님 생각에 눈물이 났습니다. 만물상 산행을 끝내고 온정각에서 점심을 먹고 돌아오는 차를 타기 전 매점에 들려 사무실 직원들을 위해 1병당 10$짜리 백두산 오가피 꿀 10병을 샀습니다.

2박 3일간 금강산 관광을 마치고 갔던 길로 다시 돌아옵니다. 금강산 관광을 통해 북한사람들의 생활을 보았습니다. 그들과 대화를 통해 한 민족이란 것을 느꼈습니다. 백성들을 저렇게 피폐하게 만들어버린 북한의 위정자들이 미웠습니다.

금강산 일대는 현대공화국 같은 느낌을 받았습니다. 사고예방을 위해 배치된 안내원들, 식당 매점에서 근무하는 직원들이 남한에서 온 현대직원도 있지만 거의가 조선족 사람들입니다. 인건비, 노조문제 등으로 조선족 사람들을 데려와 쓰겠지요.

출발할 때 택시 기사와 시간 약속이 잘못되었습니다. 금강산 출입국관리소로 가는데 여행용 가방 밑 바퀴가 떨어져 나가 애를 먹었습니다. 콘도의 온냉방 스위치를 점검하지 않아 추운 밤을 보냈습니다. 이러한 모든 것들이 뒷날 추억으로 예비하려 합니다. 피폐한 북한 산천을 돌아보고 오면서 어서 빨리 통일이 되기를 기원합니다.

예쁜이! 금강산을 다녀온 전후에도 많은 일들이 이루어지면서 세월이 가고 있습니다. 제17대 전반기 국회의장에 김원기, 부의장에 김덕규, 박희태 의원이 당선되었습니다. 6·5 재·보선 결과 부산광역시장에 한나라당 허남식 후보가, 경남지사에 한나라당 김태호 후보가, 제주시장에 한나라당 김태환 후보가, 전남지사에 민주당 박준영 후보가 당선되고 여당인 열린우리당은 한 석도 얻지 못했답니다.

같은 날 치러진 이철규 군수 뇌물사건으로 결원인 임실군수 선거에서 열린우리당 김완묵 후보를 누르고 무소속의 김진억 후보가 당선되었습니다. 열린우리당은 방심과 자만이 참패 원인이라고 분석하고 있습니다. 날로 변하는 민심의 변화를 봅니다. 이해찬 의원이 국무총리로 지명되어 청문회와 국회의결을 기다리고 있답니다. 레이건 전 미국 대통령이 93세를 일기로 사망했습니다. 많은 미국사람들은 그를 애도한답니다. '83년 11월 레이건 대통령이 한국에 왔을 때 전방을 시찰하면서 북한 집단촌을 보면서 할리우드 영화세트장 같다고 이야기한 일이 떠오릅니다.

어제(2004년 6월 18일)는 새로 출판된 은파3, 4집이 집으로 배달되어 왔습니다. 월명동으로 와서 2년여 동안 그대에게 보낸 편지들을 묶어 세상에 내놓습니다. 부끄럽기도 하지만 진솔한 기록이기 때문에 후회하지 않는 답니다. 많은 사람들이 가볍게 읽기를 바랍니다. 내 눈높이로 보았던 한 시절의 군산이야기를 많은 사람들이 동감하길 빕니다.

(2004. 6. 19)

305

1987년 10월 27일, 국민투표는 군산이 우승쯤 될 것입니다

예쁜이! '87년 10월은 내장산 단풍이 빨리 왔습니다. 농사는 대풍이었습니다. 풍성한 추석절을 맞이했습니다. 제68회 전국체육대회가 10월 13일 광주와 전남 8개 지역에서 6일간 열렸습니다. '새힘, 새날, 새빛'의 슬로건을 내건 그 해 체전은 전국 14개 시도 및 이북5도 재미동포 등 21,797명의 선수가 참가하였습니다.

제7회 도민의 날 행사가 열렸습니다. 이 행사에서 군산의 고태곤 씨가 도민의 장을 받았습니다. 어떤 일로 기술직 최희갑, 유재옥 씨가 시청을 떠나갔습니다. 이상비 선생이 제2회 표현문학상을 받았습니다. 최진성 전북문협회장이 제12회 노산문학상을 받았습니다. 군산시가 22억 원을 들여 제1공단 내 17만 평 공유수면 매립공사를 (주)동양고속을 통해 발주했답니다. 바다를 막아 공단을 조성한 이 사업은 뒷날 오래도록 군산시를 속썩이었답니다.

12월에 치러질 제13대 대통령 선거를 앞두고 민정당 노태우 후보는 느긋하게 준비에 임하고 있었습니다. 후보단일화가 물 건너간 민주당은 총재인 김영삼과 상임고문인 김대중이 서로를 견제하면서 기싸움이 여전했습니다.

민주당 총재 김영삼은 전당대회를 열어 후보 선출을 하겠다고 선언했습니다. 김대중은 현역인 이중재, 노승환, 이용희, 유재현, 김영배, 고재청, 이낙연, 허경만, 이재건, 김득수, 김봉욱, 김봉호, 김성식, 김용오, 김현수, 유준상, 신기하, 신순범, 안동선, 이영권, 최훈, 최락도, 허경구, 송현섭, 장충식 등 25명 의원을 빼오면서 평화민주당을 만들어 버립니다. 이에 앞서 김종필은 신민주공화당을 만들었습니다.

정치권이 대권레이스에 들어간 상태에서 중앙선거관리위원회는 5년 단임 대통령을 직접 뽑는 것을 골자로 한 헌법안 가부를 묻는 국민투표일을 1987년 10월 27일로 공고했습니다. 정부는 화요일인 이날을 임시공휴일로 선포했습니다.

시청은 이미 상황실을 마련하고 국민투표준비에 들어갔습니다. 그 때만 해도 시청이 선거를 주관하고 선거관리위원회가 보좌하는 듯한 인식을 가졌던 시절이었습니다. 찬성률도 중요했지만 투표율을 올리기 위해 시·동직원이 보이지 않게 노력을 했습니다. 선거기간이 되면 동은 우선 주민등록을 정리합니다. 투표전일까지 분실했거나 문제가 있는 주민등록증을 직접 발급해 줍니다. 선거인명부를 손으로 직접 씁니다. 집집마다 방문하여 투표용지를 직접 교부하는 일을 합니다. 지금처럼 컴퓨터로 하고 우편으로 발송하지 않았기 때문에 많은 사고가 발송했답니다. 특히 이해관계가 첨예하게 대립된 국회의원, 대통령선거 때는 까딱하다 공무원들이 다치기 쉽답니다. 하지만 이런 것들은 행정정적인 문제입니다.

더 큰 것은 눈에 보이지 않는 정치적 행위가 이루어진다는 것이 문제입니다. 선거결과에 따라 시장은 책임인사를 면할 수 없기 때문이랍니다. 그래서 시장은 참모나 동장들을 죌 수밖에 없지요. 그러니 동에서는 많은 부담을 가질 수밖에 없지요. 날마다 예상투표율과 찬성률을 시에 보고합니다. 이를 집계하여 시장에게 보고합니다. 도에도 올립니다. 나처럼 시청 기획부서에서 근무했던 사무장들은 선거상황실에 근무하는 직원들을 통하여 평균 프로테지 정보를 얻어냅니다. 그리고 중간쯤으로 보고하기도 한답니다.

하여튼 시장은 전주, 이리에 비하여 군산의 투표율과 찬성률이 앞서기를 바랍니다. 자기신분과 관련이 있기 때문입니다. 동장과 사무장은 자기 동洞이 타동보다 앞서기를 바라면서 통장과 주민들을 접촉하여 은근한 선거운동을 할 수밖에 없는 것입니다. 수첩에 적힌 유권자 이름 밑에 참가, 찬성, 반대 등을 기재하고 다녔고

이를 보고報告의 근거로 삼았답니다. 선거기간 동안 통장들은 동장의 심복이었습니다. 그럴 수밖에 없었고 그러길 바랐는지 모릅니다. 주머니 속에 작지만 눈먼 돈이 들어올 수 있다는 것을 알기 때문이기도 했을 것입니다.

'87년 10월 27일 한국이 새로운 민주화로 가는 국민투표 일이 왔습니다. 6월 항쟁이 주는 결실의 날이기도 합니다. 삼학동에서는 동사무소와 동고 그리고 주택은행 관사 등 3곳에서 투표가 실시되었습니다. 전날 동 선거관리위원들이 시 선거관리위원회에서 투표용지를 수령해 옵니다. 선거관리위원들이 용지 숫자를 파악하고 확인 날인한 후 동장실에 보관합니다.

이때부터 기다리던 근무경찰이 동사무소 밖과 사무실에서 경비를 섭니다. 자그마한 불상사가 났습니다. 선거 사무를 보는 장 총무가 야간근무를 할 동 직원들에게만 식권을 주고 경찰은 챙겨주지 않았습니다. 원래 먹고 노는 것 때문에 투깔나기 쉽지요. 파출소장이 내게 항의 전화가 왔습니다. 파출소장에게 사과하고 큰일을 치르려면 남의 식구부터 챙기라고 총무를 나무랐던 생각이 납니다.

새벽에 나온 선거관리위원들은 투표시간 이전에 선서를 합니다. 새벽 7시부터 전국적으로 국민투표가 실시되었습니다.

TV에서는 투표방송을 시작했습니다. 대통령내외, 삼부요인, 대권주자들의 투표상황도 보도했습니다. 전국적으로 큰 사고 없이 국민투표는 진행되었습니다. 군산시도 별 탈 없이 국민투표가 진행되었습니다. 동에서는 시간대별로 투표 참석자 수와 투표율을 시 상황실에 보고했습니다.

시장의 전화가 동장에게 옵니다. 군산이 투표율이 낮으니 올라가도록 하라는 지시입니다. 동에서는 방송으로 투표참가 독려를 합니다. 통장들을 통하여 투표하도록 독려를 합니다. 이러면서 오후 7시, 별 탈 없이 국민투표가 끝났습니다. 투표가 끝나고 투표함을 개표소에 가져다주고 오는 것으로 우리들의 선거사무는 끝이 났습니다. 하지만 투표율과 찬성률이 시청 공무원들의 관심사 일 수밖에 없습니다. 철야 개표로 새 헌법은 확정되었습니다.

전국적으로 투표참가는 78.2%인 2천만여 명이 투표에 참가했습니다. 이 중 93.1%인 사상 최고의 찬성률을 보여 신헌법이 확정되었답니다. 정부는 각의를 걸쳐 새 헌법을 공포합니다.

하지만 우리들의 관심은 3시와 동별 결과에 집중되어 있었습니다. 투표율은 군산시 76.9%, 전주와 이리시가 똑같이 76.7%로 군산시가 0.2%로 앞섰습니다. 찬성률은 군산93.7%, 전주 94.1%, 이리 92.8%로 군산이 전주와 이리 가운데 있었습니다. 다시 말합니다. 투표율은 전주, 이리를 눌렀습니다. 찬성률은 전주에 뒤지고 이리보다 앞섰습니다.

이렇게 되면 군산 우승, 전주 준우승쯤으로 판단되어 이봉섭 시장은 웃었을 것입니다. 시장이 웃으면 참모와 직원들은 잔치를 했던 시절이었습니다. 그것까지는 좋았는데 우리 삼학동은 그리 유쾌하지 못했습니다. 투표율이 21개 동에서 11위 밑으로 처지는 통계가 나왔기 때문이었답니다. 행정하면서 처음 기죽었던 기억이랍니다. 지금 생각하면 참 웃기는 일들이랍니다.

예쁜이! 지난 수요일(2004년 6월 23일)에 옥구읍 전 F1 그랑프리 폐 염전부지 87만 평에 국내 최대 72홀 규모의 군산골프장기공식을 가졌습니다. 이날 기공식에는 사업시행자인 (주)군산레저산업 김춘동 대표를 비롯해 각계 기관단체장 시민 등 700여 명이 참여했답니다.

사업주 김춘동은 순창사람이라 합니다. 유종근 전 지사와 한국합판에서 이곳에 세계적인 자동차 경주장을 건설하려다 실패한 곳입니다. 그 일로 유 지사와 고 회장이 형무소에 가기도 했답니다. 지나간 실패를 거울삼아 골프장 잘 만들고 장사 잘되어 군산경제가 살아나는 데 크게 도움이 되길 빕니다.

군산골프장 기공식 전날 이라크 테러단체에 납치됐던 한국의 가나무역 직원 김선일 씨가 바그다드 인근에서 살해된 채 발견됐다고 외교통상부 대변인이 공식 발표했답니다. 설마했던 유족과 국민들은 큰 충격 속에 빠져 있습니다. AP통신이 공개한, 김선일이 죽임당하기 3주 전쯤 테러분자들에게 억류되어 심문을 받던 비디오를 봅니다. 침착하고 평범한 한국 청년 김선일은 테러범들에게 자기의 신분과 생각들을 침착하고 성실히 답합니다. 죽임의 두려움을 감추고 살기 위해 최선을 다하는 모습이 국민 모두를 울리고 있습니다.

억류문제를 스스로 해결하려 했던 가나무역 젊은 김철호 사장의 미숙한 처리, AP통신사에서 김선일의 행방을 물었는데 가볍게 처리한 외교통상부 공무원, 주 이라크대사관의 적절치 못한 대응문제로 국민들은 안타까워합니다. 물론 그런 것들은 작은 이유는 됩니다. 원초적인 문제는 우리가 분단국가라는 것입니다. 누가 이 나라를 둘로 나누었습니까? 우리군의 이라크 파병은 좋아서가 아니라 어쩔 수 없어서입니다.

미국이 침략한 이라크 전쟁은 현대사입니다. 우리나라가 이 나라에 파병한 원인은 남북분단의 역사적 결과입니다. 그 이라크에 들어가 사업을 하려 했음은 국제화시대의 물결을 타고 살아가는 한국의 한 젊은이의 모습입니다. 그는 돈을 벌고 싶었을 것입니다. 그의 꿈인 이라크에서 목회자가 되고 싶었습니다. 그의 꿈이 현대사의 물결 속에 수장당합니다.

태극기에 덮여 인천공항에 돌아온 그의 시체는 다시 김해공항을 거쳐 부모가 기다리는 고향 부산에 도착합니다. 그는 유족들에게 한을 남깁니다. 국민들에게 한을 남깁니다. 그의 꿈을 이루는 것은 살아있는 사람들의 몫입니다. 33세의 젊고 아름다운 꽃 한 송이가 슬프게 떨어져가는 모습을 봅니다.

(2004. 6. 27)

306

도장을 찍어 주었습니다

예쁜이! 87년 11월이 왔습니다. 신풍초등학교 1학년 5반이었던 송일이가 그달 학력우수상을 받아 왔습니다. 우리 아이들이 어려서부터 좋아했던 MBC 어린이 프로 뽀뽀뽀가 2천 회 특집으로 방영되었습니다. 우리 아이들은 그 프로 사회자 왕영은을 참 좋아했었습니다. 시청 송대근, 김석정이 새로 생긴 의료보험조합으로 떠나갔습니다. 해태타이거즈가 전년에 이어 다시 한국시리즈에서 우승을 하였습니다.

언젠가 이야기했던 레바논에서 피랍된 지 21개월 만에 풀려난 도재승 서기관이 프랑크푸르트 발 대한항공기 906편으로 김포공항에 도착하여 그리던 가족 품에 안겼습니다. 보이지 않는 국가의 힘이 피랍된 한 외교관을 구함을 봅니다.

박경리 소설 토지가 인기리에 KBS 주말 연속극으로 방영되던 때였습니다. 내장산에 붉은 단풍을 보기 위해 10만 행락 인파가 모여들었습니다. 월명공원도 붉게 물들었습니다. 월명 산에 떨어진 낙엽들이 흥천사 계단을 타고 시내로 몰려오고 있었습니다.

그 다음달 중순쯤으로 잡힌 대선을 앞두고 1노 3김은 대권행보에 들어갔습니다. 대권주자들은 뒹군 낙엽들이 유권자의 한 표로 보였을지 모릅니다. 노태우 민정당 후보는 '보통사람'이란 슬로건을 내걸었습니다. 그는 택시 운전사들을 아침 해장국집에 초청하였습니다. 민정당 행사에 떡을 자르는 모습이 처음 공개되었습니다. 오랫동안 서양식으로 케이크 자르는 일에 익숙했던 많은 사람들은 경이롭게 생각되었습니다.

함윤식이 동교동 24시를 써서 뿌리고 다녀 곤혹을 겪으면서 김대중 평민당 후보는 한복을 입고 유세장에 나타났습니다. 민주당 김영삼 후보는 12·12 사태 당시 계엄사령관이었던 정승화 전 육군참모총장을 고문에 추대하여 정부여당을 공격했습니다.

관훈클럽에서 4당 후보를 초청하여 토론회를 가졌습니다. 국민들은 녹화로 중계된 토론회 모습을 보면서 대통령 될 사람들의 인품과 자격을 검증할 수 있었습니다. 개별적으로 진행된 이 토론회에서 노태우 후보는 6·29를 국민에 대한 항복이라고 말하였습니다. 김영삼 후보는 묻는 질문에 엉뚱한 답변을 하기도 하였습니다.

김대중 후보에게 조선일보 김대중 기자가 질문했습니다. 김대중 후보가 미국에 망명했을 때 그곳 신문과 대담에서 주한미군 철수를 주장했는데 지금도 같은 생각이냐고 물었습니다. 김대중 후보는 그렇게 말한 적이 없다고 답변했습니다.

이를 근거로 김대중 후보가 말 바꾸기를 다반사로 한다고 각종 뉴스에 톱으로 나갔습니다. 상대 당에서는 옳다꾸나! 하고 김대중 후보를 혹독히 공격하였습니다. 며칠 후 기자가 제시한 미국신문을 확인한 결과 김대중 후보의 말이 맞았습니다. 하지만 많은 사람들에게 김대중이가 거짓말했다는 것만 각인시켰을 뿐입니다. 호남사람들은 정치인 김대중과 조선일보 김대중 주필을 악연의 관계라 생각했습니다.

홍석표 지사가 소리 없이 군산에 왔습니다. 그는 수행비서만 대리고 각 동을 들렀습니다. 지사가 각 동을 전부 들렀던 일은 군산시청 생기고 처음 일이었을 것입니다. 지사를 기다리며 동 직원들은 긴장했습니다. 동사무실에 나타난 지사는 동장과 직원들과 악수를 합니다. 귀가 유난히 커서 참호인처럼 보인 홍석표 지사는 어려운 여건을 극복하며 최일선에서 묵묵히 일하고 있는 동사무소 직원들이야말로 진짜 애국자라고 치켜세워 위로해주었습니다. 사무소를 떠나며 격려금을 놓고 갔습니다. 그가 주고 간 돈으로 직원들은 회식을 했습니다. 우리들은 그가 왜 왔는지 다 알고 있었답니다.

하지만 지사나 시장 생각과 달리 동사무소 젊은 직원들은 통장이나 일반 주민에게 말로는 여당 후보를 찍으라고 말할망정 진짜 자신은 소신껏 찍으려 했던 시절로 접어들고 있었답니다. 선거를 앞두고 통장들이 여당 후보를 돕기 위해 일괄 사표를 냈습니다. 선거가 끝나면 다시 임용이 되던 시절이었답니다.

'87년 11월 7일 장미동 전 중앙교회 터 뒤 직행버스 간이정류장 앞에서 이봉섭 시장과 이병훈 문화원장 그리고 지역 향토학자, 문인들이 모여 군산진 설치를 기념하는 사적비 제막식을 가졌습니다.

조창, 조운 기지인 군산진은 조선조 숙종 27년인 1701년 고군산도에서 이곳으로 옮겨졌답니다. 그 때부터 군산이란 지명이 생겼답니다. 사적비를 세우기 위하여 군산대, 원광대 교수 그리고 지역 향토학자들의 고증과 토론을 통하여 결정했다 합니다. 시비 235만 원을 받아 이병훈 문화원장이 건립했습니다.

우리 동에 그 사적비를 세운 지 17년이 지났습니다. 이제 간이정류장도 없어졌습니다. 사적비 앞 옛날 중앙교회 자리에 동서병원이 들어서 운영되어 왔는데 몇 달 전 병원은 이사가고 빈 건물만 서 있답니다. 요사이 사적지 주변에 잡초가 우거져서 동에서 쓰는 취로사업 아주머니들을 시켜서 풀을 뽑고 있습니다. 동장 입장에서 사적비 주변 정비는 이번이 마지막이구나, 그런 생각을 하면 조금은 쓸쓸합니다.

군산진 사적비를 세운 전날인 금요일 밤 신생화원 2층 진주예식장에서 군산 문인들이 시낭송회와 문학강연회를 가졌습니다. 주봉구, 임명진이 사회를 본 '시와 육성의 밤'엔 이병훈, 고헌, 김기경, 김봉렬, 박순호, 이원철, 주봉구, 이복웅, 이시연, 박환용, 민경헌, 김정수 등이 낭송을 했습니다. 우석대 정양 시인이 '우리 시대의 문학'이란 주제의 문학 강의를 했습니다.

진을주 씨가 '한국자유시인상'을 수상했습니다. 김학 씨가 제3회 '한국수필상'을 받았습니다. 이복웅이 그의 첫 시집 ≪삐걱거리는 바다≫를 출간했었습니다.

이복웅의 출판기념회 생각이 납니다. 나는 그를 위해 여성회관에서 하도록 하고 음식 등도 시청 여직원들에게 부탁했습니다. 나의 사회로 '87년 11월 21일 오후 4시에 여성회관에서 출판기념회를 가졌습니다. 지역 문인들이 참석한 가운데 최승범 교수가 축사를 했습니다. 최승범 선생은 가장 단단한 언어와 부드러운 바다와의 합성이 특이하다고 소개했습니다.

이 출판기념회로 나는 두 가지 마음의 상처를 받았답니다. 여직원들은 기념회를 하는 본인과 가족도 협조하지 않고 있는데 우리가 음식과 자리를 준비하니 자존심 상하다고 내게 항의를 했습니다. 참 답변하기가 곤란했습니다.

또 다른 것은 내가 사회司會를 시작할 때 당초 이시연 씨가 사회를 보기로 했는데, 그가 출장하여 대신 내가 보게 되었다고 이야기했습니다. 나중에 이를 전해들은 이시연이가 내게 매우 불쾌해 했습니다. 그에게 사회 부탁을 했다고 들었는데, 본인은 전연 모르는 내용이었습니다. 속이 상하여 2차 모임 자리를 피하고 집으로 와버렸습니다.

이 일로 며칠 동안 이시연과 서먹한 사이였답니다. 하지만 일주일 후 장수에서 있는 임명진 어머니 회갑연에 이원철, 이시연, 주봉구와 함께 가게 되었습니다. 승용차를 불러서 갔는데 그 기사가 이시연 학교인 수전학교 버스운전사였습니다. 그 운전기사는 나와 논산 훈련소 훈련동기였습니다.

우리를 실은 차가 전주 모래내재를 넘을 때쯤 이시연이가 말을 꺼냈습니다. 있지도 않은 일을 있는 것처럼 이야기했느냐고 힐책했습니다. 나는 받아쳤습니다. 나는 그렇게 들었다, 그리고 설령 내가 실수했더라도 속마음까지 이해하려 해야지 단편적으로 그럴 수 있느냐고, 밍밍한 상태로 임명진이 어머니 회갑 집에 도착했습니다.

가난한 시골집 홀어머님의 회갑 잔치였습니다. 우리를 맞은 명진이는 너무 고마워했습니다. 홀어머니와 가난한 선비아들의 잔치에 우리는 녹아들었습니다. 임명진을 사이에 두고 술을 마시며 나와 이시연은 서로가 모르게 풀어져서 실실 웃을 수밖에 없었습니다. 분위기를 아우르는데 이원철, 주봉구가 많이 거들었을 것입니다. 우리들은 풀어져서 먼 시골 잔칫집에서 전주를 거쳐 군산까지 밤 도로를 술과 우정에 취해 돌아왔던 추억이 새롭습니다. 아름다운 시절이 그립습니다.

예쁜이! 지난 화요일(2004년 6월 29일) 국회는 이해찬 국무총리 지명에 동의했답니다. 신임 이해찬 총리의 제청으로 정동영이 통일부 장관에, 김근태가 보건복지부 장관에, 문화공보부 장관에 정동채가 임명되었습니다. 고 김선일 씨 피살사건 의혹을 풀어줄 핵심 인물인 가나무역 김천호 사장이 입국을 해서 감사원이 조사에 들어갔답니다.

그리고 목요일(2004년 6월 30일) 오후 인사계장에게서 전화가 왔습니다. 오후에 시간 있느냐고 묻습니다. 내일 오라 했습니다.

다음날 금요일(2004년 7월 1일) 군산시 의회 후반기 의장에 문무송, 부의장에 양용호 의원이 당선되었습니다. 우리 월명동 출신 현직 이만수 의원이 떨어져 조금은 아쉽습니다. 이 날 오후 외출에서 돌아오니 인사계장이 내 방에서 기다리고 있었습니다.

그가 내놓은 서류에 도장을 찍어주었습니다. 수년 동안 마음의 준비를 해왔습니다. 하지만 막상 도장을 찍어 주자 휘 한숨이 나왔습니다. 의자에 비스듬히 누워 눈을 감습니다. 나는 땀을 흘리고 있었습니다. 공직생활 31년이 주마등처럼 스쳐갔습니다. 이 세상에 태어나고 살아온 세월 속의 굵은 기억들이 수없이 달려오고 있었습니다. 조용히 집에 가고 싶었습니다. 집에 와서 아내에게 도장찍었다 이야기합니다. 아내는 의외로 담담합니다. 손 전화가 울립니다. 동장님! 문병운입니다. 술 한 잔 하시지요.

우리 아파트 앞 골목 '싸리골'에 나갔더니 강창완, 문병운이 기다리고 있었습니다. 도장찍고 나온 동장을 위로하러 온 그들이 고마웠습니다. 3인이 맥주 11병을 마시면서 많은 대화를 했습니다. 그들이 나의 이야기를 쓸쓸히 들었는지도 모르겠어요. 술자리가 끝났을 때, 나는 그들을 데리고 집으로 왔습니다. 아내가 내놓은 맥주 세 병을 더 마시고 헤어졌습니다. 돌아가는 그들에게 그림 한점씩을 주었습니다.

강창완에겐 20년 전에 구입한 향토화가 원창희 선생이 그린 유화 한 점, 문병운에겐 언젠가 최영호가 내게 주었던 도형度亨 김완규의 달마도 한 점씩을 주었습니다. 먼 뒷날 도장찍었던 날의 회상속에 그림을 주어 보낸 그들의 뒷모습이 내 가슴속에 남아 있을 것입니다.

예쁜이! 오늘은 7월 7일입니다. 3년 전 오늘 오후 2시 5분…….
나는 그대의 음성을 처음 들었습니다. 천상의 음률이었습니다. 만 3년의 세월이 흘러 오늘에 이르고 있습니다. 오늘은 아침부터 소낙비가 내리고 있습니다. 내항에 내리고 있습니다. 내리는 빗속에 한없는 그대 발자국 소리를 듣고 있습니다. 흔적 없는 그대 모습에 가슴이 아립니다. 내 생에 다시는 오지 않을 수도 있는 그대 모습에 가슴이 아립니다.

(2004. 7. 7)

최동섭 씨는 졸지에 건설부장관이 되었습니다

예쁜이! '87년 11월 16일자로 전두환 대통령은 각의를 거쳐 한 달 뒤인 12월 16일을 제13대 대통령 선거일로 공고했습니다. 그날부터 후보들은 등록과 선거유세에 들어갔습니다. 그리고 이민우 신민당 총재가 양김의 후보 단일화를 이루지 못해 국민에게 죄송하다는 울분의 성명을 발표하고 정계에서 물러났습니다.

노태우, 김영삼, 김대중, 김종필을 비롯하여 홍숙자, 김선적, 신정일, 백기완 등 8명이 후보 등록을 했지만 사실상 1노 3김의 싸움이었습니다. 늦가을에서 초겨울로 접어드는 선거 기간 동안 날씨는 유난히 차가웠는데도 온통 지역감정을 앞세운 선거열풍에 휩싸였습니다.

선거 공고일 민주당 김영삼 후보가 유세를 위해 광주역 광장에 섰습니다. 4만여의 군중이 운집했지만 도저히 연설을 할 수가 없었습니다. 군중들은 김대중을 연호하며 각목과 벽돌을 던져댑니다. 김영삼은 말합니다. '여러분 ! 이러시면 김대중 후보에게 절대 도움이 되지 않습니다.'그의 호소는 상실되었습니다. 성난 군중들의 위협 앞에 김영삼은 4분 만에 당원들의 호위를 받으며 단상을 내려와야 했습니다.

김대중 후보가 대구 두륜산 공원 10만의 군중 앞에 섰습니다. 그가 연설하는 동안 수많은 각목과 돌멩이들이 날라왔습니다. 김대중은 '나는 이 자리에서 맞아 쓰러져 죽더라도 연설을 계속하겠다.'고 말합니다. 단상의 수행원들이 투명 방탄유리로 김대중을 가리고 단하에서는 영호남 대학생들이 인간 띠를 둘러 가까스로 연설을 마치고 무사히 돌아올 수 있었습니다.

노태우 후보가 광주역 광장 단상에 섰습니다. 단상 단하에 자신의 당원들이 인간 띠를 짰는데도 도저히 연설을 할 수가 없었습니다. 그가 애국가를 불러 보지만 군중들의 흥분을 가라앉힐 수가 없었습니다. 대통령 김대중을 외치며 군중들은 각목과 쇠붙이를 던져댔습니다. 그냥 내려 올 수밖에 없었습니다.

상대 지역에 전쟁을 치르러 가는 모습으로 비쳐진 선거유세전이 각 언론에 생생히 나가면서 한반도는 영호남을 철저히 갈라놓는 양상으로 초반 선거전이 안타깝게 흘러가고 있었습니다.

유세전 못지않게 표심을 얻으려는 전략 중의 하나가 지역사업 공약입니다. 선거 초반에 군산시는 조촌, 경장동 제6토지구획 개발을 발표했습니다. 지금 신 시청 주변개발을 말합니다. 얼마 후 구자경 전경련 회장과 회원들을 군산 관광호텔에 초청하여 전북지역 투자설명회를 가졌습니다.

임해공단에 기아특수강이 기공식을 가졌습니다. 비슷한 시기에 가까운 위치에 동양화학도 기공식을 가졌습니다. 식장에는 홍석표 지사, 고건 의원, 이봉섭 시장이 참석했습니다. 많은 주민들을 참석토록 했습니다. 사람 숫자는 여당의 표로 보일 수도 있었습니다.

많은 세월이 흘렀습니다. 그 때 기아특수강이나 동양화학이 군산임해공단에 들어오지 않았다면 오늘 군산 경제는 더 많은 침체에 허덕이고 있었을 것입니다. 중1가동사무소도 착공했습니다. 지금 내가 근무하는 월명동 사무소 말입니다. 선거가 오면 시청과 동은 예산이 허용하는 범위 내에서 각종사업을 미리 발주했답니다. 눈에 보이지 않는 힘에 의해서 말입니다.

노태우 후보는 '서해안 고속도로 건설'과 '새만금지구 간척사업' 추진을 공약으로 발표했습니다. 이 사업을 발표하기까지 고건 의원이나 홍석표 지사 그리고 전라북도 상공인들의 많은 노력이 필요했음은 말할 것이 없습니다. 당시는 몰랐지만 지금 생각하면 정말 어마어마한 국책사업이었다는 것을 알게 합니다.

대통령 선거 8일을 앞둔 '87년 11월 28일 밤 이라크의 바그다드에서 한국인 근로자 93명과 외국인 2명, 승무원 20명 등 모두 115명이 탑승하고 출발한 KAL 858기가 아랍 에미리트의 수도 아부다비에 기착한 뒤 방콕으로 향발했습니다. 이 여객기는 미얀마 상공에서 방콕 공항에 45분 후에 도착하겠다는 신호를 보낸 뒤에 소식이 끊겼다는 외신 보도가 날아듭니다.

하루 후 태국정부는 여객기가 자국 영해에 추락되었다고 공식발표했습니다. 가난하고 죄 없는 근로자를 불귀의 객으로 만든 테러에 국민들은 분노했습니다. 유족들은 슬픔에 빠졌습니다. 정부는 88올림픽과 제13대 대통령선거를 방해하기 위한 북한의 책동으로 추정 발표했습니다.

정부대책반과 유가족이 현지에 갔지만 바닷속에 빠진 기체와 사람은 흔적을 찾을 수 없었습니다. 실종자 중에는 군산시 신흥동 출신 29세 라주현 씨가 들어 있었습니다. 정우개발 회사에서 근무하다 중동에 파견되었던 근로자였습니다. 현대건설에서 파견되었던 무주 출신 27세 박선만이도 들어 있다고 전북지방 언론이 보도했습니다.

'범인으로 추정된 인물은 남녀 일본인 2명이다.'라고 외신은 전합니다. '문제의 일본 여인 마유미는 동행 중인 남자와 바그다드에서 사고 비행기에 탑승한 뒤 아부다비 공항에서 내려 요르단으로 탈출하려했다. 그들은 위조여권 적발로 체포되자 담배 속에 숨겨

둔 독극물을 마시고 자살을 시도하였으나 남자는 숨지고 여자는 중태에 빠졌다.' 그런 내용도 접합니다.

국민들의 걱정과 유족들의 오열 속에 선거일은 다가오고 있었습니다. '87년 12월 10일 오전 10시쯤 노태우 후보가 지금 군고입구 군산대학교 운동장에서 유세를 했습니다. 후보가 오기 전 남궁옥분을 비롯한 가수들이 노래를 불렀습니다. 관중을 뚫고 도착한 노태우는 경호원에 휩싸여 단상에 올라 연설을 했습니다. 어렵게 연설을 마치고 그의 유세차가 군산교대 교문을 빠져나가는데 거리와 건물 옥상에 대기했던 학생과 청년들이 포탄을 쏟아붓듯이 쇠붙이, 벽돌, 돌멩이 등을 던졌습니다. 전쟁터와 흡사했습니다.

그날 오후 전주역 유세장은 군산보다 더한 폭력으로 노태우 후보의 진입을 완전히 봉쇄해버렸습니다. 이날 폭력사태로 군산 7명을 포함해서 전라북도에서 146명이 부상했으며, 군산 9명 포함 모두 44명이 연행되었습니다.

노태우의 군산, 전주 유세를 지켜본 다음날이었습니다. 이규효 건설부 장관, 장성만 국회부의장, 강태홍 부산시장 등이 부산 명지임해단지 진입도로 기공식에서 만나 노태우 후보 전주유세 봉쇄사태와 관련하여 이야기한 것들이 신문에 터져나왔습니다.

이 건설부장관이 장 부의장에게 'TV에서 전주사태 봤나? 민정당이 다시 집권하면 그냥 놔두지 마!' 하면서 오른손으로 싹쓸이하는 제스처를 쓰자, 함께 있던 사람이 '타작을 해야지요.' 이런 내용이었습니다.

전라도 쪽 민심의 기름에 불을 붙이는 격이 되었습니다. 이를 달래려고 정부는 이규호 건설부장관을 즉각 해임하고 후임에 전라북도 사람 최동섭을 임명했습니다. 남원사람 최동섭 씨는 졸지에 건설부장관 자리에 앉은 셈이 되었습니다. 하지만 선거결과 이규호의 망언이 노태우, 김영삼 쪽에서 많은 표를 가져간 요인이 되었답니다.

5년 후 김영삼과 김대중이 격돌한 '92년 대선 때도 비슷한 사건이 일어났습니다. 선거를 7일 앞두고 김기춘 전 법무부 장관, 부산시장, 부산경찰청장, 안기부 부산지부장, 보안대장, 부산지검장, 부산 상공회의소장 등 8명의 기관장이 초원 복국 집에 모여 김영삼 지원 대책을 논의했고 이 대화록을 김동길 국민당 선거대책본부장이 폭로했습니다. 하지만 이 초원 복국집 사건은 부산 경남지방에서 김영삼 후보가 몰표를 얻는 결과로 나타났습니다.

건설부 장관이 경질되는 혼돈한 선거판 속에 노태우 후보 쪽에 섬광 같은 호기가 다가왔습니다. 바로 선거 하루 전날 인 '87년 12월 15일 오후 2시 김포공항에 KAL기 폭파범 마유미가 내렸습니다. 입에 수건을 물린 마유미는 잠바와 바지를 입고 운동화를 신고 있었습니다.

그의 모습에 반한 일본 청년들이 그녀의 구명운동과 공개청혼을 했던 웃지 못할 일도 뒤에 생겼습니다. 선거 전날 김포공항에 그가 나타나므로 하여 북한에 대한 적개심으로 응집된 민심은 100만표 이상을 노태우가 가져갔다고 많은 사람들은 이야기합니다.

수사당국에 신병이 옮겨진 '마유미'는 중국어와 일본어를 써가며 신분을 감추다가 한국말을 시작하면서 범행을 자백했습니다. 그가 바로 김현희입니다. 당시 26세의 김현희는 북한 대외조사부 소속 공작원으로서 음독자살한 70세 김승일과 함께 88서울올림픽 개최 방해를 위해 KAL기를 폭파하라는 김정일의 친필공작 명령을 받았습니다. 그들은 바그다드에서 KAL기에 탑승하여 기내좌석 선반에 라디오와 술병으로 위장한 폭발물을 놓고 아부다비 공항에 내렸답니다. 원격 조종된 KAL기는 태국 영해 공중에서 폭파됐다 합니다.

KAL기 폭파사건 4년 후인 '90년 3년 27일 김현희는 사형이 선고되었습니다. 하지만 본인의 전향의사 표명과 김정일의 도구라는 점이 인정되어 대통령 특별사면으로 석방이 됩니다. 김현희 사건이 터진 지 17년의 세월이 흘렀습니다. 그런데 아직도 기체 잔해나 유품을 한 점도 못 건진 점을 들어 정부 조작설이 끊이지 않고 있습니다. 김현희가 북한 공작원이 아니란 것입니다.

나는 김현희 자서전 ≪이제 여자 되고 싶어요≫와 사건 당시 김현희의 변호를 맡았던 안동일 변호사가 펴낸 ≪나는 김현희의

실체를 보았다≫라는 책을 읽어보았습니다. 안 변호사는 KAL기 폭파사건은 북한테러인 것이 명맥한데도 정부가 재조사 방침을 밝히는 것은 의혹만 확산시키는 어처구니없는 처사라 밝히고 있습니다. 그는 '김현희는 겉은 붉지만 속은 흰 사과와 같다.'고 말합니다. 이 두 책을 읽으면서 나는 김현희가 북한 공작원이라고 확신한 사람 중에 하나입니다.

예쁜이! 지난 금요일(2004년 7월 9일)에는 노무현 대통령이 군산에 왔습니다. 군산 시청에서 열린 전북지역혁신발전 5개년계획 토론회 참석차 왔습니다.

성경륭 국가 균형발전 위원장, 이희범 산자부장관, 강동석 건교부장관을 대동하고 온 대통령은 강현욱 지사와 강근호 군산시장 등이 건의한 군산경제자유지역 지정은 좀더 여건 조성을 한 후 검토하고 새만금은 전라북도에 가장 도움이 되는 방안으로 추진하겠다는 답변을 받았다 합니다.

나는 놀랩니다. 대통령이 시청을 방문하고 돌아가는데도 너무 조용했기 때문입니다. 대통령이 오는 길을 미리 청소한다든가 환영인파 동원하는 일들을 일체 하지 않았기 때문입니다. 대통령이 시청에서 점심을 먹고 떠난 후에야 많은 시민들이 알게 되었답니다. 참 많이도 달라져 있습니다.

대통령이 왔다간 다음날은 토요일입니다. 이날은 우리나라 공무원이 토요 휴무제를 공식적으로 실시하는 첫날입니다. 시청에서는 우선 7월에는 두 번의 토요일을 쉬도록 한답니다. 나는 이날 순창에 내려갔습니다.

부모님 제사 문제가 불거진 후 만 12년 만에 형제간들이 만났습니다. 7남매 중 4형제만 모였는데 모두 50중반을 넘어 있었습니다. 만났다고 해서 근본문제가 해결되지는 않겠지만 다시 10년 후의 우리 모습을 생각합니다.

풀지 못할 응어리가 있다면 그런 대로 놓아두고 만날 수밖에 없습니다. 세월은 우리를 기다려 주지 않기 때문이랍니다. 금년 하계휴가 일주일을 빼면 사무실 나갈 수 있는 시간이 3주도 못 남았나 봅니다. 아쉽지만 정해진 날을 인정하려는 각오로 하루하루를 보냅니다. 날마다 소멸되는 시간을 계산하며 다시는 오지 않을 지나간 우리의 추억이 소멸되지 않도록 가슴속에 고이 간수하려합니다. 아! 창밖에는 온종일 비가 쏟아지고 있습니다.

(2004. 7. 14)

308
아내의 통화 내용을 들으며

예쁜이! KAL기 폭파범 김현희가 김포공항에 내린 다음날 대한민국은 제13대 대통령 선거가 실시되었습니다. 투표는 전국적으로 순조로이 진행되었고 밤샘 개표도 사고 없이 끝이 났습니다.

개표결과 민정당 노태우 후보가 8,282천 표를 얻어 6,337천의 김영삼, 6,113천 표를 얻은 김대중, 1,823천 표를 얻은 김종필, 그리고 46천표를 얻은 신정일 등을 누르고 당선이 되었습니다. 후보자 중 홍숙자, 김선적, 백기완 등은 선거기간 중 사퇴를 했답니다.

국민들은 노태우 당선보다 양김 씨가 단일화 하지 못한 데 대하여 아쉬워했습니다. 김영삼과 김대중의 표를 합하면 노태우보다 400만 표가 더 많았기 때문이었습니다. 경남 부산 쪽에서는 김대중이 양보 해주었더라면 했고 반대로 호남에서는 김영삼이 양보해 주었더라면 하는 아쉬움으로 남아 있었습니다.

전라북도에서는 김대중이 948천 표, 노태우160천 표, 김영삼 17천 표를 얻었습니다. 군산시에서는 김대중 74천 표, 노태우12천 표, 김영삼이 1천9백 표를 얻었습니다. 우리 삼학동에서는 김대중 4,271표, 노태우 666표, 김영삼 75표를 얻었습니다. 전라북도를 기준으로 김대중이 84% , 노태우 14%, 그리고 김영삼이 1% 정도 얻었습니다. 군산시와 우리 삼학동도 비슷한 비율이었습니다. 국민정서는 동서로 갈라져서 후유증을 남겼지만 정치권은 다음해인 1988년 2월 25일 대통령 취임식과 4·26 총선을 향해 갈 수밖에 없는 것입니다.

제13대 대통령 선거를 치르면서 동洞에서도 작고 큰일들이 생기고 소멸되는 과정을 거쳤습니다. 당시에는 선거인명부 쓰는 것이 참 큰일이었습니다. 동직원들이 통별로 담당을 해서 주민등록표를 기준으로 하여 초벌을 씁니다. 그리고 대조작업을 합니다. 대조작업을 해보니 엄기명이 한 사람도 빠트리지 않아서 직원들이 고개를 설설 흔들었습니다.

하지만 선거당일 사고가 발생했습니다. 제1투표구인 동사무소에서 사고가 났습니다. 투표하러 온 사람 중에 한 사람이 투표 명단에서 빠져버렸답니다. 하필 빠진 사람이 동에서 내노라하는 골치 아픈 사람이었답니다. 그럴 때를 대비해서 선거 전 연람 기간이 있긴 하지만 그가 선거를 하지 못하게 되고, 언론 등에 공개되어 전국적인 망신을 당할 처지에 놓이게 되었습니다. 물론 이런 경우를 대비해서 편법적인 대안을 마련해 두었습니다.

동직원 중에 삼학동 1투표구에 사는 사람이 있었습니다. 그 동직원 연번에다 투표용지 없는 사람의 이름을 변칙적으로 올리고 그 사람에게 투표권을 주었습니다. 동직원을 투표하지 못하게 만들고 그가 투표하게 해 주었습니다. 엄밀히 말하자면 공문서 위조일 수 있습니다. 사무장이 그런 일들을 했습니다. 컴퓨터 시대를 살고 있는 지금은 상상할 수 없는 일입니다.

선거 당일 부녀회에서 커피나 음료수 등을 가지고 와서 투표소에서 근무하는 선거관리위원이나 직원들에게 대접하는 관례가 있었습니다. 신명옥 부녀회장이 근무자들에게 음료수를 돌리는데 김봉옥 의원이 보좌관과 함께 투표소에 들렸습니다. 김봉옥 의원이 볼 때는 부녀회장이 여당으로 보였을 것입니다. 김봉옥 의원이 신명옥 회장에게, “당신이 뭔데 출입증도 없이 차를 돌리느냐?” 고 질책했습니다. 가만히 있을 신명옥 회장이 아닙니다. “김 의원님은 출입증있습니까?” 하고 항의를 하자, 김 의원이 민망해하며 투표소를 빠져나갔습니다. 망신만 당한 셈이지요.

당시는 김성호 동장과 여당인 이충효 민정당 삼학동협의회장이 긴밀한 협의 속에 선거를 치르고 있었습니다. 선거 기간 동안에 사표를 내고 여당에 입당했던 통장들이 민정당협의회장 밑에 있는 셈이었답니다.

그렇게 치른 선거에서 김대중 씨가 84%를 얻고 여당 후보 노태우 씨가 14% 밖에 못 얻었어요. 정치적 환경이나 시스템도 민심을 이기지 못하지요. 당시 여당이나 시청 간부들은 동직원들은 무조건 여당표일 것으로 알았을 것입니다. 하지만 젊은 동직원들 생각은 그렇지 않았다는 것을 우리들은 이미 알고 있었습니다. 시대흐름이 민주화로 가고 있었습니다.

대통령 선거가 끝나면 각종 플래카드나 벽보를 떼지요. 낮에는 바빠서 밤에 벽보를 떼러 나갔답니다. 미원동 사무소 옆에서 작업을 하는데 정중석이를 만났습니다. 미원동사무소에서 근무했던 정중석이가 내게 "사무장이 품위 없게 무슨 벽보나 떼로 댕기냐?"고 비아냥거리면서 나를 골목 술집으로 데리고 가버렸습니다. 둘이는 맥주를 9병 정도 마셨습니다. 함께 일하러 나왔던 직원들이 기다리는 줄도 모르고 술은 2차로 이어졌습니다. 저녁 늦게 집에 들어갔더니 아내가 질책을 하더군요. 직원들은 사무장이 걱정되어 저녁밥도 제대로 못 먹고 집으로 전화하고 하는데 팔자 좋게 술만 마시고 있었느냐는 것이었습니다. 선거 벽보를 함께 떼러 다니다 사무장이 없어져버렸으니 무슨 사고가 아닌가 걱정했겠지요. 손전화가 없던 시절 자그마한 사건이었습니다. 오랜 세월이 흘렀지만 지금도 직원들에게 미안하게 생각을 합니다.

선거가 끝나면 시에서 사무장 회의를 소집합니다. 선거 기간 동안에 썼던 사무비, 약간의 인건비들을 전도해주고 집행 요령을 설명합니다. 선거명부를 쓰고 야근하고 벽보를 떼고 하는 노력의 대가를 돈으로 환산하여 사무장의 구좌에 넣어준 것입니다. 나는 사무실에 돌아와서 돈을 전부 빼서 선거사무를 봤던 장기성 총무에게 통째 주어버렸습니다. 장 총무가 동장, 사무장, 직원들에게 잘 배분해 나누어주었습니다. 물론 직원들과 상의를 했겠죠.

헌데 다른 동에서는 문제가 생겼습니다. 사무장이 독식을 한 사람이 있었습니다. 누구는 동장만 조금 챙겨주고 혼자 먹어버리기도 했습니다. 누구는 동직원들 밥 한 그릇 사 주고 혼자 챙긴 일이 발생했습니다. 일이 터지자 시청에 상납했느니, 어쩌고 했지만 골이 시끄러워졌습니다. 사무장 몇 사람이 시에 불려가서 창피당하고 쉬쉬했습니다.

제13대 대통령 선거가 끝나자 사회기강은 해이해져갔습니다. 김대중이가 떨어진 전라도 인심은 무척이나 침울해 있었습니다. 선거가 끝난 며칠 후 개복동 소재 워커힐 스탠드바에서 군산의 조직 폭력배들이 난동을 부리자 이를 말리던 종업원 20세 이문용을 칼로 찔러 숨지게 했답니다. 이문용이는 옥구 선재리 청년이었습니다.

선거 기간에 이병철 삼성그룹 회장이 77세를 일기로 저세상 사람이 되었습니다. 한국의 산악인 허영호가 죽은 고상돈에 이어 두 번째로 에베레스트를 정복했습니다. 월간문학 신인문학상 시부문에 문금옥이, 수필에 전숙자가 당선이 되었습니다. 인간기중기 이봉걸이 '87년 한 해 동안 씨름으로 4,210만 원을 벌어 2,830만 원을 번 이만기보다 앞섰답니다.

내가 진급하여 삼학동 사무장으로 나갔던 '87년 6월 29일 노태우가 6·29 선언을 했습니다. 노사분규가 전국적으로 확산되었습니다. 김만철 씨 일가가 북한을 탈출하여 남한에 왔습니다. 오대양 집단 참사가 있었습니다. 국민의 손으로 새 대통령을 뽑았습니다.

'87년 12월 31일 10시 시청 회의실에서 종무식을 마치고 김성호 동장과 함께 동으로 돌아왔습니다. 사무실에는 조촐한 망년회가 준비되어 있었습니다. 직원, 통장, 부녀회원들이 기다리고 있었습니다. 우리 모두는 건배했고 가는 한 해를 아쉬워했습니다. 망년회가 무르익었을 때 사무실을 빠져나왔습니다. 아이들과 아내가 기다리는 라운동 주공아파트로 돌아오는 택시 창가로 눈발이 하나 둘씩 내리고 있었습니다.

예쁜이! 제헌절이기도 한 지난 토요일(2004년 7월 17일)은 우리 집의 경사일이었습니다. 지난번에 다녀간 형진이 여자 친구가 집에 오기로 한 날입니다. 아침 일찍 어은리 밭에 나가 신선한 야채를 뜯어 왔습니다. 구시장 단골집에 가서 질 좋은 소고기도 구입했습니다. 해망동에 나가 생선을 사왔습니다. 마트에서 마주앙도 한 병 사고 그릇 집에서 와인 잔도 새로 샀습니다. 아내는 음식을 만들고 나는 상을 차리면서 그들을 기다렸습니다.

12시 30분에 그들이 아파트에 왔습니다. 우리 부부는 큰절을 받았습니다. 모두 식탁에 앉았습니다. “그래서 결혼을 하겠다고!” “소연이 말해봐!” “예!” “결혼을 결심하기까지 마음고생 많았다. 정직하고 성실히 하면 살 수 있단다. 너무 불안해하지 말고 즐겁게 해나자구나!” 내가 마주앙을 따랐습니다. “자 ! 건배 하자구나! 너희들 결혼과 우리 가정의 행복을 위하여! 건배! 건배!”

식사 후 아이들과 함께 어은리 밭에 나갔습니다. 비가 오는 밭에서 야채를 뽑아 비닐봉지에 쌌습니다. 자그마한 선물과 야채를 소연이에게 들려서 형진이가 터미널까지 데려다 주었습니다. 소연이가 광주로 떠난 후 형진이가 돌아왔습니다.

다음날 아침 형진이가 광주에 갔습니다. 그를 광주에 보내 놓고 우리 부부는 그의 전화를 기다렸습니다. 오후 3시 30분쯤, 기다리던 전화가 왔습니다. 아내가 받은 전화에서 형진이는, “엄마! 인사 잘 끝내고 소연이랑 함께 서울가기 위해 광주 터미널에 와 있습니다.” “그래 수고했다! 소연이 바꿔라! 소연이냐! 손님 대접하느라 수고했다.” “부모님이 야채랑 선물 고맙다고 전하라 합니다.” “그래 수고했다. 차에서 쉬면서 잘 가도록하여라!” 아내의 통화 내용을 들으며 나는 기쁨에 함몰할 수 있었습니다.

(2004. 8. 22)

309

시청을 떠날 준비를 하고 있습니다

예쁜이! 올림픽이 열리는 '88년 새해가 왔습니다. 언론에서는 노태우 당선자 신년사를 전두환 대통령보다 머리기사로 내보내고 있었습니다. 헌정사상 처음으로 평화적 정권교체의 색다른 경험을 하면서 민주주의란 이런 것이구나 하고 생각을 하게 되었습니다.

'88년 1월 1일은 금요일이었습니다. 1월 3일까지 3일 동안의 연휴에 들어갔습니다. 시장 일행은 나운동 군경묘지를 다녀옵니다. 기획부서에서는 지사 연초순시를 준비합니다. 홍석표 지사는 첫 순시지역으로 전주, 완주로 잡던 예년과 달리 그 해에는 산간오지 주민들을 격려한다하여 진안, 무주부터 시작했답니다. 이는 곧 닥칠 4·26 국회의원 선거 지원과 무관하지 않을 것입니다. 군산·옥구 연초순시는 2월에 하게 된답니다.

1월 1일 지방 신문에는 그 해 4월에 치러질 국회의원 출마 예상자가 발표되었습니다. 군산·옥구에서는 강근호, 고건, 고석호, 김관옥, 김길준, 김두성, 김봉욱, 두병우, 양희철, 엄대우, 원형연, 이규대, 임춘원, 채영석, 최지신 등의 이름과 얼굴들이 보였습니다.

노태우 당선자는 정권인수 작업과 여당대표, 국무총리 등 조각을 구상하고 있었습니다. 제13대 대통령선거에서 단일화하지 못하여 패배한 김영삼의 민주당과 김대중의 평민당이 다시 합쳐야 역사의 죄를 씻고 국회의원 선거에서도 이길 수 있다는 국민적 여망이 팽배해 있었던 시절이었습니다.

전북문인협회에서 창간호 ≪전북문단≫을 출간했습니다. 최진성 씨가 회장이고 소재호가 책을 만들었습니다. 최승범 씨가 하는 ≪전북문학≫이란 제호 때문에 부득이 ≪전북문단≫이란 이름으로 책을 만들 수밖에 없었습니다.

'88년 1월 15일 안기부가 KAL기 폭파는 북괴 김정일의 지령을 받은 특수공작원 김현희의 범행이라고 공식발표했습니다. 김현희는 기자회견을 통하여 88올림픽을 방해하기 위하여 라디오에 시한폭탄을 장치하여 비행기에 놓고 내렸다고 자백을 했습니다. 마유미란 일본 여성으로 행세했던 그녀가 또렷하고 품위 있는 말씨로 기자회견을 하는 것을 보면서 국민들은 놀랐습니다. 그는 일본어를 누구에게 배웠느냐는 기자들의 질문에 북한에 납치된 일본인 이은혜로부터 배웠다고 답했습니다. 그 이은혜의 정체 때문에 북일 국교정상화가 더뎌지고 있다는 것을 많은 세월이 흐르면서 알게 합니다.

김현희가 북괴 특수요원이란 발표가 있은 4일 후인 '88년 1월 19일 오후 2시 KAL기 폭파 북괴만행 규탄 궐기대회를 위해 전주 시청 앞 광장에 10만의 인파가 모였습니다. 우리 동에서는 총무가 어렵게 통장, 부녀회원, 정화위원 등 동민 50명을 인솔하고 다녀왔습니다.

그 해 1월은 불우이웃 돕기 성금과 적십자회비 문제로 직원들 고생 참 많이 했습니다. 시에서 책정되어 내려온 금액을 통별로 나눠 담당 직원이 책임지고 걷어내는 것입니다. 법적 과세가 아니기 때문에 정확한 기준이 없답니다. 직원들은 해당된 금액을 심증에 의해 각 세대에 대충 정하여 받아들이는 것입니다. 물론 전년도 실적을 대비해서 할당하는 것이랍니다. 직원들은 전 가구를 방문합니다.

시내 유지라 할 수 있는 어떤 사람은 총무가 찾아가자 응접실 의자에 30분 이상 앉혀 놓고 설교한 다음 단돈 2,000원을 줘서 보냈습니다. 자존심이 상한 총무는 그날 밤, 잘 마시지도 못하는 술을 몽땅 마시고 울분을 토로했습니다. 모 약국 약사는 동직원이 가면 눈짓을 합니다. 부인 없을 때 오란 것입니다. 부인 없을 때 가면 몰래 상당한 성금을 줍니다. 약사와 동직원간에 정이 형성되고 있었습니다.

'88년 11월 23일 전두환이 부정부패 등의 혐의로 국민들 여론을 무마하기 위해 백담사에 유배되어 2년을 지냈습니다. 그 다음해 초 불우이웃돕기성금을 받으러 갔던 직원이 얼굴이 빨개져서 사무실에 왔습니다. 더러워서 못해먹겠다는 것입니다.

부부가 선생하는 집에 갔더니 내외간에 방에 드러누워서 고개만 밖으로 내놓고 그런 돈은 백담사 가서 전두환에게 받아가라 하더랍니다. 자존심이 상한 그는 일과 시간인데도 나를 슈퍼로 데리고 가서 함께 술을 마셨습니다. 부부교사가 그러하니 이 나라 교육이 어쩌겠느냐고 나에게 항변하는 것을 받아주느라 욕봤던 생각이 납니다.

그리고 동장이나 사무장이 직원들을 의심하여 사무실 분위기가 흐려진 예가 있습니다. 어떤 직원은 거둬들인 돈을 제대로 정산하지 않아 타 직원과 주민들로부터 지탄을 받아 어려움을 겪기도 한답니다. 시에서는 동별로 성금 모금 실적을 순위를 매겨 동에 내려보냅니다. 동장이나 사무장은 중간 정도를 가기 위해서 직원들을 독려할 수밖에 없답니다. 이런 것들이 동행정의 어려움이었습니다. 통장들이 걷은 성금과 동에 내는 금액의 차이 때문에 주민들이 항의하여 시끄러운 경우도 있었답니다.

'97년 내가 읍장이 되어 옥구읍에 나갔습니다. 그해 연말 읍면동장 회의에서 불우이웃돕기와 적십자회비 모금액을 할당받아왔습니다. 회의에 다녀와서 33개 마을에 배정했습니다. 이를 걷기 위해서 이장회의를 했습니다. 나는 "읍장 체면도 있고 하니, 기왕 낼 것 남보다 빨리 해결 좀 해달라."고 부탁했습니다.

이장들의 결의에 의하여 다음날 완불해 버렸습니다. 이렇게 되니 아직 10%도 못 걷은 다른 읍면동 체면 때문에 어려움이 있었습니다. 읍면에는 이장이 관리하는 마을 기금이 있습니다. 매년 내는 것이고 하기 때문에 이 기금에서 해당된 금액을 먼저 내버리고 연말에 정산하면 끝납니다. 물론 마을에서는 이장에게 읍에서 지급하는 수당 외에 전통적으로 1년에 한 번씩 얼마의 새경을 주고 있답니다. 이렇게 읍행정과 동행정이 다릅니다.

이야기한 김에 이(통)장에 대해서 이야기하려 합니다. 동에는 통장이 있습니다. 면에는 이장이 있습니다. 다 같이 읍면동 밑 마을에 행정을 전달하고 협조하는 사람들입니다. 체계상 읍면동 직원의 하위 개념으로 보면 됩니다. 민주화가 안 되었던 시절 선거철마다 이(통)장 문제가 늘 말썽이 되었습니다. 지금도 선거철이면 후보자들은 그들을 접촉하려 애를 쓰고 있답니다. 마을 사람들의 인적사항과 정보를 소상히 파악하고 있기 때문이랍니다.

한때는 통장 무용론이 강하게 제기된 일도 있었습니다. 통장 수당을 모두 합하여 직원 한 사람 더 쓰는 것이 효과적이란 논리였습니다. 하지만 한 번 생긴 조직은 소멸되기 어렵답니다. 누구든 자기 밥통이 아깝기 때문입니다. 조직은 스스로 보호를 위해 최선을 다한답니다.

1년 전 경상남도 남해 이장 출신 김두관 씨가 행정자치부장관을 했습니다. 물론 그는 민선 남해 군수도 했습니다. 이때 전국 이(통)장협의회가 구성되었습니다. 이들은 한 달에 10만 원씩 주는 수당을 올려달라고 항의했습니다. 2004년부터 한 달 수당이 배가 올라 월 20만 원씩이랍니다. 설, 추석 보너스 100%이고 월 회의 수당도 4만 원씩이랍니다.

이(통)장의 일이 이제 많이도 줄어들었습니다. 아침청소, 동원 업무, 그리고 공과금 걷는 일이 거의 없어졌기 때문이랍니다. 외환위기 이후 실업자 양산의 시대에 살고 있습니다. 이제 이(통)장들이 나이가 먹어도 자리를 떠나지 않으려 합니다. 이를 제재하기 위해서 시에서는 동에 70세를 정년으로 하는 행정준칙이 내려왔습니다.

이렇게 되자 70이 되어 떠나가면서, 자식, 며느리, 마누라에게 직을 넘겨주는 현상이 생기게 됩니다. 사람 자르는 일이 새로 임용하는 것보다 더욱 어려운 것입니다. 이런 폐단 때문에 얼마 전 모 동에서는 공체로 통장을 모집한다고 시내 한복판에 플래카드를 걸어놓은 것을 보았습니다.

예쁜이! 지루한 7월의 무더위 속에 공직 생활 마지막 3일간의 여름휴가를 집에서 쉬었답니다. 그냥 사람이 밉다는 이유로 노인과 여성 등 21명을 살해하고 토막내어 암매장한 희대의 살인마 유영철이 검거되었습니다. TV를 통하여 아무렇지도 않은 듯 현장

검증을 받고 있는 그의 모습을 보면서 거울에 비친 우리 시대의 모습을 보는 것 같아 가슴이 아픕니다.

지난 수, 목(2004년 7월 27일-28일)요일 양일간 468명의 탈북자가 서울에 들어왔습니다. 북한을 탈출하여 동남아를 떠돌다가 외교적 협상에 의하여 우리나라에 들어왔습니다. 충격을 받은 북한은 남북장관회담에 참석하지 않고 있답니다. 탈북자 수가 5천 명이 넘는다 합니다. 우리의 통일도 한 발자국씩 앞으로 가는 것이구나, 그런 생각을 합니다.

노무현 대통령은 NLL 사건으로 사의를 표명한 조영길 국방부 장관 후임에 그의 모교 부산상고 출신 윤광웅을 임명했습니다. 화제를 뿌렸던 강금실 법무부 장관을 전격 경질하고 후임에 전남 광양 출신 김승규를 임명했습니다. 32년의 세월을 바쳤던 직장을 떠날 준비를 마치고 오늘 출근을 했습니다. 출근해서 임갑수 자치행정국장에게 전화했더니 며칠 후(8월 첫 주) 인사를 한다 합니다. 이렇게 내 몸과 마음은 정들었던 시청을 떠날 준비를 다해 놓고 있습니다.

(2004. 7. 29)

310

2004년 7월 31일은 내 공직의 마지막 출근일이었습니다

예쁜이! 2004년 7월 30일 금요일 보자기 다섯 개를 가지고 출근하였습니다. 출근하자 사무장과 총무가 동장실에 들어와서 하루 업무계획을 보고합니다. '오늘은 특이사항 없고 월요일 날이나 인사할 모양입니다.' 합니다. 차 한 잔하고 그들이 동장실을 나갔습니다. 동장실, 이 공간에서 근무도 몇 시간 남지 않았구나, 그런 생각합니다. 의자에 앉습니다. 후임 동장을 위해서 인터넷에 들어가 내가 쓰던 메일, '즐겨 찾기'를 전부 지웠습니다. 한글 2002에 들어 있는 나의 자료들을 모두 지웁니다. 핸디 결재를 마칩니다.

각종 자료, 책, 문학 홀타, 예비군복, 사물 등을 보따리에 쌌습니다. 생각대로 다섯 보따리였습니다. 직원들 몰래 학재의 도움으로 보따리를 차에 실었습니다. 첫 발령지 소룡동에서 시작하여 총무과, 상공과, 수도과, 총무과, 삼학동사무장, 의료보장계장, 공보계장, 사회계장, 예산계장, 옥구읍장, 개정동장, 체육시설관리과장, 월명동장 등 열세 번을 옮겼는데 이제 마지막 보따리를 쌌습니다. 31년 1개월의 공직생활에 이렇게 마지막 14번 째 보따리를 쌌습니다. 지금까지는 조금 나은 자리로 가는 이삿짐이었지만 이번은 공무원을 마감하는 보따리입니다.

2004년 7월 31일. 토요일은 내 생애 마지막 출근이었습니다. '잘 다녀오겠소!' 아침 아파트를 나오며 아내에게 말합니다! '오랫동안 고생하셨어요! 마음 편히 다녀오세요.' 엘리베이터를 타고 내려오며 가슴과 눈가에 뜨거운 것을 느꼈습니다.

아내도 그러할 것입니다. 출근하자, 동장실에 들어온 사무장에게 직원들 밀린 결재 받도록 하라고 지시합니다. 동장실 텅 빈 공간이 너무 크게 보입니다. 오늘이 지나면 나의 여생엔 공직자로 주어진 자리는 없을 것입니다. 천장에서부터 방바닥까지 손에 익은 집기들을 눈과 마음에 담습니다. 11시 30분 직원 모두를 동장실에 모이게 합니다. 응접의자에 그들이 앉습니다. 숙연한 침묵이 흐릅니다.

내가 월명동에 온 지 2년 7개월 됐습니다. 처음 여러분에게 있을 동안 마음의 상처를 주지 않겠다고 했던 약속이 지켜졌는지 모르겠습니다. 그 동안 많은 신세졌습니다. 못난 사람 잘 도와줘서 고맙습니다. 선배로서 여러분에게 공직생활에 지켜할 일들을 부탁 드리겠습니다. 첫째 모든 일을 상의하여 해 달라, 둘째 문서관리를 잘해라, 셋째 사무실에서 나갈 때 말하고 들어와서 이야기하라(出必告之 反必拜謁)를 부탁하고 싶습니다.

나와 함께 고생했던 하태용, 문병운, 강창완, 조소정, 이해정, 이화섭, 강현숙, 이학재 등과 악수를 나눕니다. 사무실을 한 바퀴 둘러보고 차에 오릅니다. 직원들은 함께 점심하기를 원했지만 휴가차 집에 들른 형진이와 소연이 점심 약속을 핑계로 사무실을 떠나왔습니다. 차가 멀어질 때까지 직원들 모습이 백미러에 어렸습니다.

2004년 8월 2일 월요일 오후 4시 사무실에서 문병운으로부터 전화가 걸려옵니다. 동장님! 방금 발령이 되었습니다. 후임 동장은 김명수 보건소 행정과장이 옵니다. 알았어요. 고마워요! 가슴이 철렁했습니다. 이렇게 공직을 떠나는 것이구나! 내년 6월 30일 정년을 앞두고 공로 연수 발령이 이렇게 된 것입니다.

'72년 가을 나는 부르나이에 있었습니다. 한국에서 유신헌법 찬반 투표가 있었던 날 나는 부상을 당합니다. 고국에 후송되어 성모병원에 입원하여 6개월을 보냅니다. 퇴원하여 군산 시청 발령을 받습니다. 그렇게 다친 몸으로 항구도시 군산에 온 지 31년 1개월! 아내를 만나고 두 아들을 얻었습니다. 나는 시인이 되었습니다. 그간 일곱 권의 책을 냈습니다. 9급 공무원에서 사무관이 되었습니다. 내 나이 28세 전군도로 플라타너스 길로 군산을 찾아온 지가 어제 일 같은데 이제 60이 되어 직장에서 나가라 손짓합니다. 마음은 28세 때와 똑 같은데 몸은 늙었나 봅니다. 모처럼 부부는 손을 잡고 서로를 위로합니다.

공로연수라는 포장된 이름으로 말년의 공무원은 그저 사라져갈 뿐입니다. 공로 연수란 말을 그냥 일찍 내보내기로 바꿨으면 합니다. 계장급 이상 공무원이 자리를 1년 먼저 비워줌으로써 후배들은 진급이 빨라지겠죠. 인사권자도 싫지는 않을 것입니다. 우리들의 성급함을 생각합니다.

2004년 8월 4일 밤 7시 월명동 유정초밥에서 이만수, 장길만, 송평재, 정용길, 박금선, 박남식, 문제오, 이영수, 이상민, 정주섭, 오남용, 유윤태, 김종림, 김택례, 채인숙 등과 동직원이 함께 한 송별연에 아내와 함께 참석했습니다. 공로패를 받고 행운의 열쇠도 받았습니다. 정갈하고 눈물겨운 자리가 되었습니다.

예쁜이! 임금이 죽으면 후궁은 궁궐 후원으로 떠나듯이 그렇게 내가 떠나왔습니다. 그 후 강창완, 문병훈, 여직원들과 술자리를 했습니다. 먼저 퇴임한 박영덕, 송준길 씨가 자리를 마련해 주었습니다. 후임자 고명수 동장이 과일 바구니를 보내주었습니다. 참 묘한 기분이 들었습니다.

마음을 달래려고 도원 스님이 있는 김제 청운사를 다녀오다 대야면장으로 간 옹동진을 만나 점심도 얻어 먹었습니다. 참 두렵기도 합니다. 벌써 정들었던 시청을 떠나온 지 1주일이 흘렀습니다. 시청생활은 벌써 내 영혼의 거울 속에 아름답게 비칩니다. 하루를 한 끼를 소중히 하며 살고 싶었습니다. 지난 세월을 반추하며 모자라는 것을 채우는 데 쓰고 싶습니다. 그대에 대한 그리움을 차원 높이 가슴에 새기려 합니다.

(2004. 8. 8)

311
집무검열의 추억

예쁜이! 다시 '88년 1월 달로 갑니다. 민정당 총재인 노태우 대통령 당선자는 새 당 대표에 채문식 씨를 임명했습니다. 대만의 장경국 총통이 87세를 일기로 서거를 했습니다. 후임엔 이등휴 부총재가 승계를 했습니다. 김영선 청소과장이 사망을 했습니다.

한국 문단의 원로이자 현대문학사의 산 증인인 박화성 씨가 저세상 사람이 되었습니다. 향년 84세였던 박화성은 목포 출신으로 숙명여고를 나왔습니다. 일찍 남편과 사별한 그는 천승준, 승세, 승걸 등 세 아들과 며느리들 모두가 문학을 하는 가문으로 키웠답니다.

나는 중학교 때 순창 계림사라는 책방에서 박화성의 소설 ≪고개를 넘으면≫을 본 일이 있었습니다. 서점 내에서 가장 두꺼운

책 중의 하나였던 기억이 납니다. '97년 내가 옥구읍장 때 군산문협 지부장 자격으로 채만식 문학관 추진위원들과 함께 목포에 가서 박화성 문학관을 견학하고 온 일이 있습니다. 문학관 운영과 예술을 아끼는 목포시민들의 정서를 배워왔답니다.

그 뒤 시에서는 하구둑 주변 전 분뇨종말 처리장 자리에다 전시실, 자료실, 영상 세미나실을 갖춘 채만식 문학관을 건립하여 2001년 9월에 개관했답니다. 위치, 크기, 내용 등이 미비한 점을 들어 말들도 많지만 이만한 문학관을 보유하는 일도 그리 쉽지 않다고 생각합니다. 군산시민들과 문인들이 아끼고 가꾸어 많은 사람들에게 사랑받는 문학관으로 만들었으면 합니다.

'88년 1월 23일은 토요일이었습니다. 이날 집무검열관으로 나의 친구 채용석 계장이 나왔는데 준비가 덜 되었다고 호통을 치고 갔습니다. 나는 직원들에게도 검열관에게도 참 미안했었습니다. 그 당시에는 매월 1회씩 집무검열을 했습니다. 쉽게 말해 청소, 캐비닛 정리, 직원들 복장을 점검하고 그 결과에 따라 상과 벌을 주는 것이랍니다.

본청은 총무국장을 단장으로 주무계장들로 검열관이 구성되고 동은 시정계 주관으로 계장들을 검열관으로 내보냅니다. 집무검열이 있는 날이면 아침부터 준비에 분주합니다. 총무과에서 집무검열 시작과 순서를 알리는 방송을 내보냅니다. 총무국장을 수행하고 검열관들이 과에 들어서면 과장 이하 모든 직원들이 줄을 서 있다가 인원 보고를 합니다.

보고를 받고 검열관들이 체크리스트에 의해 점수를 매깁니다. 각 과 검열이 끝나면 검열관들이 주고 간 체크리스트를 집계하여 순위를 매깁니다. 그리고 다음달 1일 월례 조회 시 시장은 우수한 본청과 동에 하나씩 집무검열 우수패와 10만 원의 상금을 함께 줍니다. 반대로 최하위 과는 직원 모두에게 숙직을 명하기도 했답니다. 최하위 동은 동장에게 시장의 주의 경고를 보냅니다. 이것은 완전한 군대문화입니다.

내가 삼학동 사무장을 나가기 전 사회과에서 최하위를 했습니다. 과장이 이일도 씨였는데 자존심이 몹시 상해했습니다. 이 과장은 집무검열이 있는 주 내내 천장, 창유리 바닥 청소를 시키고 캐비닛 속을 정리토록 했습니다. 그리고 집무검열이 있는 날이면 남여직원이 모두 같은 복장을 하고 집무검열에 임했습니다. 그렇게 해서 내리 3회를 우승하여 집무검열 우수패를 영원히 사회과 것으로 만들어 버렸습니다.

총무과 직원 시절 내가 집무검열 담당자이었는데 삼학동에 와서 시에서 온 검열관이 준비가 덜 되었다고 퇴짜를 놓고 가서 기분이 몹시 상했습니다. 나도 이일도 과장처럼 다음 달 집무검열 준비를 철저히 했습니다. 다시 검열관으로 온 내 친구 계장이 만족해했습니다. 물론 검열이 끝난 후 김선섭 시정계장에게 삼학동 한 번 봐달라고 부탁을 했고 결과는 다음달 월례조회에서 동장이 집무검열

패와 시상금을 받아 왔습니다.

몇 년 후 내가 공보계장일 때 김선섭 씨가 과장이었습니다. 공보실 옆과 연금매점 사이 창고가 있었습니다. 그 창고 속에 신문지와 헌 문서가 산더미처럼 쌓여있었습니다. 청결도 문제지만 만일 불씨가 붙는다면 정말 큰일 날 것 같았습니다. 나는 직원들과 상의하여 창고 속 모두를 깨끗이 치웠습니다. 그리고 창고 절반은 문서대를 짜서 각종자료를 비치했습니다. 한 쪽은 중고 냉장고와 싱크대를 사서 들여놓고 찬장을 만들어 여직들이 편히 쓰도록 했습니다. 이를 본 남궁평 총무과장이 챙겨서 그 달 집무검열에 1등을 한 기억이 있습니다. 뒤에 다시 이야기할 것입니다.

집무검열 때문에 사무실 환경이 좋아진 점은 있지만 부작용도 있었답니다. 수도과 있을 때 모 여직원은 집무검열 준비시간이 되면 무슨 급한 볼 일이 있다고 자리를 비웁니다. 같은 일이 반복되자, 아예 집무검열 준비 전, 어이 아무개! 자네 급작스레 바쁜 일 있지! 어서 나가 봐! 하고 예봉을 꺾어 준 일도 있답니다.

다른 하나는 실무적인 어려움이랍니다. 자기 과가 일등할 줄 알았는데 그리 되지 않으면 해당 과장은 총무과장에게 직접 항의를 하기도 한답니다. 항의가 살벌해지면 총무과장은 알았어! 알았어! 다음달에 1등 줄께 하고 약속을 합니다. 집무검열 잘못 받아서 숙직명령 받은 사람들의 항의는 대단했습니다. 본청에서 매번 일등하고 사업소는 서자 취급한다는 항의도 있습니다. 돈 먹고 봐준다는 비아냥거림을 감수해야 합니다. 이런 것 저런 것 아울러서 타당성을 찾아 주는 것이 집무검열 받는 것보다 어려운 일이었습니다. 하지만 이제 시청직원들의 애환이 서린 집무검열이 없어진 지가 오래 되었습니다. '97년 내가 옥구 읍장으로 나간 이후 지난달 월명동을 떠나올 때까지 집무검열을 받아보지 못했답니다. 공무원사회에서 군사문화를 배제하는 세월의 변화이겠지요.

예쁜이! 지난 금요일(2004년 8월 14일) 새벽에는 제28회 아테네 올림픽 개막식이 열렸습니다. 선수 267명 임원 109명을 포함하여 376명이 출전한 한국은 북한과 함께 입장을 했답니다. 한반도 기를 앞세우고 남북이 단일복장을 하고 입장하자 관중석에서는 기립박수를 보냈답니다.

이번 올림픽에 군산에서는 김철용 여자배구 감독, 양궁 박성현, 창던지기의 장정현, 수영의 정두희, 여자배구의 구민정 등이 출전했답니다. 특히 한반도 단일 기를 들고 입장한 남한 여자기수가 군산 출신 구민정이어서 시민들의 자긍심이 대단해요.

며칠 전에는 60여 년 만에 고향에 돌아와 그림을 그리는 하반영 화백을 우연히 만났습니다. 조촌동 시청 옆 현대빌딩 그의 화실에서 많은 담소를 했습니다.

1918년 경북 김천에서 태어난 하반영은 어릴 때 아버님을 따라 군산에 옵니다. 당시 토목 기사였던 아버님이 산북동에 자리를 잡았기 때문입니다. 그의 아버님이 군산에 오게 된 동기는 아마 미면 쪽에 바다를 막는 간척사업에 관여했기 때문인 것 같습니다. 그는 신풍초등학교에 입학했으며 은사 김영창을 만나 그림을 사사합니다.

그는 어린 나이로 '나팔꽃'이란 수채화를 그려 선전에 입선했으며 군산극장과 전주 제국관에서 극장 간판을 그릴 정도로 재능이 뛰어났다 합니다. 그는 젊은 시절 방랑과 낭만을 구가한 예술인이었습니다. 해방 후 불란서에 유학하여 그림공부를 합니다. 각국 초대전에 내보내 명성을 얻습니다. 그는 일생 동안 한국화단에 단단히 뿌리내리면서 자기 그림에 탐닉한 세월을 보냈습니다. 그리고 이제 그의 유년 시절의 고향에 돌아와 87세 고령에도 불구하고 자기의 미술세계에 탐닉하고 있습니다. 그의 그림을 구입하기 위해 기다리는 많은 사람들을 보면서 참 부럽기도 하고 존경스럽기도 했습니다.

예쁜이! 시청대열에서 벗어난 지 2주일이 지나갔습니다. 많은 시간 앞에 두려움이 앞섭니다. 소나무, 바람, 무더위, 모기 등과 함께 했던 은파의 아름다운 추억으로 하루하루를 보냅니다. 그대의 뒷모습이 너무 보고 싶습니다.

(2004. 8. 14)

312

인생은 이렇게 허무한 것이랍니다

예쁜이! 산간 군단위로부터 시작해서 늦어졌던 '88년도 도지사 연초순시가 2월 1일 월요일 군산에서 있었습니다. 이봉섭 시장은 올림픽 준비, 제13대 총선, 그리고 각종 국책사업을 철저히 챙기겠다고 보고했습니다. 홍석표 지사는 착공한 새만금사업, 군산-장항 광역기지 건설, 군산 신항건설 등 대단위 지역개발사업을 철저히 챙기라고 지시했습니다. 그리고 부동산 투기억제, 관광개발, 선진시민의식 고취 등을 위한 다각적인 대책을 강구하라 지시했습니다.

지사는 연초순시에 초청되었던 시민들에게 군산의 발전을 위해서 사회 안정이 필요하다고 들고 정부가 일할 수 있도록 도와 달라는 부탁을 했습니다. 이는 2개월 후 국회의원 선거를 두고 하는 말임을 모두는 잘 알고 있었습니다. 나는 그 때 삼학동 사무소 사무장이었기 때문에 본청에서 일어난 소상한 내용을 잘 모른답니다. 행사에 참석하고 돌아온 김성호 동장이 수첩을 보고 이야기해 준 내용을 가지고 이 글을 쓰고 있답니다.

지사 연초순시를 마친 시청은 금강하구둑 연결을 기념하는 군·옥 주민대축제준비를 서둘렀습니다. 준공까지는 2년여가 남았지만 우선 장항과 군산이 연결된 것을 경축하는 행사였습니다. 국회의원 선거를 앞둔 시점에서 치러진 지극히 정치적인 행사라 할 수 있었습니다. 행사준비를 위해서 시는 동사무장 회의를 불렀습니다. 차량과 인원 동원을 위한 약간의 자금도 배정해 주었습니다.

'88년 2월 7일 10시 금강하구둑 연결을 기념하는 군·옥 주민대축제가 열렸습니다. 고건 의원을 비롯하여 이봉섭 시장, 원형연 군수 등 관내 기관장들과 단체장 그리고 2만여 명의 군·옥 주민들이 참가했습니다. 추위 때문에 공식행사 절차를 생략했습니다. 걸어서 장항 갔다 오고 풍물치고 술밥 주는 행사가 추위 때문에 얼어붙어 버렸습니다. 하지만 정치적으로는 상응하는 효과를 얻었을 것입니다.

동에서 차 하나로 하구둑에 두 번 사람들을 싣고 갔습니다. 올 때도 두 번 와야겠지요. 혼잡 속에 갔던 차가 다시 올 때까지 기다려야 하는 어려움을 잘 풀어 줘야 했습니다. 그러나 행사 전부터 내가 걱정했던 것처럼 사람들과 직원들이 뿔뿔이 흩어져 버렸습니다. 혼자서 노약자들을 챙겨서 모시고 오는데 많은 고생을 했답니다. 일을 마치고 돌아오니 실무자인 총무와 직원 일부는 사무실에서 별 걱정 없이 난롯불을 즐기고 있었습니다. 동사무소에 간 지 7개월 만에 총무에게 처음 크게 화를 냈던 생각이 지금도 납니다. 지금 다시 생각해도 내가 화낸 일은 무리라 할 수 없습니다.

금강하구둑이 연결되어 자축하는 행사 때문에 무척 속상했던 '88년 2월에 옥구군수 원형연 씨가 4월에 있을 국회의원 선거에 출마하기 위해서 전격적으로 사표를 냈습니다. 후임에 김하영 씨가 취임을 했습니다. 전춘옥 씨가 군산시청 생긴 이래 여성으로서 처음 가정복지과장에 임명되었습니다. 김석정 씨가 가정복지계장에 그리고 김길자 씨가 부녀복지계장 직무 대리에 임명되었습니다.

전현배 누나인 전춘옥 과장은 고석기 과장의 부인이기도 했습니다. 군산시 여성사회의 최고위 직에 오른 전 과장은 미모와 덕을 가졌습니다. 남편을 제대로 섬기고 아이들을 훌륭히 키웠습니다. 혼재된 여성 단체 속에서 안정감이 있어야 그 자리를 잘 끌고 갈 수 있습니다. 전 과장은 무리 없이 그걸 해냈습니다.

전춘옥 씨가 과장이 된 지 2년 후의 추석이었습니다. 그 때 내가 의료보장계장이었습니다. 추석에 서울에서 내려온 아이들을 철도를 이용하여 안전하게 보내기 위해 개인택시를 불러 이리까지 바래다주다가 중간에 사고를 당하여 아쉽게 저 세상 사람이 되었습니다. 내가 늘 누나처럼 생각한 분이었습니다. 그 충격으로 시 몇 편을 써서 발표를 했던 생각이 납니다. 많은 세월이 흘렀지만 그의 주검은 군산시민과 공직사회의 큰 손실이라고 생각하고 있습니다. 뒤에 다시 쓰겠지만 지금도 참 아쉽답니다.

노태우 대통령 당선자는 취임을 앞두고 이현재를 새 국무총리로 내정했습니다. 대통령 취임과 4월 총선을 앞두고 정치권은 민주당과 평민당이 합쳐야 살아남지, 그렇지 못할 경우 야당은 지리멸렬될 것이라는 민심이 팽배해졌습니다. 김영삼은 민주당 총재직을 사퇴했습니다. 본인이 물러났으므로 김대중 총재도 물러나고 양당은 통합하라는 것이었습니다. 결론부터 말하면 김대중은 재야를 합한 3자 통합론을 내놓으며 물러나지 않습니다. 이렇게 되자 김영삼이 다시 슬그머니 총재에 복귀하는 우스운 꼴이 되고 맙니다.

군산 개방대학이 전북산업대학으로 학교 이름을 바꾸었습니다. 지금 호원대학 전신인 이 학교 이름을 바꾸겠다고 학생들이 오랫동안 농성했습니다. 박홍배 감사계장 아들이 서울대에 합격하여 주위의 부러움을 샀습니다. 형진이가 우등상과 개근상을 받았습니다. 송일이가 개근상을 받았습니다.

고향 마을 양완섭 교장 선성님이 정년퇴임을 한다는 신문을 보았습니다. 내월초등학교로 국민훈장 동백장과 정년을 축하한다는 축전을 보냈습니다. 교장선생님 막내 여동생 경자는 나와 초등학교 동창입니다. 그 분의 큰 딸 경희는 나의 1년 후배이기도 합니다. 경자와 경희는 어린 날 나를 가슴 설레게 한 추억이 있답니다. 그리고 큰아들 규영이는 나의 5년 후배입니다. 지난번 은파 3, 4

집이 나왔을 때 전주 사는 교장 선생님에게 책을 보내 드렸습니다. 전주 덕진중학교 교장인 규영이에게도 책을 보냈습니다. 며칠 후에 규영의 어머니인 교장 사모님에게서 동장실로 전화를 해오셨습니다.

수화기를 들자 '나, 전주 양교장 선생 댁이요!' '아! 사모님 !'"잊지 않고 책 보내 줘서 고마워요!'"아닙니다! 교장선생님 건강하시지요.' 한참을 저! 저! 뜸들이시다가, '지난 2월 달에 돌아가셨습니다. 82세 생일 다음날 돌아가셨어요!'인생은 이렇게 허무한 것이랍니다.

예쁜이! 제28회 아테네 올림픽이 개막된 지 1주일이 흘렀습니다. 한국은 남자 유도 73Kg 급에서 이원희가 금메달을 따냈습니다. 여자양궁 개인과 단체에서 금메달을 따냈습니다. 배드민턴 남자복식에서 금메달을 따냈습니다. 금메달 양궁의 2관왕 박성현은 군산시 소룡동 출신입니다. 배드민턴 남자복식 금메달 김동문, 하태권이 각각 전주, 익산 출신이랍니다. 자식들의 메달 소식을 접한 가족들의 환호를 TV화면을 통해서 봅니다. 소룡동 박 선수 가족들이 눈에 익습니다. 거리에는 금메달을 축하하는 많은 플래카드가 걸려 있습니다. 한국 축구가 올림픽 개최국인 그리스와 비기고 멕시코를 1:0으로 이겼습니다. 그리고 말리와의 대전에서 전반전 3점을 내준 후 후반 10여 분 만에 3골을 만회하여 8강에 진출했답니다. 한국 축구가 올림픽에 출전한 지 56년 만에 8강의 꿈을 이뤘다 합니다. 요사이 그리스와 시차 문제로 새벽 중계를 보며 밤잠을 설치고 있답니다.

예쁜이! 사무실 안 나간 지 3주일이 지났습니다. 31년 동안 아침 출근의 리듬을 깨기가 참 힘이 듭니다. 늘 함께 출근했던 나의 차가 초라하게 늦잠을 자고 있습니다. 무한한 휴가 앞에서 가닥을 잡지 못합니다. 태풍 매미가 북상을 하고 있답니다. 어제, 그제 연이틀 비가 내렸어요. 비 오는 아파트 빈 공간은 사람을 참 쓸쓸하게 합니다. 우리가 처음 만났던 날 비가 내렸습니다. 하나의 우산을 쓰고 어둠을 가르며 해녀에서 오래된 미래까지 걸었습니다.

우리가 두 번째 만났던 날은 석양께였습니다. 산업기지 작은 숲속 벤치에 앉았습니다. 벤치 바닥 보도블록 사이에서 자란 달맞이꽃이 피어났습니다. 마침 내리는 빗발 때문에 우린 하나의 우산 속에 숨을 수 있었습니다. 비가 오는 날이면 우리는 내항에서 만났습니다. 죽림에서도 만날 수 있었습니다. 빗소리는 언제나 그대의 발자국 소리로 들렸습니다. 이제는 영원히 오지 못할 그대의 발자국소리를 생각합니다.

(2004. 8. 21)

313

홍 영감이 고래고래 소리지릅니다

예쁜이! '88년 2월 25일 노태우 제13대 대통령이 취임을 했습니다. 취임 얼마 전 이현재 총리 내정자 밑에 부총리 나웅배, 국방 오자복, 문교 김영식, 농수산 윤근환, 상공 안병화, 동자 이봉서, 보사 권이혁, 노동 최명현, 교통 이범준, 문공 정한모, 총무 김용갑, 통일 이홍구, 정무2 조경희, 청와대 행정수석 이연택 등 조각 명단을 발표했습니다.

노 대통령의 취임은 국민들에게는 새로운 경험이었습니다. 임기가 다된 전두환 전 대통령이 이임기자 회견을 하고 연희동으로 돌아갑니다. 새 대통령이 노모에게 큰절을 하고 청와대로 떠납니다. 오가는 대통령 마을 사람들은 풍물을 치면서 기쁨을 함께 하는 모습을 TV를 통하여 접합니다. 우리의 근대사 …… 4·19로 초대 대통령 이승만이 쫓겨나고, 육군소장 박정희가 정권을 찬탈하여

18년을 독재 집권하다, 총 맞아 죽고, 다시 쿠데타로 정권을 잡은 전두환이 7년 동안 집권하고 물러나면서 40년 만에 처음 평화적 정권교체가 이뤄집니다.

신구 대통령 내외가 승용차 편으로 국회의사당 앞 취임식장에 도착합니다. 단상에 오릅니다. 단상의 윤보선, 최규하 두 전직대통령, 이재령 국회의장, 김용철 대법원장, 김정열 총리, 이헌재 총리 내정자, 해외경축사절 그리고 단하의 각계를 망라하여 참석한 보통사람 2만 5천여 명이 기립하여 박수로 환영합니다. 새 대통령이 선서를 합니다. 조국찬가가 울려 퍼집니다. 21발의 축포가 발사됐고 1천 마리의 비둘기가 여의도 하늘로 비상했습니다.

대통령이 취임사를 합니다. 민주개혁으로 신뢰받은 정부를 이룩하여 보통사람들의 새 시대를 만들겠다고 약속했습니다. 취임사가 끝나자 '배를 저어가자, 험한 바다를 넘어, 저편 언덕에 자유 평등 평화 행복이 가득한 나라로'라는 취타곡이 연주되었습니다. 대통령에 대해 각하라는 말이 사라진 행사를 처음 접합니다. 이렇게 국민의 감동과 축복 속에 제6공화국이 출범했습니다. 하지만 제6공화국이 끝난 얼마 후 전직 두 대통령이 나란히 형무소에 가는 역사의 아이러니를 보게 된답니다.

새 대통령이 취임한 정국은 4월에 있을 국회의원 선거를 향해 가고 있습니다. 선거가 오면 사회기강이 느슨해지기 마련입니다. 도둑은 시끄러운 장이 좋습니다. 이 이야기부터 먼저 해야겠군요.

내가 사무장으로 나가면서 몇 사람으로부터 동의 어려움이 무엇이냐고 물었더니 세 가지를 이야기해 주었습니다. 무허가 건물과 주민등록 백지용지관리 그리고 인감, 이 세 가지만 조심하면 목아지 떨어질 일 없다고 말해 주더군요.

사무장에 취임한 다음날 시에서 회의를 불렀습니다. 회의가 끝났을 때 모 선배 사무장이 나를 불렀습니다. 그는 돈이 든 봉투를 하나 주었습니다. 용돈으로 쓰라고 어쩌고 하며 우리 동 어떤 사람의 건물대장 서류를 잘 만들어 주라는 부탁이었습니다. 별것 아니라고 하면서 말입니다.

나는 선배 사무장에게 말했습니다. '우선 이 봉투를 받으십시오. 그렇지 않으면 검토도 하지 않겠습니다.' 봉투를 돌려주고 사무실에 돌아와 조사해 보았는데 무허가 건물을 허가 건물처럼 서류를 변조해달라는 내용이었습니다. 바로 그것 때문에 많은 공무원들이 공직에서 물러났답니다.

며칠 후 그를 만났습니다. 나는 그에게 말했습니다. '선배님! 내가 하려해도 말려야 할 선배님께서 저에게 그런 부탁을 하실 수 있습니까? 선배님 같으면 처리해주시겠습니까? 후배 공무원 그렇게 가르치지 마십시오.' 하였더니 그 선배 사무장 얼굴이 빨개지더군요.

대통령 취임 얼마 후 오룡동 서해전문대학 전신인 실업전문대학과 옥구교육청 사이에서 무허가 집을 짓고 있다는 신고 전화가 동에 걸려왔습니다. 단독주택 2층에다 허가 없이 방을 만드는 일입니다. 이런 것들을 무허가 증축이라 합니다. 우선 동직원이 나가서 계고를 했습니다.

그 날 오후 신풍동 송 영감이 동사무실을 찾아왔습니다. 동장과 나를 개정면에 있는 보신탕집으로 데리고 갔습니다. 그 해 올림픽 때문에 시내에 있는 개고기 집들이 면 지역으로 물러나 있던 시절이었기 때문입니다. 소주가 제격인 개고기 안주에 맥주를 시키면서 무허가 증축을 눈감아 달라는 것입니다. 오히려 동장과 내가 사정을 했습니다. 송 영감이 시킨 개고기 안주와 보신탕 그리고 맥주 값을 내가 내면서 애먹었답니다.

여의치 않음을 알게된 버스기사인 집 주인이 다음날 아침 부인을 데리고 고건 국회의원 집을 찾아갔습니다. 출근했더니 민정당 사무실에서 국장에게 전화가 왔습니다. 사무국장은 전에 내가 모셨던 이보석 과장이었습니다. 잘 봐 주랍니다. 예예 합니다. 조금 후 고건 의원에게 찾아갔다 왔다고 집 주인은 박카스를 사들고 동장실에 나타납니다. 불법인 상황을 높은 사람 찾아간다고 더 잘 풀린 시대는 지나가고 있었습니다. 확대될 대로 확대되어 수습할 길은 없었습니다.

그 일이 있는 일요일 쉬고 월요일 출근했더니 또 다시 신고가 들어옵니다. 동직원들 뭣 하느냐는 것입니다. 너희들 돈 먹고 무허가 봐 준 거 아니냐? 입니다. 일요일 날 밤 공무원이 집에서 쉬는 시간에 감쪽같이 2층이 되어 버렸습니다. 당장 헐지 않으면 동 직원을 직무태만으로 검찰에 고발하겠다는 것입니다. 시장관사에도 불법 신고전화가 갑니다. 일이 번질 대로 번졌습니다. 시 주택과에서 철거 계획을 세웠습니다.

비가 부슬부슬 내리는 날이었습니다. 시동 합동철거반이 진입합니다. 집 주인과 부인 그리고 가족이 2층 진입을 차단합니다. 전쟁터 같습니다. 3, 4명의 가족들의 저지선을 10여 명의 직원이 뚫 수가 없답니다. 가족들은 공무원들 멱살을 잡고 항거합니다. 저 아래쪽에서 홍 영감이 고래고래 소리를 지릅니다. 주위에선 많은 사람들이 구경하며 공무원들을 욕합니다. 아마 그 중에는 신고했던 사람도 있었을 것입니다.

옥구 교육청 옥상에서 교육공무원들이 구경을 합니다. 그 속에 시 쓰는 조기호 형도 있었습니다. 내가 시청공무원을 하면서 가장 자학했던 시절이었습니다. 모멸감으로 가슴아파했던 시절이었습니다. 몇 사람의 저항을 수십 배의 사람이 절대 막을 수 없다는 것을 알았습니다.

결론을 말합니다. 무허가 건물은 결국 부수지 못했습니다. 지어진 건물 그대로 검찰에 고발하고 과태료 물리는 선에서 끝이 났답니다. 주민이 협조 안 하면 법대로 할 수 없는 것이 무허가 문제였습니다.

무허가 건물을 단속하고 온 날은 오전 내내 비가 왔습니다. 점심 때는 직원들과 함께 강한 소주를 마셨습니다. 오후에도 비가 왔습니다. 그 날 전주에서 진동규가 왔습니다. 비 오는 항구도시를 찾아와 시청 앞 진 다방에서 두 시간을 기다렸습니다. 일과를 끝내고 옥구 교육청 조기호 형과 함께 만났습니다. 나는 만나자마자 술! 술! 했습니다. 셋이서 많은 술을 마셨습니다. 해망동과 도선 사업소께 술집을 거쳐 죄의식도 없이 개복동 골목에 가서 소녀들을 벗겨 놓고 술을 마셨습니다. 얼마 후 그 날 밤의 감성들을 시로 썼습니다. 나의 제2시집 ≪미룡동의 참새≫에 올려놓았습니다.

나는 이 글을 쓰면서 조기호 시인에게 전화를 했습니다.

형님! 최영이요.

응, 웬일인가? 아참! 퇴임했나?

아, 내년 6월이 정년인데 8월1일 자로 공로 연수하고 집에 있답니다.

사무실 안 나가고 봉급 탄단 말이지?

예, 그런데 그전 삼학동 근무했던 데가 옥구 교육청이지요.

그래, 군산 교육청이 아니고……

그리고 청사 뒤 지금 서해전문대학 전前 학교 이름이 뭐였지요.

응, 실업자 전문으로 만드는 학교라고 실전實專이라고 했지, 라고 답합니다.

기호 형은 16년 전 일을 잘도 기억합니다. 나 그만둔 지 7년 되었어. 전화를 끊습니다. 한때 전주풍물 회장을 했던 조기호 씨는 그 후 전주문인협회장을 하면서 9권의 시집을 내놓고 있습니다. 나이를 더하며 왕성해 가는 기호 형의 문학적 열정이 부럽습니다. 7년이란 소리가 귀에 쟁쟁합니다.

예쁜이! 후반으로 접어든 제28회 아테네 올림픽에서 예상했던 금메달이 많이 나오지 않습니다. 지난주 8강에 오른 남자 축구가 파라과이에 3:2로 패하여 4강 진출이 좌절되었답니다. 남자양궁이 단체전에서 금메달을 땄습니다. 탁구 남자단식 유승민이 중국의 왕하오를 통쾌하게 누르고 금메달을 따냈습니다. 남자 레슬링의 정지현이 그레코로만형 60Kg급에서 금메달을 따냈습니다. 여자태권도 75Kg급에서 장지원이 미국의 압달라를 접전 끝에 2:1로 꺾고 금메달을 따냈습니다. 남자 태권도 80Kg 문대성이 그리스의 알렉산드로를 KO 승으로 누르고 금메달을 따내면서 17일간의 아테네 올림픽은 끝이 났습니다. 우리가 기대했던 이봉주는 마라톤에서 14위를 차지했습니다. 여자핸드볼 결승전에서 덴마크를 맞이하여 두 번의 연장전까지 갔는데도 동점이 되었습니다. 결국 던지기 승부에서 4:3으로 져 은메달에 머물렀습니다.

이번 올림픽에서 한국은 남녀양궁 금메달 3, 남녀 태권도 2, 복식 배드민턴, 유도, 탁구, 레슬링에서 각각 하나씩 모두 9개의 금메달을 얻었습니다. 그리고 은메달 12, 동메달 9개 등 모두 30개의 메달을 얻어 미국, 중국, 러시아, 호주, 일본, 독일, 프랑스, 이탈리아에 이어서 종합 9위를 차지했습니다. 은메달 4개와 동메달 하나에 그친 북한은 56위를 차지했다 합니다.

열전 17일 동안 열렸던 세계인의 축제가 4년 후 북경에서 만날 것을 예약하면서 성화가 꺼지고 올림픽기가 내려졌습니다. 개막식 때 여자 기수가 군산의 구민정이었습니다. 폐막식 기수 역시 군산 출신 여자양궁 2관왕 박성현이었습니다.

예쁜이! 8월이 가고 9월이 오고 있습니다. 9월이 오면 우리 집안 식구가 기다렸던 아이들 결혼을 위한 양가 상견례가 있답니다. 어제 광주 소연이 아버지와 두 번째 통화를 했습니다. 9월 5일 군산에서 상견례를 하자고 약속을 했습니다. 우리 부부는 음식점을 예약했습니다. 그 날 입을 아내의 양장과 나의 양복을 즐거운 마음으로 구입했습니다.

(2004. 8. 26)

314

우리 가족사에 영원토록 기록되어질 경축일입니다

예쁜이! '88년 3월이 왔습니다. 제69주년 3·1절이 왔습니다. 신임 노태우 대통령은 세종문화회관에서 열린 기념식에서 '민족자존의 새 시대는 힘에 의한 통치에 종지부를 찍고 국민 참여의 시대를 만들겠다.'는 내용의 연설을 했습니다. 물러난 전두환 전 대통령은 집권 시절 스스로를 위해 만든 국가원로자문위원 의장직을 가지고 있었습니다. 그러나 참 세상은 무서운 것입니다. 물러난 지 10여 일도 못되어 상왕처럼 군림하려던 의도와 달리 언론이 들고일어났습니다. 동생 전경환 전 새마을운동중앙본부회장 비리부터 터져나오기 시작했습니다.

전경환이 수행원과 가방 하나 들고 비밀리에 일본으로 나갔습니다. 언론은 망명이라 보도를 했습니다. 국민여론은 기름에 불을 붙이는 듯했습니다. 당황한 전두환이 동생을 설득하여 귀국시켰습니다. 전두환은 청와대에 전화를 걸어 한 점 의혹도 없이 수사하여 국민의 궁금증을 풀어달라고 요청을 했습니다.

다음달 4·26 국회의원 선거를 앞두고 정국은 온통 전경환 사건에 빠져들어간 듯했습니다. 한때 무소불위의 권력을 휘두르던 동생은 형이 대통령에서 물러난 지 한 달 만에 새마을 신문 변태운영, 성금횡령, 영종도불법개발 개입, 공금횡령, 알선수재 등 78억을 축제한 혐의로 구속되었습니다. 검찰로 연행되면서 흥분한 사람에게 귀뺨을 얻어맞는 전경환의 모습을 봅니다. 울분을 참고 체념하려는 듯 굳어진 얼굴과 야누스의 눈빛을 봅니다. 미움과 연민의 정을 함께 합니다. 동생의 구속은 형이 국가원로자문위원장 사임, 백담사 유배, 형무소로 가는 시작입니다.

전경환 사건에 들뜬 정국 속에서 여야는 4·26 국회의원 선거준비를 서두르고 있었습니다. 여당인 민정당이 공천 작업을 마무리합니다. 야권통합에 대한 국민적 압박에도 불구하고 단일화를 이뤄 내지 못한 채 민주당 김영삼이 총재직에서 물러나 고문 자격으로 선거준비를 합니다. 여론의 압박에 못 견디던 김대중 평민당 총재도 고문으로 물러나서 선거준비를 합니다. 신민주공화당 김종필 총재도 선거 준비를 합니다. 선거가 오면 동사무실도 바빠집니다. 바쁜 중에도 나와 모한종이가 운전면허를 따기 위해서 한전지나 들판에 있는 조촌동 금강자동차 학원을 다녔습니다.

시·동직원이 자가용을 꿈꾸는 시절이 성큼 와 있었습니다. 얼마 전만 해도 시청직원이 자동차 운전학원에 다니면 수강료를 시에서 대주었습니다. 하지만 많은 직원들이 자동차학원에 다니기 시작하자 시 지원도 끊겼습니다. 나를 합하여 직원 1/2 씩 학원에 다니자고 제의했는데 직원들이 마음을 정하지 못하여 나와 모한종이만 우선 다니기로 했습니다. 나는 1종 면허, 모한종이는 2종 면허 시험 준비를 했습니다.

시간이 많은 나는 예상 문제집을 사서 집에서도 공부하고 학원에서 강의도 열심히 들었습니다. 바쁘기도 하지만 낙천적인 모한종이는 거의 시험 준비를 하지 않았습니다. 필기시험 보는 날 모한종이가 사준 사인펜을 들고 시험을 보았습니다. 시험이 끝나고 발표를 기다렸습니다. 컴퓨터 처리된 결과가 발표되었습니다. 한종이는 50점 정도로 떨어지고 나는 단 3점이 나왔습니다. 창피해서 그냥 사무실에 돌아왔습니다. 이해가 가지 않았습니다. 아무리 못 맞춰도 90점은 될 것 같았습니다.

나는 삼학동이 집인 김일풍 자동차학원 원장에게 전화했습니다. '내가 떨어진 것은 인정할 터이니까. 이유를 알려 달라!'고 부탁을 했습니다. 얼마 후 김 원장에게 전화왔습니다. '90점이 넘었습니다. 사인펜이 나빠서 채점에 오류가 왔습니다. 이해하세요.' 그런 대답이었습니다.

당시 컴퓨터 채점이 그런 오류가 많았습니다. 미원동 사는 어떤 아줌마들 셋이서 학원을 다녔습니다. 아주머니 3인이 시험을 보았는데 공부를 제일 많이 한 사람이 떨어졌습니다. 떨어진 아주머니가 학원 측에 울면서 항의를 했습니다. 그 아주머니는 확인 결과 100점을 얻었다 합니다. 그렇게 억울하게 떨어진 일들이 많았습니다. 하지만 어쩌겠어요. 인정하고 다시 시험 보는 수밖에 없지요. 떨어진 다 다음주에 필기시험에 합격을 했습니다. 모한종이는 몇 주 후에 필기시험에 응시하여 합격을 하였습니다.

필기시험 합격 후 코스만 연습하여 시험에 응시하였습니다. S자에서 뒤로 빼는데 선에 바퀴가 닫자 삑 소리가 울렸습니다. 창피해서 차를 그 자리에 놓고 나와서 자전거로 동사무실에 와버렸습니다. 한 주 더 연습하여 시험에 응시했습니다. 전진 후진, S자도 통과하였습니다. 마지막 T자를 하는데, 내가 어물거리자 앞에 조교가 손짓으로 신호를 해주어 잘 빠져나올 수 있었습니다. 그 조교가 삼학동 영세민 아줌마 아들이었습니다. 그 해 추석에 그 영세민 아줌마 집에 대통령이 보낸 하사품 등을 지원해 주었던 생각이 납니다.

코스 합격 일주일 후 운동장 한 바퀴 도는 장거리 시험을 치렀습니다. 켄트지에 코스를 그리고 조치해야 할 일들을 그림으로 그렸습니다. 운전수석 앞에 그림을 놓고 반 트럭에 올라앉아 차를 서서히 몰았습니다. 좌우 회전 신호, 브레이크 제동, 기아 변속 등을 마치고 오르막길로 올라가면서 살짝 액셀러레이터를 밟으면서 정상을 넘습니다. 내려오면서 속력을 내며 라인으로 들어옵니다. 기다리는 사람들의 박수 소리가 들립니다. 합격했구나! 차를 세우고 내렸더니 운전석 지붕 위에서 합격을 알리는 파란불이 빙글빙글 돌았습니다.

'88년 3월 8일 그렇게 나는 1종 면허시험에 합격을 했습니다. 그 때 함께 면허증을 따러 다녔던 황긍택, 신황우, 김희철, 이완희 씨 등이 생각납니다. 며칠 후에 면허증을 찾으러 갔습니다. 김일풍 원장이 합격된 사람 모두의 면허증을 내놓으면서 나에게 나눠줄 것을 부탁했습니다. 100여 매 정도를 나눠줬는데 한문으로 써진 이름을 하나도 빠짐없이 다 읽을 수 있어서 다행으로 생각했던 기억이 지금도 납니다.

내가 면허를 딴 2년 후쯤 나는 의료보장 계장이었습니다. 시청 과장 몇이서 헌 차를 몰고 시청 후정에 나타났습니다. 처음엔 멋쩍어서인지 친척이 주어서 타기로 했다는 둥 어색한 변명을 하며 차를 몰고 들어왔습니다. 그리고 2년 뒤쯤은 시청의 많은 사람들이 차를 가지게 되었습니다. 처음 몇 사람이 차를 살 때, 택시 타면 위험부담 없고 돈 적게 드는데 뭉칫돈으로 차 사고 세금 주고 보험료 줘야 되느냐고 비아냥거렸습니다. 그런 그들도 세월이 가면서 차를 사고 맛을 들이게 되자 차 없이는 생활하기가 어려운 시절이 와버렸습니다. 핸드폰 가진 사람이 핸드폰 없이는 못 살 듯이 말입니다.

운전면허를 딴 6년 뒤 '94년 5월 31일 내가 공보계장일 때 엘란트라를 샀습니다. 전북 31가 3543이 나의 자동차등록 번호입니다.

나의 주민등록번호, 군번, 전화번호와 같이 소중한 숫자입니다. 차를 산 지 벌써 10년이 지났습니다. 지난 10년 동안 강원도 강릉, 광주로 해서 해인사 한 번 다녀온 것이 고속도로 달린 경력의 전부랍니다.

차는 사람과 같습니다. 겨울에는 따숩게 해줘야 합니다. 여름에는 시원히 해주어야 합니다. 목욕시키고 화장해 줘야합니다. 제때에 병원에 데리고 가야 합니다. 나는 내 차에게 자상한 서비스를 다 해주지 못해서 늘 미안하게 생각을 합니다. 처음 차를 샀을 때 시청 뒷골목에다 놓았다가 전봇대 사이로 빠져나오면서 많은 외상을 입혔답니다. 그래서 미안하답니다. 자주 세차해 주지 못해서 미안하답니다. 그래도 큰 사고 없이 오랜 세월 나와 함께 해준 그에게 고마움과 미안함을 느낍니다. 내가 사무실을 안 나가자 그도 출퇴근을 하지 않은 지 한 달이 넘습니다. 나처럼 정년을 앞둔 나의 차를 사랑합니다.

예쁜이! 어제는 극동주유소 4거리 외항 쪽 중국 요릿집 '한원'에서 아이들 결혼을 위한 양가 상견례를 가졌습니다. 조금 일찍 나가 예약된 방 벽에 '축 최형진 임소연 양가 상견례 축'라고 쓴 예쁜 플래카드를 걸었습니다. 결혼 날짜 잡기 편리하도록 달력을 붙이고 도우미를 불러 마주앙, 설중매 등도 미리 시켜두었습니다.

개정을 지났다고 연락을 받았습니다. 형진이와 우리 내외가 아래층 로비에서 손님을 기다렸습니다. 아침 일찍 광주에서 출발한 소연이와 그의 부모가 도착했습니다. 인사를 나누고 함께 2층 상견례 장으로 올라왔습니다. 송일이 인사를 시켰습니다. 동생 내외도 서로 인사하도록 했습니다.

모두는 자리를 잡았습니다. 도우미가 와인 잔들에 마주앙을 따랐습니다. 형진이 소연이의 결혼을 축하하고 양가의 건강과 행운을 기원하는 건배 제의를 내가 했습니다. 술을 곁들이고 이야기를 곁들였습니다. 결혼 날짜를 신부 쪽에서 잡도록 했습니다. 나와 동갑인 사돈은 군더더기 없는 대화를 쉽고도 알맹이 있게 잘 이끌어 주었습니다. 귀한 딸을 예쁘게 기르고 잘 가르쳐서 차에다 싣고 와서 군산에다 주고 가는 듯한 애틋한 부모의 심정을 느꼈답니다. 그렇겠지요.

딸 부모들은 말합니다. 아이 잘 부탁한다, 고요. 나는 말합니다. 우리는 딸 하나 얻고 그쪽에선 아들 하나 얻은 셈 치자고 위로했답니다. 형진이와 소연이의 인사말을 들었습니다. 요리 사이 설중매도 곁들여 덕담으로 이어져서 좋은 분위기 속에서 행사를 마칠 수 있었습니다.

플래카드 밑에서 사진을 찍었습니다. 플래카드를 떼어서 가지고 내려와 마당에서도 사진을 찍었습니다. 새로운 시작의 두 아이를 봅니다. 그러면서 스스로를 생각합니다. 사람은 결혼합니다. 아이를 낳습니다. 그 아이들 학교 보내고 군인 보내고 취직하면 그들은 30이 됩니다. 30 년 동안 뒷바라지하고 나면 우리 인생은 황혼에

듭니다. 나의 아버님이 자신의 일기에 썼듯이 '사람의 일생은 종족 번식의 한 수단'일 수 있습니다. 이것이 가정사고 역사이겠지요.

좋은 아이를 며느리로 맞을 수 있어서 감사해했습니다. 사돈댁이 참 마음에 들어서 좋답니다. 딸같이 대하며 살고 싶습니다. 어제 2004년 9월 5일 …… 이 날은 우리 가족사에 영원토록 기록되어질 경축일입니다. 양가의 행운을 빕니다.

(2004. 9. 6)

315

그 분이 아끼던 작은 톱입니다

예쁜이! '88년 3월에 주봉구가 제2시집 ≪황토 한 줌≫을 발간했습니다. 전길중이 〈겨울바다〉, 〈안경너머 그대 눈빛〉, 〈돌〉 등의 작품으로 시문학 추천이 완료되었습니다. 공주사대 불문학과를 나와 군여고에서 교편을 잡았던 전길중은 좋은 시를 썼습니다. 함께 군산 문협을 했던 전길중은 얼마 후 첫 시집 ≪안경너머 그대 눈빛≫이란 시집을 내고 전주 상공회의소에서 출판기념회를 했습니다. 이날 전길중은 그대 눈빛의 시적 대상인 자기 아내를 안아서 한 바퀴 돌렸습니다.

제1회 전북수필문학상을 정덕용, 김동필 씨가 받았습니다. 군산대 교수 허소라 시인이 경희대학교에서 '신석정 연구'란 논문으로 박사학위를 받았습니다. 한때 군산 여고와 군산대학에서 교편을 잡기도 했던 천길량 씨가 65세로 저세상 사람이 되었습니다. 천길량 씨는 서울대 음대를 졸업하고 고향에 내려와 교편을 잡으면서 전주시립합창단 상임지휘자, 음악협회 전북지부장, 예총전북지부장을 역임하면서 전북 예술계를 이끌어 오던 원로음악가였습니다.

'88년 3월 3일 군산 임해공단에 제일제당군산사료공장이 준공되었습니다. 100억 원을 투입하여 7개월 만에 완공된 이 공장은 소맥, 당밀 등을 50미터까지 끌어올려 분쇄한 사료가 가마니로 나오는 공장이랍니다. 이 공장이 준공되어 이 지방의 농산물을 가져다가 사료를 만들고 다시 싼값에 호남지방 축산농가에 팔 수 있어 지역경제에 도움을 줄 수 있었답니다. 나는 이 글을 쓰면서 군산사료 공장에 전화를 해보았습니다. 그 때 지어진 공장이 지금은 CJ 군산공장이란 이름으로 바뀌어서 90여 명의 종업원이 사료를 만들고 있다고 말하는군요.

그 해 3월 사무실에서 큰 일이 하나 생겼습니다. 상공과 시절 계량기 사건 이후 두 번째 큰 사건일 수 있습니다. 공무원은 재임중에 취득한 비밀을 퇴임 후까지 지키라는 의무가 있습니다. 하지만 많은 세월이 흘렀고 어떤 일에 최선을 다하면 최악의 경우는 막을 수 있다는 말을 해주고 싶어 이 이야기를 합니다.

어느 날 김성호 동장이 퇴근하면서 보니까 민원을 보았던 추 여사가 노란 봉투를 무심코 난로에 집어넣는 것을 보았습니다. 그 속에 중요한 용지가 들어 있었습니다. 그 용지 몇 장이 타버렸습니다. 이것은 참으로 중요한 사건이었답니다. 당시 비슷한 일로 남원에서 담당 직원이 자살했던 사건도 있었답니다. 결론부터 말합니다. 모든 일을 기도하는 식으로 해결하면 통하는 길이 있습니다. 이 일은 돈으로 해결할 일이 전연 아니랍니다.

언젠가 초라草羅에게 말했지만 이 모든 것을 원만히 해결하도록 중심이 되었던 분이 김필재 과장이었습니다. 그리고 시 담당자는 양해완이었습니다. 시청 김필재 과장, 양해완 씨, 김성호 동장, 추 여사 나 그렇게 밤잠을 설쳤습니다. 나는 일이 터졌을 때 추 여사와 함께 양해완을 찾아가 잘 처리해 달라 부탁을 했습니다.

아침 일찍 자기 집으로 찾아간 나에게 양해완은 말하더군요. '저는 사무장님을 선배 공무원으로보다 시인으로서 존경합니다. 하지만 이 일은 너무 부담되네요.' 했습니다. 그는 이 일을 부탁 받고 고향에 내려가 버렸습니다. 조상의 묘 앞에서 고민했을 것입니다. 그는 이 일을 처리하면서 심리적 인간적 많은 어려움을 겪었을 것입니다. 지금도 그 내용이나 해결된 방법 등을 말할 수는 없지만 그 일은 잘 해결되었습니다.

그 일이 해결된 지 5년 후인 '93년도에 그는 도청으로 전출되었습니다. '94년 내가 공보계장일 때 차를 몰고 변산을 갔다 오는데 청하에서 그를 만났습니다. 그의 고향이 청하란 것을 그 때 알았습니다. 우리들은 청하 자장면 집에 들러서 술 한 잔씩 하며 정담을 나누고 헤어졌습니다. 그 때 나는 그가 문학에 관심이 있다는 것을 알게 되었습니다.

그리고 세월이 흘렀습니다. 내가 개정동장일 때 그는 자신이 쓴 ≪어머니≫란 시집 한 권을 내게 보내주었습니다. 2002년 월명동장 때 그는 6급으로 진급하여 진안에 있는 도 사업소로 나갔습니다. 그리고 제2시집 ≪오늘 어머니를 만나면≫이란 시집을 다시 내게 보내주었습니다. 그는 근래에 도청으로 전입하여 문화예술과에 근무하고 있답니다. 늘 겸손하고 공부하고 열심히 일한 그의 모습이 눈에 삼삼합니다. 그가 좋은 시를 쓰고 공무원으로서 성공하길 빕니다. 언제 전주 갈 일 있으면 그를 불러 술 한 잔 사주려 생각합니다.

노란봉투 사건이 마무리되는 데 2주일이 걸렸습니다. 그 일이 마무리될 때쯤 안양 큰처남 집에서 장인이 돌아가셨다고 연락이 왔습니다. '88년 3월 25일 금요일 아침은 청소가 있는 날이었습니다. 아침 청소는 시 담당과장인 김필재 씨도 참석했습니다. 동장에게 장인 상을 이야기해 주었습니다. 김성호 동장과 김필재 과장이 부의금을 챙겨줬습니다. 김필재 과장에게 고맙기도 하고 미안하기도 했답니다. 총무를 봤던 모한종에게 연가 처리하고 장인 상 당한 일 절대 외부에 알리지 말라고 당부하고 집으로 돌아왔습니다.

두 아들놈을 아파트에 두고 우리 부부는 안양으로 향했습니다. 차 속에서도 노란봉투 생각이 났습니다. 큰동서의 친동생 문영식 씨가 원장인 안양성모병원 영안실에 도착했습니다. 전날 병원 앞 안양섬유공장에 불이나 20여 명의 여종업원이 불에 타죽어 그들의 시체도 한 병원에 함께 안치되어 있었답니다. 큰처남은 우리 부부를 영안실로 데리고 갔습니다. 냉동실 속에 관을 꺼내어 그 속에 든 장인의 시신을 보여 주었습니다. 84세를 일기로 생을 마친 장인은 얼음 속에 잠을 자고 계셨습니다.

나의 장인 유기섭 씨는 전형적인 시골 목수였습니다. 선조에게 물려받은 것 없이 목수일로 8남매를 키웠습니다. 약간의 토지도 구입했습니다. 개정면 아동리가 처갓집이었습니다. 그 근방의 많은 집을 지었습니다. 유 목수하면 틀림없는 사람 그리고 알아서 일하여 주는 사람으로 알려져 있었답니다. 자기 마음의 기준에 차야 일을 끝내는 분으로 알아주었답니다. 내가 처음 뵈었을 때나 중간이나 돌아가실 때나 늘 같은 모습이었습니다. 하지만 고집은 상당히 있는 분입니다.

언젠가 우리 집에서 집사람과 함께 일을 했습니다. 집사람이 잔소리를 많이 하자, 연장을 놓고 가버리셨습니다. 며칠 후 집에 오셔서 웃고 말았습니다. 내가 결혼하고 얼마 후 처남이 교통사고로 죽었습니다. 그 얼마 전에 처남댁이 죽었습니다. 장인은 그 때도 거의 슬픈 내색을 보이지 않았습니다. 하지만 그 문제로 많은 심적 충격을 받으셨습니다. 내가 경장동 살 때 장인 내외가 주위에서 살았습니다. 건강이 덜 좋다하여 큰처남이 안양으로 모셔 가셨습니다. 잘 가셔서 건강 빨리 회복하세요, 하고 인사했더니 올 때는 걸어서 올란다, 하였습니다. 그렇게 안양으로 가셨습니다. 돌아가시기 얼마 전 내가 문병 차 갔더니 '뭘 하러 왔느냐.'고 하시면서 눈물을 보였습니다. 그리고 내려가면 유씨 종중 선산문제 알아 봐 달라고 부탁하더군요.

자식들이 입원할 것을 원했지만 거절하셨습니다. 큰처남의 강권으로 입원한 지 몇 시간 후에 영면하셨습니다. 올해로 장인이 돌아가신 지 16년이 되었습니다. 우리 집엔 그 분의 유품 한 점이 있습니다. 그 분이 아끼던 작은 톱입니다. 우리 집에선 그 톱을 잘 보관하고 있습니다. 아마 아이들 때까진 보관되리라 생각합니다. 톱을 보면서 그 분을 기립니다. 성실히 살다간 한 분을 생각합니다.

예쁜이! 9월이 왔습니다. 아파트 앞 숲 기슭으로 가을이 물들어오고 있습니다. 광주 사돈댁에서 결혼 날짜와 시간을 12월 12일 12시로 잡아 연락이 왔습니다. 아파트 앞 궁전예식장으로 예약을 했습니다. 기쁜 마음으로 정성껏 준비할 것입니다. 결혼식 전에 공로연수자들 27쌍의 부부동반 동남아 여행도 예정되어 있습니다. 아! 이렇게 세월은 가는 것입니다.

(2004. 9. 10)

316

떨어지면 군산 앞바다로 가겠다고요

예쁜이! '88년 4월이 왔습니다. 정부는 제13대 국회의원 선거를 4월 26일로 공고했습니다. 노태우 대통령이 취임한 지 2개월 만에 국회의원 선거입니다. 이 같은 정치적 징검다리 위에서 전직대통령 동생의 각종 비리가 터져나와 전경환, 염보현을 비롯한 많은 사람들이 형무소에 들어갔습니다. 전두환 씨가 기자회견을 자청하여 동생 일로 국민들에게 심려를 끼쳐 미안하다고 사과하고 국가원로자문회의 의장직과 모든 공직에서 손을 떼겠다고 약속했습니다. 하지만 5·18 광주학살을 비롯한 전직대통령의 각종 비리 등이 선거의 쟁점으로 떠오르고 있었습니다. 국민들은 국운을 좌우할 올림픽이 제대로 치러질까 걱정을 했습니다. 그러면서도 세월은 하루하루 흘러갔습니다.

이제까지 한 선거구에서 두 사람씩 뽑던 선거가 아니라 17년 만에 한 사람씩 뽑는 소선거구제가 실시되었답니다. 그렇게 되어 군산과 옥구에서 각기 한 사람씩의 국회의원을 뽑게 되었습니다.

'88년 4월 11일 오후 2시 월명공원 수시탑 광장에서 평민당 군산 옥구 합동 개편 대회를 가졌습니다. 김대중 고문도 참석한 이 행사에서 군산 채영석, 옥구 김봉욱이 각각 위원장과 후보로 확정되었습니다. 수시탑 광장에는 많은 사람들이 모였습니다. 대통령 선거유세처럼 노란 깃발을 흔들며 김대중을 연호했습니다. 군산거리는 김대중을 환영하는 플래카드가 내걸렸습니다. 후보 공천에서 탈락한 것으로 알려진 강근호 씨도 김대중 선생 사면복권을 환영하는 플래카드를 내걸었습니다.

'88년 4월 14일 지역구 224명, 전국구 75명 등 총 299명을 뽑는 제13대 국회의원선거에 1,045명이 등록하였습니다. 14명을 뽑는 전라북도는 64명이 등록하였습니다. 평민당 김대중은 전국구 1번을 박영숙 총재대행에게 내주고 본인은 11번을 차지했습니다. 민주당 김영삼은 부산 서구에서 출마하고 김명륜 총재 대행은 종로에서 출마했습니다. 공화당 김종필은 부여에서 출마했습니다. 민정당은 전국에 고루 후보자를 냈지만 평민당은 경상도에 민주당은 호남지역에 거의 후보자를 못내는 상태였답니다.

이철승 씨는 전주 을구에서 손주항, 태기표 씨 등과 8선에 도전했습니다. 군산에서는 고건, 채영석, 강근호, 엄대우, 신동안 씨가 출마했습니다. 옥구에서는 원형연, 김봉욱, 고희곤, 최지신, 두병우 씨가 출마를 했습니다.

각종 사업을 선거에 맞춰서 발주했습니다. 선거를 치르기 전에 어떤 명목으로든 동직원에게 떡값도 내려왔습니다. 별정직이었던 동장은 시장에게 날마다 동향을 직접 보고했습니다. 어제까지는 여당 후보 지지율이 몇 % 이었는데 오늘 어떤 이유로 조금 올라갔다. 오늘은 누구누구를 만나 설득하였다 등등 유치한 짓을 다 했습니다.

사무장도 비슷한 보고를 날마다 했답니다. 물론 시장이나 시 참모들도 도에 보고하겠지요. 도청 공무원이 동에까지 친히 출장을 나와 아주 심각한 체하며 동장실에 들려 여당 후보 당락 여부를 점검하고 갔습니다. 선거가 가까워지면 소위 돈 봉투 질을 한답니다. 배달사고 때문에 공무원에게 대신 시켜서 말썽을 일으키는 일이 가끔 있었답니다.

지금 생각난 일은 선거 며칠 전 김병량 전 시장이 몰래 군산에 내려왔습니다. 그는 삼학시장에 있는 지하다방에서 나를 만나자고 전화가 왔습니다. 그 분이 고건 후보 판세를 내게 물었습니다. 나는 '6:4 정도로 고건이 채영석을 이길 수 있을 것입니다.' 하고 대답했습니다. 김병량 전 시장은 군산은 재선되지 못한 징크스가 있다고 말하면서 우려를 표했답니다. 사실 나는 고건이 떨어지리라고는 상상을 못했답니다.

대통령은 각 도를 연두순시하며 여당을 지원했습니다. 채문식 대표도 전국을 다니며 지원 유세를 폈습니다. 김영삼은 부산에서 경상도 민심에 불을 붙였습니다. 김종필은 충청도 핫바지론을 펴며 지역감정을 자극했습니다. 김대중은 호남에서 노란 물결로 표밭을 갈았습니다. 호남의 평민당 후보들은 김대중이가 자기 지역에 왔다가야 승리한다고 생각할 정도였습니다.

월명공원 수시탑 평민당 개편대회에 이어 4월 21일 오후에 김대중이 군산역 광장에 도착했습니다. 군산의 채영석 후보 옥구에 김봉욱 후보와 많은 당원들 그리고 일반 시민들이 광장을 가득 메웠습니다. 노란 깃발의 물결이 넘쳐났습니다. 김대중이 군중을 뚫고 단상에 오르기까지 많은 시간이 걸렸습니다. 김대중이 단상에 오르자 예고도 없이 강근호 무소속 후보가 등단하여 김대중에게 꽃다발을 증정하였습니다. 김대중의 연설은 시작되었습니다.

김대중은 지난번 대통령 선거 때 자신을 지원해 준 군산시민에게 감사해했습니다. 그리고 평민당이 펼칠 공약을 설명하면서 이를 실현할 수 있도록 채영석 후보를 밀어 달라고 부탁했습니다. 청중들은 강근호에 대한 언질을 기다렸지만 그대로 연설을 마친 듯했습니다. 청중들이 애타있을 때 김대중은 '강근호 후보가 이 나라 민주주의를 위하여 후보를 사퇴했습니다!'라고 소개했습니다.

때를 맞춰 함성소리가 메아리쳤습니다. 김대중은 강근호와 채영석 두 사람의 손을 잡고 하늘로 올렸습니다. 모두는 김대중! 김대중! 강근호! 강근호!를 연호했습니다. 마이크를 넘겨받은 강근호는 어떠한 일이 있더라도 군산에서 민정당 후보를 국회에 보낼 수 없다는 절박한 심정에서 후보사퇴를 결심하게 됐다며 평민당 채영석 후보에게 전폭적인 지지를 보내달라고 호소했습니다. 연설 내내 연설이 끝난 후에도 역전 광장은 환호와 함성 그리고 감동으로 가득했습니다.

이틀 뒤 선거를 3일 앞둔 4월 23일 토요일 오후 2시 중앙초등학교에서 마지막 합동 유세를 가졌습니다. 전에 있었던 서초등학교와 문화초등학교 유세장에 나가 보지 못하여 이번엔 마음먹고 중앙초등학교에 나갔습니다. 만여 명의 청중이 모였습니다. 강근호 후보는 야권 단일화로 여당 후보를 낙선시키기 위해서 눈물을 머금고 사퇴를 하겠다고 전제 평민당 채영석 후보를 지지해달라고 호소했습니다.

고건 후보는 자신이 국회에 가야 군산의 현안사업을 추진할 수 있다고 들었습니다. 그리고 월간 신동아 5월호를 들어 보이며 '90년대 대통령감으로 자신이 소개되었음을 알리면서, 장차 대통령감인 자신을 국회로 보내야 한다고 역설했습니다.

채영석 후보는 자신과 이 나라 민주주의를 위해 사퇴한 강근호 후보에게 감사를 표했습니다. 자신은 국회의원감이고 고건 후보는 장관이나 총리감이라고 추켜올렸습니다. 그러면서 자신이 국회의원이 되어 고건 후보가 장관이나 총리가 되도록 노력하고 그렇게 환상의 콤비가 되어 채 의원, 고 장관이 오순도순 군산 발전을 위해 일한다면 얼마나 좋으냐고 되물었습니다.

그리고 자신이 이번까지 세 번째 떨어지면 집도 없고 돈도 없어 갈 곳은 군산 앞바다뿐이니 불쌍한 자신을 바다가 아닌 여의도로 보내달라고 읍루했습니다. 그 날 인상 깊었던 것은 야당인 채 후보가 우리나라가 이만큼 될 수 있었던 것도 공무원 덕이라고 추켜올렸습니다. 공무원을 여당으로 몰던 시절이 가고 있음을 시사하는 대목이었답니다. 삭발을 하고 연설했던 엄대우와 공화당 후보로 출마한 신동안의 연설 내용은 생략하겠습니다.

나는 그 날 유세장에서 우연히 송시환 전 수도과장을 만났습니다. 그 분이 내게 이야기하더군요. 전날인가 고건의 아버님 고형곤 박사를 만나서 이번 선거가 고건에게 유리하지만은 않다고 본인이 이야기했다 하더군요. 고건에 대한 걱정인지 아닌지 분간할 수 없는 말을 들었던 생각이 납니다. 하여튼 나는 그 날 유세를 보면서 채영석 후보가 고건 후보에 상당히 근접할 수도 있겠구나 생각을 했습니다.

예쁜이! 국제원자력기구(IAEA)는 '80년대 초 150㎏의 금속우라늄을 생산한 것을 비롯하여 모두 6가지의 핵 안전조치협정을 위반했다하여 이를 조사하기 위한 사찰단을 오는 18일(2004. 9) 한국에 파견한다, 합니다.

우리의 추억이 어린 은파 죽림 맞은편 아름다운 언덕에 리츠프

라자 호텔이 문을 열었답니다. 새로운 호텔은 500석의 연회장과 58개의 고급 객실을 갖추고 있다합니다. 강근호 군산 시장은 원전센터 군산유치 예비신청을 포기 결정한 것으로 알려졌습니다. 그동안 원전센터 군산유치의 찬성과 반대로 팽팽히 맞서던 시민단체 간의 갈등의 골이 어떻게 조율될지 모르겠습니다.

군산에 가을이 오고 있습니다. 어제 그제 비가 내렸습니다. 비를 맞으며 하구둑 너머 화양 쪽으로 나갔습니다. 그리움의 산은 비를 맞고 있었습니다. 비를 맞는 안쓰러운 산에 올랐습니다. 정자에 섰습니다. 하구둑 다리와 서해안 고속도로 다리도 나처럼 비를 맞고 있었습니다. 추억 속에 그대 모습도 비를 맞고 있습니다. 비에 젖은 그대 머리카락을 쓰다듬고 싶다는 생각을 합니다. 오랜 그리움의 시간을 그렇게 보내다 산을 내려옵니다. 한 달 반 동안 출퇴근을 잃어버린 내 차가 비를 맞으며 나를 기다려 줍니다.

(2004. 9. 15)

317
민심이란 이런 것이구나

예쁜이! 제13대 국회의원 선거 기간 25일 동안 호남 푸대접, 충청도 핫바지, 부산 무대접론 등 지역감정으로 치달으면서 선거는 막바지에 왔습니다. 그런데 선거 전날 오후 제주 MBC-TV가 화면 조정시간에 실수로 민정당 현경대 후보가 승리한 자막을 내보냈습니다. 이 일로 야당은 정부 여당이 컴퓨터를 조작하여 전국적으로 부정선거를 획책하고 있다고 퍼부어댔습니다. 이로 인해 여당이 많은 표를 잃는 요인이 되었답니다. 선거 전날 12시까지 선거운동을 할 수 있었습니다. 전날 밤에 각 후보자 측은 야금야금 떡값 봉투를 돌리고 상대는 이를 잡기 위해 보초를 세워 밤샘을 합니다.

'88년 4월 26일 오전 7시부터 전국 일제히 제13대 국회의원 선거가 실시되었습니다. 새벽같이 출근하는데 거리에는 무수한 후보자 선전 광고지들이 아스팔트 위에 깔려 있었습니다. 사무실에 도착하자 벌써 많은 사람이 줄서 있었습니다.

나는 우리 동 투표소 순찰을 하며 매시간마다 투표 상황을 시에 보고하는 일을 했습니다. 그런데 자그마한 일이 생겼습니다. 투표를 하고 나온 어떤 사람이 '고건 후보가 떨어질 것 같다고 우려하면서 기권표가 못 나오도록 행정 방송해야 한다.'고 이야기했습니다. 이를 들은 정 모씨는 그를 동 직원으로 잘못 알았습니다. 그는 공무원이 선거운동해도 되느냐고 언론에 공개하겠다고 시장실에 항의했습니다. 확인 결과 방송 운운한 사람은 민정당 삼학동 관리장 김 ○○ 씨로 밝혀졌답니다.

옥구에서 출마한 평민당의 김봉욱 후보와 민정당의 원형연 후보가 미성읍 산북리 제3투표구에서 서로 마주치게 되었습니다. 김 후보가 '전단과 돈을 뿌리며 부정선거를 일삼을 수 있느냐'며 이 ○같은 놈! 이라고 소리치자, 흥분한 원 후보 역시 '그까짓 소리가, 어디 있어? 이 ○같은 놈아!' 하고 한판 붙었답니다.

오후 6시를 기해 전국적으로 투표가 완료되었습니다. 투표함을 시로 보내는 일을 끝내고 그 동안 수고한 직원들을 위로하기 위해서 삼겹살 파티를 했습니다. 파티가 끝나고 동네 유지인 김응원, 김상두, 송금자, 이길자 씨 등과 함께 선거 결과도 알아보고 한 잔 더 할겸 시청께로 나갔습니다.

빅토리 호텔 앞에서 평민당 유세용 봉고차 위에서 채영석 후보가 러닝셔츠 차림으로 농성을 하고 있었습니다. 차 밑에는 많은 평민당원들이 함께 소리소리 지르고 있었습니다. 우리들은 농성장에서 멀리 떨어진 곳에서 술 한 잔씩을 하고 시청 회의실 개표장에 가보았습니다. 개표를 실시한 지 1시간 정도 되었는데 채영석 후보가 고건 후보를 앞서고 있어서 놀랐습니다. 하지만 '부재자 투표함을 먼저 개봉했기 때문에 그렇지, 설마 고건이 지겠느냐?' 하는 생각들을 하며 시청을 빠져나왔습니다. 3차로 한 잔 더하고 11시가 다 되어서야 집에 돌아왔습니다.

집에 돌아와서 TV를 켰습니다. 종전과 달리 그 때 처음으로 KBS와 MBC가 개표방송을 따로 했습니다. 평민, 민주, 공화 등 야 3당이 여당인 민정당을 앞지르는 것으로 나타났습니다. 시청 개표실에 전화를 해보았습니다. 선거에 질 줄 알고 봉고차 위에서 농성을 하던 채영석 후보가 자신이 앞서고 있다는 말을 전해 듣고 당원들과 개표장에 나타나 만세를 부르고 양주를 병째 마시고 있다는 이야기를 들려주었습니다. 아! 이럴 수가? 천하의 고건이가 실패하다니. 민심이란 이런 것이구나 생각을 했습니다. 삼학동 지하다방에서 김병량 전 시장에게 고건이 이길 것이라고 말한 것이 마음에 걸렸습니다.

개표방송이 밤을 넘겨 새벽으로 가면서 민정당이 과반수 확보에 실패한 것으로 보도되었습니다. 당시만 해도 상상할 수 없는 일이 일어났습니다. 평민당이 제1야당으로 부상했습니다. 언론은 이를 황색돌풍이라 했습니다.

다음날 오전 최종 선거 결과가 집계되었습니다. 민정당이 87석을 얻었습니다. 광주, 전라남북도 37개 선거구에서 무안 1구를 제외한 36개 구를 싹쓸이한 평민당이 54석을 얻었습니다. 1석을 제외한 14석을 부산에서 싹쓸이 한 민주당이 46석을 얻었습니다. 충남에서 13석을 얻는 공화당이 27석을 얻었습니다. 그리고 한겨레당 1석, 무소속 9석 등을 얻었답니다. 관심을 끌었던 서울에서는 평민17, 민정10, 민주10, 공화 3석 등을 얻었습니다.

비례대표를 포함하여 각 당의 의석 수는 민정125, 평민70, 민주59, 공화35, 한겨레1, 무소속9 등 299석의 의원 수가 확정되었습니다. 이를 두고 뒷날 김재순 국회의장은 환상의 황금분할이라 명명했답니다.

김영삼, 김종필이 각각 고향인 부산과 부여에서 압도적으로 당선되었습니다. 박준규 씨도 대구에서 당선되었습니다. 시인 양성우, 박석무, 소설가 이철용, 배우 이대엽, 최무룡이 당선되었습니다. 종로에서 민주당 대표대행 김명륜이 당선되었습니다. 이만섭, 유치송, 김상현, 송원영 등이 낙선했습니다.

전라북도 14개 선거구는 오탄, 손주항, 채영석, 이협, 김원기, 조찬형, 김태식, 이상옥, 홍영기, 정균환, 이희천, 최락도, 김봉욱, 김득수 씨 등 평민당이 모두 차지했습니다. 당시 전국 투표결과 자료가 내게 있지만 군산과 옥구만 이야기하려 합니다. 군산은 유효 투표 79,095명 중 채영석이 61%인 48,182표, 고건이 36%인 28,118표를 얻었답니다. 옥구는 유효투표 48,059명 중 김봉욱이 55%인 26,376표를 원형연이 31%인 14,816표를 얻었답니다.

임실· 순창에서 출마했던 평민당 홍영기 씨는 자신이 패할 것으로 알고 투표를 한 후 일찌감치 서울로 올라가 버렸습니다. 막상 개표를 해보니 뜻밖에도 자신이 이기고 있어서 내려왔답니다. 그렇게 홍영기 씨는 4선을 하면서 69세의 최고령 당선자가 되었습니다. 국내 거물 정치인 이철승 씨는 8선에 도전하여 손주항에게 대패했습니다. 손주항 씨는 전국 최다 득표율을 기록했습니다. 후배에게 망신을 당한 이철승은 얼마 후 정계에서 은퇴합니다.

관심 있는 국민들이나 군산 시민 거의가 고건이 낙선하리라고는 생각하지 못했습니다. 최연소 지사 출신에 장관 두 번 그리고 현직 국회의원인 50세의 장래가 촉망되는 고건이가 떨어진 데 놀랐습니다. 시민들은 스스로 채영석을 찍고도 고건의 낙선을 아쉬워했습니다.

벅찬 감동으로 술을 마시며 밤샘을 했던 채영석 후보는 군산시 선거관리위원회에서 당선증을 받았습니다. 국회의원 두 번 떨어지고 민주화 투쟁을 하면서 오랜 낭인 생활을 했던 54세의 채영석은 기쁨의 눈물을 뿌렸습니다. 그는 몇 사람과 함께 대야에 있는 민물탕 집으로 갔습니다. 그들은 쏘가리탕을 시켜 소주를 마시면서 기

뼘을 만끽했답니다. 채영석 당선자는 피로가 엄습하자 식당 앞 잔디밭에서 깊이 잠이 들었습니다. 식당 아줌마는 밀린 외상값을 갚지도 못하면서 이번에도 외상일 것으로 알고 소리소리 쌍욕을 했다 합니다. 국회의원에 당선되었다하자 아주머니가 놀라더랍니다.

예쁜이! 노무현 대통령이 지난 일요일(2004년 9월 19일)부터 어제(9월 23일)까지 4박 5일 동안 카자흐스탄과 러시아를 순방했습니다. 카자흐스탄과는 유전과 우라늄을 공동 개발키로 양해각서를 체결했답니다. 러시아와도 유전, 가스전, 과학기술, 정보통신, 우주개발 등을 공동 개발키로 양해각서를 체결했답니다.

요사이 군산 거리에는 김성한 전 기아 타이거즈 감독이 군산상고 야구감독으로 영입되었다는 환영 플래카드가 넘실거립니다. 지난 2001년 8월 기아 타이거즈 창단 감독으로 선임됐던 김성한 전 감독은 2002년과 지난해 한국시리즈 진출에 실패했습니다. 그리고 올해도 극심한 부진에 빠져 일선에서 물러났습니다. 그가 제2의 최관수로 거듭나길 빕니다.

오는 10월 1일 제42회 군산시민의 날에 수여할 시민의 장에 원창희, 정윤모, 최내범, 문승우, 박성헌, 오영장 등이 확정되었답니다. 제2회 채만식 문학상은 백시종 씨가 결정되었답니다.

예쁜이! 이 가을 다시 추석이 옵니다. 시에 근무할 때는 추석이 오면 바빴습니다. 체불임금을 주도록 조치를 했습니다. 시설 위문과 귀성객과 성묘객들의 편의를 위한 준비를 했습니다. 간단한 선물과 촌지를 표 안 나게 전달하며 참 바쁘게 지냈습니다. 이번 추석은 너무 적요합니다. 결혼을 앞둔 형진이와 소연이가 함께 내려온다 하여 기쁩니다. 달력을 봅니다. 빨간 숫자가 넷이 있습니다. 긴 추석 연휴 동안 우리들의 족보 전 22권을 처음부터 읽으려합니다.

(2004. 9. 25)

318

강현욱 지사 취임

예쁜이! '88년 4월 국회의원 선거는 여소 야대로 끝이 나면서 세월은 갔습니다. 그 세월 속에 이해영이 첫 시집 ≪기억 속의 바다≫를 출간했습니다. 숙명여대 출신인 이해영은 '84년 시문학을 천료했습니다. 그가 첫 시집을 내고 몇 년 후 전주를 떠나갔습니다. 첫 시집을 내던 해 그의 나이 40이었습니다. 지금 50대 중반일 그의 안부가 궁금하답니다.

군산서초등하교 송영만 교감 선생이 한국예총이 발간하는 ≪예술계≫ 봄호에 제10회 신인문학상 수필 부문에 당선되었습니다. 등단 후 신풍초등학교 등에서 교장으로 근무하다가 몇 년 전 정년을 하고 금동 삼성아파트에서 글을 쓰며 여생을 소일하고 계십니다. 부안 격포초등학교 권오성 씨가 현대문학에 수필이 추천 완료되었습니다. 부안여고 김영춘 씨가 실천문학에 시로 등단했습니다.

그 때 30세였던 금구중학의 조미애가 '담쟁이''밀도살'등의 작품으로 시문학에 천료되었습니다. 조미애는 전북대 문리교육과와 교육대학원을 졸업한 과학 선생이었습니다.

사랑의/ 파편들만 모아/ 숨죽이며/ 보따리 꾸리는 /피난민들/ 피난민들의 보따리로 형상화한'담쟁이'이란 시는 참 좋다고 생각했습니다. 진도 출신인 조미애는 전주에서 고등학교와 대학을 다녔습니다. 등단 8년 후인 '96년에 ≪풀대님으로 오신 당신≫이란 첫 시집을 상재했습니다. 그리고 2002년 ≪흔들리는 침묵≫이란 제2시집을 출판했습니다. 그의 시들은 서민의 땀 냄새와 전통을 아우르고 있는 듯 합니다. 바다 냄새가 있습니다. 한때 청록두 동인을 함께 했습니다. 최근에는 전주풍물을 함께 하고 있는 조미애도 어느덧 50 가까이에 있습니다. 나는 이 글을 쓰면서 안부 삼아 손 전화를 해보았습니다. 정읍여중에 근무한다하는군요.

그렇게 '88년 4월이 갔습니다. 전군 도로에 벚꽃이 피고 졌습니다. 월명공원 산보로에 아카시아가 피어나면서 5월은 왔습니다. '88년 5월 1일은 제26회 군산시민의 날이었습니다. 이 날은 일요일이라 다음 날인 5월 2일 제일극장에서 행사를 했습니다. 이봉섭 시장이 기념사를 하고 신동소 시정자문위원장이 시민헌장을 낭독을 한 후 김양규, 김용채, 김장열, 최창준 씨 등이 시민의 장을 받았습니다.

'88년 5월 20일자 정부 인사에 의하여 홍석표 전라북도 지사가 물러나고 후임에 군산 출신 강현욱 씨가 발령되었습니다.

'86년 8월 20일자로 취임하여 1년 8개월 만에 이임하는 제23대 홍석표 지사는 '3백만의 전진 대전북 건설'이란 캐치프레이즈를 내걸고 '농공병진' '주민정주기반확충' '진취적 도민상 정립'을 지표를 설정하여 도정을 추진했습니다.

그는 재임 기간에 내 고장 일품 운동, 국립전주박물관 기공, 전주·이리 공단 조성에 심혈을 기울였습니다. 홍 지사는 군산 앞바다 209만 평을 산업기지로 지정한 데 많은 기여를 했습니다. 이 일들은 홍 지사와 고건 의원이 협력하여 대통령 선거 때 공약으로 넣어진 사업들입니다. 지금 생각해도 이것은 군산의 지도를 바꾼 대 프로젝트였습니다. 홍석표 지사가 1년 8개월 동안 대통령 선거와 국회의원 선거의 여당 승리에 심혈을 기울였습니다. 귀가 엄청나게 큰 도지사가 읍면동을 직접 돌면서 여당 후보를 간접 지원했던 이 일은 30여 년 내 공직 생활에 처음 경험입니다.

제24대 전북 지사로 취임한 강현욱 지사는 군산고 5회 출신입니다. 교장 선생님을 했던 부친이 직장을 그만두고 배 만드는 사업을 하다 실패한 후유증으로 일찍 돌아가십니다. 고등학교 시절부터 어린 동생들의 가장 노릇을 해야 했던 강현욱은 서울대학 문리대에 들어갑니다. 고학으로 대학생활을 하면서 자신과 동생들의 학비를 법니다. 부산에서 장교 생활을 하면서 학원에 나가 강의를 하여 돈을 법니다. 행정고시에 합격합니다. 경제기획원 예산국 사무관, 민방위 예산 담당관, 예산 총괄과장, 재무부 주 사우디 경제 협력관, 재무부 이재국장, 대통령 경제비서관을 하다 전라북도지사로 금의환향합니다. 도지사가 새로 취임했으니 다음에는 시장 군수 인사가 기다리고 있을 것입니다.

제13대 국회의원 선거가 한 달 가까이 지나갔는데도 개원 협상이 타결되지 못했습니다. 평민, 민주, 공화 야 3당은 윤길중 민정당 대표를 빼고 노태우, 김대중, 김영삼, 김종필이 만나서 정국현안을 협의하자는 것이었고, 민정당은 윤길중을 합쳐서 5자 회담으로 하자는 것이었습니다. 미루고 미루다 '88년 5월 28일 결국 윤길중이 빠진 영수회담을 했습니다. 화가 난 윤길중은 당사에 출근하지 않았습니다.

이틀 후인 '88년 5월 30일 제13대 국회개원을 했습니다. 이날 개원식에서 의장에 김재순, 부의장에 노승환, 김재광을 뽑았습니다. 국민위에 군림한 구질서를 청산하겠다는 신임 김재순 국회의장의 개회사가 있었습니다. 이어서 노 대통령이 여야 의원들의 기립 박수 속에 등단하였습니다. 노 대통령은 화해정치를 위하여 의회와 최대의 협력을 다짐하겠다는 연설을 했습니다. 그렇게 여소야대 국회는 개원되었지만 얼마 가지 않아 김영삼, 김종필이 노태우와 손을 잡는 이변이 기다리고 있었답니다.

예쁜이! 이번 추석 연휴 첫 날 기차로 형진이와 며느리가 될 소연이 그리고 송일이가 이리역으로 와서 차로 마중나가 그들을 데리고 집에 왔습니다. 소연이는 하루 먼저 광주로 갔습니다. 다음 날 광주로 가는 형진이 편에 몇 가지 어물을 얼음에 갈무리하여 박스에 넣어 보냈습니다. 버스에서 내려 승용차까지 무리 없이 싣고 가도록 하기 위하여 작은 구루마도 사서 함께 차에 실었습니다.

어제는(2004년 10월 1일) 제42회 군산시민의 날 행사를 월명체육관에서 실내 행사로 치렀다 합니다. 제36회 진포 예술제가 2주일 동안 열립니다. 나는 시화전에 쓸 작품 한 편을 보냈답니다. 이 가을 군산시내는 시민의 날 행사, 세계자동차부품 엑스포, 세계철새페스티벌 등 각종 경축 플래카드로 가득합니다.

지난 추석의 긴 연휴 동안 나는 우리들 사랑의 족보를 처음부터 읽기 시작했습니다. 우리의 사랑은 애틋했고 아름답고 슬펐습니다. 하지만 한 번 떠나버린 우리의 사랑은 세월과 함께 흘러만 가고 있군요. 이제 우리의 사랑은 영원히 환원할 수가 없을 것입니다.

(2004. 10. 2)

319
슬픈 보좌관 시절

예쁜이! '88년 6월이 왔습니다. 도청 앞 광장에는 올림픽 100일을 앞두고 160개 참가국 국기가 게양되었습니다. 오래전부터 군산시청 정문 현관에는 88 올림픽 마스코트인 호돌이가 세워져 있었습니다.

6월 1일자로 송주환 도경국장이 퇴임을 했습니다. 지난 대선과 총선에서 전라도에서 패한 보복적 인사라고 전라북도 사람들은 아쉬워했습니다. 몇 안 되는 전북 출신 경찰의 별이 떨어져 나갔다고 아쉬워했습니다. 한때 군산 경찰서장도 했던 송 국장은 훤칠한 키에 음악적 감각도 갖췄다고 합니다. 김영배 시장 때 군산 시청 회의실에서 만찬이 있었습니다. 분위기가 고조되자 시장이 노래를 했습니다. 뒤를 이어 혜은희의 '제3 한강교'를 송주환 군산경찰서장이 노래했습니다. 무척 템포가 빠르고 박자 맞추기가 힘든 노래를 남성다운 목소리로 잘도 소화하여 참석자들을 매료시켰습니다. 트럼펫에 일가견이 있다 합니다.

강현욱 지사 취임 이후 초미의 관심사였던 시장군수급 인사가 6월 10자로 단행되었습니다. 이날 인사에서 이봉섭 군산시장이 도 기획실장으로 전보되고 후임에 내무부 연수원 교육 수료 후 대기 중이었던 김인식 씨가 발령되었습니다. 전승안 부시장이 군산시장 보좌관으로 물러나고 후임에 김영철 씨가 발령되었습니다.

1년 2개월 동안 군산시장으로 근무했던 이봉섭 시장은 내무부에서 잔뼈가 굵어 기획력과 추진력을 겸한 사람이었습니다. 짧은 재임 동안 올림픽 준비와 양대 선거를 위해 능력을 소진했던 것으로 기억하고 있습니다. 그 분이 대명동에 있는 '가시리'라는 생선집을 좋아했습니다. 회 몇 점에 정종 대포 두 잔을 하고 굽지 않은 통김으로 김밥을 말아 먹었습니다. 몇 참모들이 이봉섭 시장식 식사 흉내를 내어 웃음거리가 되기도 했습니다.

이봉섭 시장은 내가 첫 시집 ≪개구리≫를 출판하여 증정했을 때 매우 부러워하였습니다. 출판기념회 때 참석하려다 바쁜 일로 그러하지 못했던 이 시장은 퇴임 후에 소설을 쓰고 싶다고 내게 말한바 있습니다. 많은 세월이 흘렀는데 안부가 궁금합니다.

시장과 부시장 이취임식을 시간대만 다르게 한날 했습니다. 제31대 군산 시장에 취임한 김인식 씨 이야기는 다음 기회에 하겠습니다. 다만 이날 오후에 있었던 부시장 이취임 관계를 이야기하려 합니다.

도 지방과장을 하다 제17대 군산시 부시장으로 온 전승안 씨는 '86년 12월 24일부터 1년 6개월 동안 부시장을 역임해 왔습니다. 헌대 김영철 씨에게 부시장 자리를 내주고 시장 보좌관이란 자리로 물러나게 되었습니다. 냉정한 인사는 한 공무원의 말년을 잔인하게 만들었습니다.

전보 인사에서 공무원의 말년이 허무한 거라고 말했던 전승안 부시장은 단정한 외모와 깔끔한 성격을 가진 분이었습니다. 우리들은 그를 선비라 불렀습니다. 야전에서 선비는 지휘관보다 참모가 알맞겠지요. 야전 사령관은 창을 쓸 줄 알아야 합니다. 피를 묻혀야 자리를 보장받을 수 있습니다. 늘 조용하고 겸손한 전승안 부시장은 그러지를 못했습니다. 전 부시장은 나머지 공무원 생활만큼은 주어진 임무에 충실하겠다고 다짐하고 자리를 물러났습니다.

그 분은 모멸감을 삼키며 국장실 옆 외딴방으로 들어갔습니다. 보좌관 방에는 전화받고 차 한 잔 끓여줄 여직원 하나 배치되지 않았습니다. 응접세트 하나 준비되지 않았습니다. 이를 보기가 민망하여 황명규 예산계장이 예산은 없지만 우선 사다 들여놓았다가 총무국장에게 혼쭐난 것을 우리는 보았습니다. 왕이 죽으면 후궁은 조용히 후원으로 밀려나 여생을 마치는 것을 사극을 통해 보면서 같은 이치를 생각했습니다.

지휘부는 제발 집에서 쉬어 줬으면 하는 분위기였습니다. 이를 아는지 모르는지 간부회의가 있으면 시장, 부시장이 들어오고 다음에 전임 부시장이 뒤따라 들어오는 것을 후배 공무원들은 연민의 정으로 바라보아야 했습니다. 시장, 부시장 그 뒤로 보좌관 자리를 놓았습니다. 아래로 국장들이 차지해버린 우스꽝스러운 좌석 배치를 우리는 야누스의 눈빛으로 바라보아야 했습니다.

그 때 가수 이남희의 '울고 싶어라'가 폭발적인 인기를 얻던 시절이었습니다. 사랑과 평화의 그룹 활동을 하다 깨진 후 7년 만에 솔로로 재기한 콧수염을 기른 이남희의 '울고 싶어라!'를 들으며 우리들은 정말 울고 싶었습니다. 전 보좌관은 정말 울고 싶었을 것입니다. 나는 쓸쓸한 말년의 전 보좌관 방에 자주 들렀었습니다.

전 보좌관은 얼마 후 도로 전출하여 자동차 연수원장을 끝으로 공직을 떠났습니다. 그 분이 공직을 떠난 몇 년 후 나는 아버님 유고집을 내었습니다. 아버님 유고집을 받은 전승안 씨는 '92년 3월 12일 내게 편지를 보내 주었습니다. 가슴을 아리게 하는 문장과 깔끔한 글씨가 너무 맘에 들었습니다. 나는 그 분의 편지 내용 전문을 나의 산문집 ≪내 아침의 그림 그리기≫에 실었습니다. 그리고 그 분이 보낸 편지를 지금도 보관하고 있습니다. 오래도록 보관되어질 것입니다.

예쁜이! 지난 주에는 월명공원 점방산 정상에 높이 11m의 전망대가 준공되었습니다. 이곳 전망대에 오르면 멀리 금강하구, 장항, 군산 앞바다, 군산산업단지 등의 전경을 한눈에 감상할 수 있답니다. 특히 야경이 일품이라 합니다.

그리고 며칠 후인 2004년 10월 13일부터 17일까지 5일 동안 군장국가산업단지 내에서 24개국이 참가한 군산국제자동차엑스포가 열립니다. 전야제로 KBS 열린 음악회도 열립니다. 강근호 시장이 심혈을 기울여 준비한 행사장을 둘러보고 왔습니다. 모든 평가는 시간이 흐른 후에 나타날 것입니다.

어젯밤에는 퇴임한 선배 공무원 몇 분과 3차까지 술자리를 했습니다. 자리를 파하고 우리의 추억이 어린 거리를 걸어서 돌아왔습니다. 언젠가 우리는 달빛이 파고들었던 숲과 언덕에서 서로의 눈을 맞췄던 시절이 있었습니다. 이제는 흘러가 버린 추억일 뿐입니다. 그대와의 아름다웠던 추억을 회상하며 이 가을을 보내고 있습니다.

(2004. 10. 10)

320

김영철 부시장

예쁜이! 전승안 씨 후임으로 제18대 군산시 부시장에 취임한 김영철 씨는 군산 사람입니다. 군고를 나온 그는 일찌감치 옥구군청에 들어갔습니다. 군고 다닐 때 양희철 씨가 규율부장을 하고 김영철 씨가 학생회장을 했다 합니다. 6·25이후 혼란기 때 고등학교를 다닌 두 사람은 군고의 어깨들이었습니다. 두 사람 다 시내가 떠들썩한 스캔들을 뿌리며 연상의 연인들과 결혼했다 합니다.

옥구에서 근무했던 김영철 씨는 사무관이 되어 군산시에 왔습니다. 그리고 타 시군으로 나갔다가 '78년 2월 9일 내가 수도과에 근무할 때 군산시에 처음 생겼던 산업개발국장으로 왔습니다. 나는 그 때 김영철 국장을 처음 만났습니다. 큰 체구를 가진 김 국장은 의외로 세세한 목소리를 가지고 있습니다. 하지만 배짱이 두둑

한 분이었습니다. 체격에 비해 섬세하고 유머러스한 면도 있었습니다.

언젠가 김영철金榮徹 국장은 내가 챙겨 가지고 간 축의금 봉투를 받더니 느닷없이 '야! 최영아! 0할 놈아, 니가 이러니 내가 요새 재수가 없다! 더런 놈아!' 당황한 나는 왜요? 했습니다. 이유인즉 내가 챙겨간 봉투에 이름의 철자를 삼수(氵)변의 철澈자로 잘못 써 갔기 때문이었습니다. 높은 사람의 인간적 욕설은 그리 나쁘지 않다는 것을 알게 되었답니다. 더 다정해 질 수 있는 계기가 된답니다. 17년이 지난 지금도 김영철 씨 '철'자가 '徹'자라는 것을 기억하고 있습니다. 군산시에서 1년 10개월 정도 근무했던 김영철 씨는 도 진흥원 서무과장으로 자리를 옮겼습니다.

그리고 1년 동안 내무부 연수원 고급 관리자반 교육을 마쳤습니다. 군수학교란 이름이 붙은 고급관리자반에서 그는 1등으로 졸업을 했습니다. 교육을 마친 후 그는 정주 부시장, 진안 군수, 순창 군수, 이리 부시장 등을 거쳐 군산시 부시장으로 왔습니다.

그가 순창 군수였을 때 손주항 씨가 국회의원이었습니다. 전국적으로 알려진 민주투사였던 손주항 의원으로부터 군수실로 전화가 왔습니다. '당신! 군수가 여당 국회의원 선거해도 되느냐?'고 세게 따졌습니다. 김 군수는 세세한 목소리로 속삭였습니다. 손 의원님! 군수가 여당 선거운동하지, 야당 선거운동하는 것 봤습니까? 손 의원님도 여당으로 공천받아 나오세요. 제가 열심히 선거운동 해 드릴게요! 천하의 손주항 의원이 뜨끔했답니다. 이런 인연으로 두 사람이 친해졌다 합니다.

그가 익산 부시장일 때 시장이 외국에 나갔습니다. 시장이 출장하기 전 그는 시장에게 손바닥에 사인을 해 달랬다 합니다. 시장이 외국 출장에서 돌아왔습니다. 시장 부재 중 대행을 했던 김영철 부시장이 많은 판공비를 써 버렸습니다. 부시장을 불러 웬 판공비를 이리도 많이 썼냐고 하자, 예의 세세한 목소리로 '시장님! 출장 가시기 전에 내 손에 사인했지 않았어요. 시장 대행업무 충실히 하다보니 그리되었습니다.' 시장이 웃을 수밖에 없지요. 시군 인사 담당자 합동작업 때 여관방에서 나온 이야기들입니다.

부시장으로 취임한 김영철 씨는 생각지 않게 취임사를 인쇄하여 가지고 왔습니다. 그는 취임식에서 신화공주身和共住, 구화무정口和無爭, 의화동사義和同事, 견화동해見和同解, 계화동수戒和同修, 이화공균利和共均 등 육화경六和經을 강조했습니다. 그가 진안, 순창 군수로 갔을 때도 같은 내용을 강조했다는 것을 신문을 보고 알고 있었습니다.

김영철 부시장이 취임한 얼마 후에 부시장 실로 그 분을 찾아갔습니다. 나는 그 때 서점에서 나의 시詩도 들어 있는 청하출판사에서 펴낸 ≪한국인의 애송시≫ 제3권을 사가지고 갔습니다. 그리고 얼마 후 동직원들을 데리고 군산의료원 앞 소방서 옆 관사에 양주 한 병과 이성당에서 생과자를 사가지고 찾아갔습니다. 동직원들과 함께 부시장이 주는 차 한 잔씩을 하고 돌아왔습니다. 얼마 후 직원들 이름이 적혀 있는 쪽지를 건네주며 근평 때 좀 챙겨 달라 부탁했습니다. 지금은 달라졌지만 그 때만 해도 거의가 부시장이 동직원들 근평 책임자인지 모르던 시절이었습니다.

부시장실에 다녀온 얼마 후 '88년 7월 20일자로 인사가 발표되었습니다. 우리 삼학동에서 엄기명, 전금철, 김종호 등 3인이 서기에서 주사보로 진급이 되었습니다. 한 동에서 무더기로 진급이 되자 많은 시청직원들이 부러워했습니다. 인사를 보다 나온 사무장 덕이란 이야기가 흘러 다니자 시정계장이 노골적으로 나를 적대시했던 생각이 납니다.

하지만 지금도 나는 분명히 말할 수 있습니다. 동직원들 3명이 진급한 전후에 금품거래가 전연 없었습니다. 그래서 김영철 부시장에게 지금도 고맙게 생각하고 있습니다. 군산 부시장 이후 전주 부시장, 익산 군수, 옥구와 군산시 통합 직전 옥구 군수를 지낸 이후 전주 부시장을 역임하면서 많은 고초를 겪은 후 공직을 떠났습니다. 김영철 부시장은 나보다 10년 위인 올해 70의 나이입니다. 6화경 한문 글씨가 자신이 없어서 전주 집으로 전화했더니 예^ 예^ 하고 세세한 목소리로 전화를 받습니다. 그 분이 오래도록 건강하길 빕니다.

군산 시장과 부시장 취임 며칠 후인 '88년 6월 20일 사회산업국장 박주홍 씨가 기획실장으로 그리고 도에서 전입한 채우철 씨가 사회산업국장으로 발령되었습니다. 내가 항시 존경했던 시민과장 김필재 씨가 옥구군으로 전출되고 그의 동생인 김효재 무주군 재무과장이 전입되었습니다. 얼마 전 진급한 전춘옥 과장의 남편인 산업과장 고석기 씨가 옥구군으로 전출되었습니다. 고희철, 황긍택, 최인욱 사무관 등이 군산시로 전입되었습니다.

그 지난달 시민의 날을 맞이하여 치러진 제5회 주부 및 학생백일장대회에 참가한 입상자 수상식을 6월에 했습니다. 주부 백일장 시詩 부문에 이미라, 최순향, 이숙희, 박정애, 유인숙 씨 등이 입선했습니다. 그리고 산문부에서 이선비, 나명숙, 박희순, 이향은 등이 입선을 했답니다. 김환등 회장이 펴낸 ≪전북수필≫ 제22집이 나왔습니다. 군산에 사는 서양화가 문복철 씨가 서울 백송화랑에서 네 번째 개인전을 가졌습니다. 한지를 이용해 많은 그림을 그렸던 문복철 교수는 얼마 전에 저 세상 사람이 되었습니다.

예쁜이! 지난 목요일(2004년 10월 21일) 헌법재판소는 신행정수도 이전이 관습법에 위배된다는 위헌판결을 내렸습니다. 노무현 정부가 야심에 차게 추진하려던 충청도 수도 이전은 사실상 어렵게 되었습니다. 검찰이 강근호 시장 인사비리 의혹을 수사한다는 언론 보도가 이 가을을 쓸쓸하게 한답니다. 가을의 쓸쓸함 속에 나는 그대 생각으로 하루하루를 보내고 있어요.

(2004. 10. 26)

321
시인 소기섭 씨

예쁜이! '88년 7월이 왔습니다. 올림픽을 얼마 앞둔 그 7월에 토목직 과장 직무대리였던 최규복 씨가 사무관으로 승진을 하였습니다. 행정직 김재균, 신소현 씨가 도로 전출되었습니다. 감사계장에 최영호, 회계감사계장에 고민수, 업무계장에 박홍배, 조촌동 사무장에 김병규 등이 발령되었습니다. 지난 회에 말했듯이 우리 동에서 전금철, 엄기명, 김종호 등 한꺼번에 3명이 진급해서 다른 동으로 가고 후임으로 정진인, 김정천 2명이 왔습니다. 한 명 빈자리는 4개월 후인 11월 1일자로 심명보가 특임되어 오게 된답니다.

사무장으로 나가 1년 동안 모셨던 김성호 씨가 개정동장으로 가고 후임에 나운동장 황영세 씨가 왔습니다. 광주고등학교를 졸업한 김성호 동장은 후배공무원들에게 인격적으로 존경받는 분이었습니다. 육군 장교로 6·25에 참전했다 부상으로 전역한 후 공무원 길에 들어섰습니다. 매사에 신중하고 꼼꼼하면서도 꼭 해야 할 일은 제대로 챙길 수 있는 분이었습니다. 늘 손에서 책을 놓지 않았던 김성호 동장은 주간조선을 사보면서 글자 넣기 퀴즈에 몇 번을 당선하여 시상품으로 TV도 타서 우리들을 놀라게 했습니다. 좋은 시절을 만났더라면 학자의 길로 충분히 나갈 수 있는 분이었다고 지금도 생각합니다. 75세가 넘는데도 정정한 그 분을 거리에서 가끔 뵈면 지금도 참 존경스럽답니다.

'88년 7월 6일 시인 소기섭 씨가 사망했다고 이세일 씨로부터 전화를 받았습니다. 익산군 왕궁면에서 농사지으며 시詩를 썼던 소기섭 씨는 그 때 60세였습니다. 그 해 4월 초파일 부처님 오신 날 이대우 스님이 주지로 있던 은적사를 갔더니 소기섭 씨가 와 계셨습니다. '소 선생님! 얼굴이 상하셨네요?'했더니 '글세, 간이 좀 덜 좋다고 하네요.'하셨습니다. 그 날 밤 이세일, 최진성, 이대우 스님과 함께 저녁을 했는데 좋아하던 술을 사양하셨습니다. 그렇게 헤어진 지 얼마 안 되어 부음을 들었습니다.

'83년 가을 이대우 스님이 은적사로 그리고 얼마 후 최진성 선생이 군고로 왔다고 언젠가 이야기한 바 있습니다. 그러면서 전주 이세일 씨와 왕궁의 소기섭 씨가 함께 이대우 스님과 최진성 선생을 만나기 위해서 군산에 자주 놀러 왔습니다. 그러면서 나는 그들을 자연스럽게 만났습니다. 소기섭 씨와 이세일 씨 모두 직장을 갖지 않았습니다. 그래서 비교적 시간이 많은 그들은 많은 여행을 했습니다.

언젠가 두 사람이 부여에 다녀왔습니다. 부여에서 하룻밤을 자며 부소산에 올라갔다 합니다. 달밤에 백마강을 바라보며 소주 한 잔을 하다 우연히 묘령의 여인과 어울렸다 합니다. 그들의 가슴속에 시심과 연심을 갖고 돌아오면서 군산에 들렀습니다.

두 사람 다 의기양양하게 자랑자랑했습니다. 그 뒤 한동안 두 사람은 한 여자에게 함께 시를 바치고 편지를 보내며 다투는 꼴이 아이들 같아 보였습니다. 어떤 잡지에 함께 연시를 써서 발표하기도 했습니다. 그렇게 다투면서 이대우 스님이나 내가 자기편을 들어주길 바랐습니다. 나중에 안 일이지만 그 여자는 두 사람에 대해 별 관심이 없어서 나와 이대우 스님을 실망시켰습니다.

언젠가 이대우 스님의 제의로 전주 이세일 씨에게도 연락하여 이리역 앞에서 만나 택시로 금마를 거쳐 왕궁 소기섭 씨 집에 간 일이 있습니다. 택시 타기 전 대우 스님은 시장에서 술, 고기, 과일 등을 샀습니다. 택시 안에서 '장봐가지고 가면 소 선생 사모님이 미안해 할 것 아닙니까?' 했더니, 그냥 웃더라고요.

소기섭 시인 집에 도착하여 곤궁한 생활을 직접 접하면서 시장 잘 봐 왔구나! 그런 생각을 했습니다. 1930년생인 소기섭 시인은 6·25를 전후하여 서울에서 대학을 다녔습니다. 당시 시골 부잣집 자식이 서울 유학가서 졸업할 때쯤이면 살림 다 말아먹고 그의 아버지는 머슴살이 나갈 때였습니다. 시골에서 밥술이나 먹고살았던 소기섭 씨가 대학을 졸업하고 고향에 돌아오자 빈털터리였겠지요. 얼마 안 되는 농사지으면서 아이들 가르치고 시를 쓰고 하니 살림이 곤궁한 것은 눈에 선할 것입니다. 우리들은 가난한 시인 집에서 많은 술을 마셨습니다. 택시를 불러 돌아올 때는 소기섭 씨도 함께 했습니다. 의기투합한 우리들은 이리로 나와 요정 비슷한 데서 여자들을 불러놓고 밤새도록 술을 마셨던 기억이 지금도 눈에 선합니다.

내가 상가에 갔을 때 염을 하고 있었습니다. 전주에서 온 김남곤 씨를 비롯한 문상 온 몇 사람의 문인들을 만났습니다. 나는 문상을 마치고 돌아와서 소기섭 씨에 대한 애도 시를 썼습니다. 나의 시는 '88년 8월 20자로 발간된 ≪전북문학≫ 제131집 첫 페이지에 실렸답니다.

생전에 ≪여가의 습작≫이란 단 한 권의 시집을 냈던 소기섭 씨가 저 세상으로 간 지 10여 년 후 그의 아들, 딸들이 유고시집을 펴냈습니다. 아! 벌써 소기섭 씨가 가신 지 17년의 세월이 흘렀습니다. 그 세월에 최진성 선생이나 이세일 씨도 저 세상 사람이 되었답니다.

예쁜이! 지난 수요일(2004년 10월 27일) 검찰은 많은 공무원들로부터 뇌물을 받고 승진을 시켰다하여 강근호 군산시장을 구속하였답니다. 시청은 자괴감에 빠져 있는 듯하답니다. 시민들은 허탈감에 빠져 있는 듯하답니다. 독재시절 젊은 민주투사였던 강 시장이 아름다운 뒷모습으로 공직을 마감해줄 것을 많은 사람들은 바랐는데 그렇지 못하여 가슴이 아픕니다. 송웅재 부시장이 시장대행을 합니다. 혼돈한 시정 속에 많은 시간과 고통을 겪으면서 강 시장의 신변문제가 수습의 가닥을 잡을 것 같습니다.

지난 화요일(2004년 11월 2일) 실시된 미국의 대통령 선거에서 부시 대통령이 케리 후보를 누르고 당선되었습니다. 케리 후보는 3일 오전 부시 대통령에게 전화를 걸어 패배를 인정하고 승리를 축하했습니다. 이번 선거를 통하여 싫든 좋든 미국이 세계에 미치는 힘이 너무 크다는 것을 알게 합니다.

'94년 5월 31부터 10년 5개월을 나와 함께 했던 전북 31다 3543 엘란트라 승용차를 폐차하고 새 차를 구입했습니다. 차가 늙어서 나처럼 공로연수를 떠나는구나! 하는 생각으로 가슴이 아팠습니다. 폐차장으로 들어간 차가 분해되어갈 때 가슴이 참 아팠습니다. 그의 일생을 건강하고 예쁘게 관리해 주지 못하여 참 미안했답니다. 1,380만 원에 구입한 새 차 57누 1582는 배기량 1,495 cc인 현대 뉴 아반데 XD 골드랍니다.

예쁜이! 가을이 깊어가고 있습니다. 이 가을 백담사를 거쳐 내설악 산을 등산했습니다. 그리고 내장산 서래봉에서 장군봉까지 종주도 했습니다. 가을 등산은 흔들리는 나의 일상을 조금은 바로잡아줍니다. 아! 가을 산을 타며 나의 사념의 배낭 속엔 그대 생각

가득 했습니다. 다음 주에는 1, 2기 공로연수자 27명이 해외연수란 명목으로 부부 동반하여 4박 5일간 태국 여행을 한답니다. 여행비 1,322,800원이 나의 구좌로 입금되었습니다. 세금으로 할 해외여행은 내 생애에 마지막이 될 것입니다.

(2004. 11. 6)

322

1988년 여름휴가를 해변시인학교에서

예쁜이! '88년 7월은 올림픽 준비와 여름휴가차 해변시인학교에 갔던 생각이 납니다. 시청은 성화 봉송로 정비를 하고 시내 구석구석을 쓸고 닦았습니다. 군산시를 상징하는 배를 만들어 성화를 받아 나르는 예행연습을 실시하였습니다. 손님맞이를 위해 군산대 교수들에게 용역을 주어 시청 옆에 있는 민방위 상황실 벽에다 항구도시를 상징하는 벽화를 그려 넣어 시가지를 더욱 정감 있게 꾸몄습니다. 승공연합회에서는 금암동 어판장에 무당들을 불러 올림픽 성공 개최와 바다에서 죽은 영혼들을 위로하는 수륙재를 지내면서 올림픽 준비 열기를 달구고 있었습니다.

대한조폐공사는 올림픽유치기념 제4차 기념주화를 발매했습니다. 여소야대 국회는 증언법을 통과시켰습니다. 이 법 통과로 얼마 후 전두환 씨가 백담사로 유배되는 원인 행위가 됩니다. 중앙선거관리위원회는 '88년 7월 27일 전체회의를 열어 제8대 위원장에 이회창 씨를 선출했습니다. 이회창 씨는 10여 년 후 한나라당 대통령 후보로 대선에 출마하여 김대중 씨에게 그리고 다시 노무현 씨에게 각각 패배하게 됩니다.

'88년 7월이 마지막 가는 날 …… 그 날은 일요일이었습니다. 나는 전날 서울에 올라와 동생 집에서 자고 아침 일찍 원효로 고故 박목월 씨 집을 찾아갔습니다. 그 집은 박목월 씨 아들 박동규 교수가 월간 ≪심상≫을 발행하고 있는 집이었습니다. 그 해 봄부터 심상으로 등단한 수전 이시연 교수가 해변시인학교를 함께 가자고 하여 예약해두었기 때문이었습니다. 전철과 택시를 다시 타고 찾아가 어두운 골목길에 들어갔더니 이른 새벽인데도 웅성거리며 몇 사람이 기다리고 있었습니다. 그 중에 의외로 전주 사는 외종 형 양상욱 씨가 있었습니다.

'아, 형님이!' 이불 보따리까지 싸가지고 오신 형은 나를 보더니 조금은 부끄러워했습니다. 60 가까운 형에게 내가 말 실수를 했나 그런 생각을 하는데 '나이 먹어 심심해서 시 공부 좀 해보려고 염치 불구하고 왔네!'하더군요.

박동규 교수 집 앞에 많은 사람이 모였습니다. 전라북도에서 온 심상 출신 이시연, 이동희, 손석일 시인들을 비롯한 전국 각지의 기성 시인들과 시인 지망생들이 많이 모였습니다. 박동규 교수가 그의 어머니를 모시고 부인과 함께 나왔습니다. 박 교수는 사람을 시켜서 대형 솥단지, 쌀가마니, 채소 등을 들고 나오도록 했습니다. 한 대의 짐차와 세 대의 버스가 도착했습니다. 박 교수는 집 앞에 모인 많은 사람들을 조를 짜서 차에 타도록 했습니다. 그리고 짐들을 실었습니다. 동해안을 향해서 차가 달려가고 있었습니다.

해변 시인학교는 주문진 초등학교에 개설되었습니다. 많은 시인 지망생들이 미리 와 기다리고 있었습니다. 시인과 시인 지망생들의 반을 짰습니다. 1반 반장을 이동희가 맡았습니다. 3반 반장에 이시연이 맡고 나와 양상욱 씨는 한 반원이었습니다. 시인 몇 사람과 시인 지망생들이 한 방에 모여 자기를 소개하고 시를 이야기했습니다. 내가 현직 동사무소 사무장이라고 이시연이 소개하자 많은 사람들이 조금은 놀라워하는 모습을 보이던 생각이 납니다. 박동규 교수 어머니와 부인이 손수 통나무를 태워 검은 솥에 지은 밥과 찌개 그리고 김치를 줄을 서서 타먹었습니다.

해변 시인학교 여름밤은 깊었습니다. 주문진항의 여름밤은 아름다웠습니다. 모닥불을 피워 놓고 이명수 시인 사회로 누군가의 기타에 맞춰서 춤과 노래가 합창되었습니다. 술에 취해가고 있었습니다. 이시연과 함께 학교 밖으로 나갔습니다. 어촌 마을엔 나름대로 술집들이 기다리고 있었습니다. 술집엔 미리 나와 있던 시인들이 있었습니다. 몇 년을 시인학교에 다닌 이시연과 구면인 시인 지망 여학생들과 어울렸습니다. 술집을 바꿔가며 시와 인생을 이야기하며 여름밤은 깊었습니다.

기상소리에 놀라 아침잠에서 깨었습니다. 어젯밤 어떻게 돌아왔는지 모르게 나는 교실 속 매트리스 위에 잠들어 있었습니다. 아침식사 줄을 섰습니다. 줄 속에 건장한 정주영 씨도 밥을 타기 위해 박동규 교수와 함께 서 있었습니다. 허름한 잠바와 바지 그리고 운동화를 신고 서 있는 모습이 시골 농부 그대로였습니다. 김치와 된장국으로 나보다 많은 양의 식사를 거뜬히 하는 모습을 보았습니다.

언젠가 정주영이 송죽에서 식사하는 모습을 이야기한 바 있습니다. 아침 식사를 마치고 한 시간짜리 정주영 특강이 있었습니다. 정주영은 지금 우리 경제가 발전하고 있지만 한 계단 높이 가려면 남북교류가 있어야 한다고 이야기했습니다. 이를 위해 금강산을 특구화 하고 개성공단을 남북이 함께 개발해야 한다고 설파했습니다. 우리는 충분히 할 수 있다고 강조했습니다. 청중들의 반응이 시원치 않자 고향이 여기 주문진에서 멀지 않은 북한의 통천이라고 들고 자청해서 통일을 기원하는 노래를 하기 시작했습니다. 의외로 빠른 박자의 '이제야 정말 만나봐야지'라는 경쾌한 노래였습니다. 그의 노래솜씨에 모두는 함께 합창할 수 있었습니다.

정주영이 강의를 마치고 떠나간 이후 시인과 시인 지망생들은 자그마한 산을 넘어 동해 바닷가 모래언덕을 향했습니다. 산 능선엔 여름햇살 속에 감자밭이 푸르렀습니다. 산 너머엔 하얀 모래밭 멀리 여름 바다가 푸르렀습니다. '88년 8월 1일 그 날 하루 그곳에서 문학강의 백일장 그리고 해수욕을 즐겼습니다. 많은 시인들이 문학강의나 백일장보다 술과 우정에 더 취해 있었습니다. 그렇게 그 해 여름휴가를 동해안 해변 시인학교에서 보냈습니다. 그리고 어언 16년의 세월이 흘러갔습니다.

그 16년은 많은 세월일 수 있습니다. 정주영이 금강산 관광 특구와 개성공단을 이야기했을 때 우리는 설마했습니다. 그렇지만 우리 생각보다 더 빨리 금강산을 가고 개성공단이 착공되어졌답니다. 그의 의지는 현실로 나타났지만 그는 이미 저 세상 사람이 되었습니다. 해변 시인학교를 다녀온 몇 년 후 외종형 양상욱 씨는 시인이 되었습니다. 이동희 씨는 박사가 되고 이시연 씨는 대학총장이 되었습니다. 세월의 흐름은 동희와 시연이도 나처럼 정년을 향하여 가고 있습니다.

예쁜이! 지난 목요일부터 월요일(2004년 11월 11일~11월 15일)까지 4박 5일 동안 아내와 함께 태국을 다녀왔습니다. 2년 전 태국 갔던 이야기한 바 있습니다. 그때 나는 내생애에 다시 태국에 올 수 있을까 그런 생각을 했었습니다. 이번 다시 그곳에 갔습니다. 가이드가 인솔한 대로 옛날과 똑같은 일정에 똑같은 장소를 구경하고 똑같은 호텔에서 머물다 왔습니다.

그 때와 달라진 것이 있다면 그대는 이미 멀어져 있고 나는 여전히 그대를 그리워하고 있다는 사실을 알게 했습니다. 태국에서 돌아오니 강근호 시장은 김 모 사무관에게 서기관 승진 부탁과 함께 1,500백만 원이 입금된 통장 등을 받았다 하여 기소되었다는 보도를 접합니다. 강 시장이 야심차게 추진했던 제1회 군산세계철새관광페스티벌이 2주일 앞으로 다가오고 있습니다. 강 시장 없이도 행사는 치러지겠지만 시민들은 뭔가 허망한 기분으로 손님들을 맞이할 것 같습니다.

군산문인협회는 차기 회장 문제로 조금은 시끄럽답니다. 우리 집은 다음달 형진이 혼사 문제로 청첩장과 예물 등 찬찬히 챙겨야 할 것이 많답니다. 현대 아파트 뒷산과 은파 밤나무 밭에 수없이 낙엽이 지고 있습니다. 새로 산 차창 위에도 낙엽이 수북이 쌓입니다. 낙엽을 보면 쓸쓸합니다. 낙엽 색깔 속에 그대 형상이 묻어나고 있습니다. 그대는 이 가을 어떻게 보내고 있습니까?

(2004. 11. 18)

323
김수미 초청의 밤

예쁜이! 동해안 해변시인학교를 다녀온 후 '88년 8월 초순 어느 날 밤 해변시인학교 활동 내용이 TV에 짧게 방영되었습니다. 1반 반장 이동희가 기를 들고 학생들과 무리지어 가는 모습이 지금도 눈에 선합니다. 여름휴가를 끝내고 삼학동 사무실에 출근을 하자 올림픽 준비 마무리하는 일들이 기다리고 있었습니다. 단순한 동사무소 일이라 그리 걱정할 필요가 없는 일들이었답니다.

예술계 제11회 창작 신인상 시 부문에 한성수가 수필부문에 강일이 당선되었습니다. 김동수 첫 시집 ≪하나의 창을 위하여≫, 송동균이 제5시집 ≪금상동 영가≫ 그리고 오봉옥이 첫 시집 ≪지리산 갈대꽃≫을 출간하였습니다.

제9대 전북교육감에 홍태표 씨가 선출되었습니다. 제345회 교육위원회회의에서 실시된 선출투표에서 6표 중 4표를 얻었다고 신문에 발표되었습니다. 익산 왕궁 출신인 60세의 홍 교육감은 전고와 중앙대를 졸업하고 전라북도 교육계에서 잔뼈가 굵은 사람이었답니다.

문화동에 있었던 군산고등학교가 흥남동으로 자리를 옮겼습니다. 그 자리는 일제시대부터 60년대 초까지 군산사범학교였습니다. 그 후 사범학교가 없어지고 교육대학이 생겼습니다. 교사들이 과잉 배출되자 교육대학이 없어지고 군산대학이 들어섰습니다. 그 군산대학이 미룡동으로 옮겨가면서 군고가 자리잡게 된 것입니다. 1923년 3월 29일 일제강점기 5년제 중학교로 설립되었던 군산고등학교는 군산사범 그리고 군산여고와 어깨를 나란히 한 전라북도의 명문학교들이었습니다. 나의 아들 둘도 군고를 졸업했답니다.

'88년 8월 8일 오후 군산시는 올림픽성공다짐과 군산 출신 선수 후원을 위한 시민걷기대회를 서초등학교에서 개최했습니다. 김인식 군산시장, 양희철 군산시 체육회 부회장, 각급 기관장 그리고 탤런트 김수미, 해태 소속 프로야구 김봉연, 김준환, 김성한, 백인호 선수 등과 1만여 명의 시민이 서초등학교에서 시청을 거쳐 경찰서 역전 그리고 고가도로를 넘어 팔마광장까지 걸어갔습니다. 나도 뜨거운 태양 아래 삼학동 주민 100여 명 앞에 서서 땀을 뻘뻘 흘리면서 1.4Km를 걸었답니다.

걷기대회가 끝나고 군산 출신 올림픽 출전 선수 후원성금을 모금하기 위해서 관광호텔에서 김수미 초청의 밤을 열었습니다. 이날 밤, 천만 원 이상의 성금을 모았습니다. 88올림픽에 군산은 체육도시답게 김광선, 전진철, 김태우, 함덕원, 노수진, 최철권, 유승훈, 조계현, 장호익, 이광우, 박재우, 민세훈 등 12명이 출전을 했답니다.

노태우 대통령은 8·15경축사를 통해 북한의 김일성 주석에게 민족 장래를 논의하기 위한 남북 최고책임자 회담을 제의했습니다. 그리고 국내문제를 언급하며 올림픽을 망치는 행위는 방치하지 않겠다고 못박았습니다. 안정적인 올림픽추진을 위한 대통령의 강한 대북 메시지일 것입니다. 4당 대표는 회동을 갖고 올림픽 정치휴전 논의에 들어갔습니다.

고대올림픽의 발상지인 그리스 올림피아 헤라신전에서 채화된 성화가 4일간의 국제봉송 일정을 무사히 마치고 '88년 8월 27일 오전 11시 대한항공 전세기편으로 제주공항에 도착했습니다.

박세직 서울림픽조직위원장, 최광수 외무부장관, 조상호 체육부장관, 강영훈 올림픽특위위원장, 그리고 제주시민들이 가슴 설레며 기다리고 있었습니다. 비행기 트랩이 열리고 한국측 성화인수단장 김용래 서울시장이 성화램프를 들고 나타났습니다. 뒤이어 체화를 집전한 디다수 칼루 수석 여사제와 3명의 그리스 올림픽위원들 그리고 내외보도진이 뒤따랐습니다. 기다리고 있던 이군보 제주도지사와 81세의 현중화 노인이 함께 성화를 받아 단상의 화로에 불을 붙였습니다. 감격과 함성은 한라산 백록담으로 메아리치는 듯했습니다.

취타대의 연주가 울려 퍼졌습니다. 팡파르가 울려 퍼졌습니다. 오색풍선이 하늘을 뒤덮었습니다. 비둘기가 비상했습니다. 무용단은 한라산 통과로로 성화가 달리는 형상을 춤췄습니다. 선녀춤을 추었습니다. 애국가가 울려 퍼졌습니다. 환영사가 이어졌습니다. 평화와 우정의 불꽃 88서울 올림픽 성화가 도착되는 모습을 동사무소 캐비닛 위에 설치된 흑백 TV를 통해 보면서 정말 올림픽을 우리나라에서 치르는구나 하는 감동에 휩싸일 수 있었습니다.

예쁜이! 노무현 대통령이 2004년 11월 12일부터 22일까지 11박 12일 동안 아르헨티나, 브라질, 칠레 등 남미 3개국 순방과 아태경제협력체(APEC) 정상회의 참석을 마치고 어제 귀국했습니다. 칠레에서 열린 미국, 중국을 포함한 21개국 회원국 정상들이 모인 이번 회의에서 각국은 무역자유화 반부패 테러 공동대응 등을 합의했습니다.

회의 기간 동안에 한·미정상회담을 통하여 북핵 문제를 '6자회담을 통하여 평화적으로 해결한다.'는 성과를 올렸다 합니다. 국내 언론은 정치권에서 논란이 되었던 노 대통령과 부시 대통령간의 불협화음이 해소되어 다행으로 생각한 것 같습니다.

남미 3개국에서는 아르헨티나의 유전개발 사업 참여, 브라질과의 장관급 자원협력위원회 설치, 한·칠레 IT 협력센터 활성화 합의 등 상당한 성과를 거뒀다 합니다.

예쁜이! 어느덧 세월의 강은 가을을 건너 초겨울로 가고 있습니다. 군산의 산들과 거리에는 온통 붉은 낙엽이 눈처럼 날리고 있습니다. 시청은 다음 주에 있을 군산세계철새관광페스티벌 준비에 빠져 있습니다.

지난 일요일(2004년 11월 21일)은 사진 찍고 예물을 찾기 위해 형진이와 소연이가 다녀갔습니다. 그들의 다정한 모습을 보며 인연이란 것을 생각해 봅니다. 아이들 결혼을 앞두고 청첩장 주소 쓰는 일과 김치 담그는 일을 하고 있답니다.

(2004. 11. 24)

324

전라북도를 지나는 올림픽성화

예쁜이! 제주시에 도착한 성화는 섬을 일주한 뒤 부산으로 갔습니다. 부산에서 진주, 충무, 여수, 목포로 갔습니다. 오랫동안 잘 다듬어진 한국의 성화로 변은 가을꽃으로 단장되어 있었습니다. 올림픽을 앞둔 대한민국은 지역특성을 상징화한 봉송행사들이 꽃처럼 피어났습니다.

성화로엔 많은 사람들이 구름처럼 피어났습니다. 목포에서 광주를 거쳐 '88년 9월 2일 오전 10시 30분께 순창군 금과면 방축리에 도착했습니다. 동계초등학교 농악단의 흥겨운 가락 속에 강현욱 전북지사가 문창수 전남지사로부터 성화를 받았습니다. 순창군민의 환호 속에 전라북도 첫 주자 노원준 씨가 성화를 받아 힘찬 발걸음을 내디뎠습니다. 순창을 출발한 성화는 적성, 남원, 지리산을 거쳐 경남으로 갔습니다.

경상남북도를 돌고 며칠 후 성화는 대전으로 왔습니다. 대전에서 108Km의 호남고속도로를 남으로 달려 정읍(정주)에 도착했습니다. 정읍에서 홍태표 교육감에 의해 인수된 성화는 흥겨운 농악과 고적대들의 팡파르 속에 도내 봉송길에 올랐습니다. 들녘과 거리를 헤치며 부안, 김제, 완주를 거쳐 전주로 향했습니다. 군수들이 군계에 나와 주고받았습니다. 각기 자기 군의 특성에 맞는 잔치를 벌였습니다. 잔치 벌린 자리에 돌비석을 세워 역사의 현장으로 보존하기도 했습니다. 길가엔 익어 가는 벼처럼 많은 사람이 모였습니다.

'88년 9월 6일 오후 7시 전주시 외각에 들어선 성화주자가 동서관통로를 거쳐 전주시청 앞 팔달로로 들어왔습니다. 마지막 주자 송기태 씨가 1만여 시민들의 환호를 받으며 도청광장에 들어섰습니다. 강현욱 지사가 건네받은 성화를 광장 한가운데 마련된 성화로에 옮겨 붙였습니다. 군악대의 반주에 맞춰서 기전여고 합창단이 '손에 손 잡고'를 노래했습니다. 88올림픽 참가국 수를 상징하는 161마리의 비둘기가 인류평화를 염원하며 힘차게 비상했습니다. 오색풍선이 가을 밤 하늘로 떠올랐습니다.

다가공원에서 쏘아올린 폭죽이 전주 하늘을 수놓았습니다. 80여 분간 필랜드 ISOT 민속무용단의 무용이 펼쳐졌습니다. 그들의 경쾌하고 발랄한 무용은 시민들의 마음을 사로잡았습니다. 그들은 아리랑을 불렀고 시민들은 합창을 했습니다. 성화 앞 시민들은 가족단위로 기념사진들을 찍었습니다. 도청광장은 어둠과 불빛과 노래와 춤 그리고 함성이 함께 어우러졌습니다. 그렇게 축제의 가을 밤은 깊어갔습니다.

성화는 도청광장에서 하룻밤을 지새웠습니다. '88년 9월 7일 아침 8시 50분 김용신 도 농림국장이 강현욱 지사에게서 성화를 받아 하늘로 쳐들어 환호하는 시민들에게 흔들었습니다. 그가 발걸음도 가볍게 뛰기 시작하는 모습을 TV를 통해 국민들은 지켜보았습니다. 그 날이 도내봉송 이틀 째였고 국내 봉송 12일째 날이었습니다.

도청을 출발한 성화는 전-군도로 100리 길을 치며 군산으로 달렸습니다. 사상 최대의 풍년이 가득한 노란 들녘은 아름다웠습니다. 청년기를 자랑했던 벚나무들도 성화를 환영하는 듯 했습니다. 곳곳에 풍장들이 기다리고 있었습니다. 벚꽃나무보다 더 많은 사람들이 100리길을 메웠습니다.

성화 차는 목천포를 지나 군산으로 다가왔습니다. 개정병원 앞에는 풍장과 사람이 어우러져 있었습니다. 공설운동장광장 올림픽 참가국 국기를 그려놓은 대형탑 밑에 공군악대 공연에 맞추어 흥겨운 춤판이 벌어지고 있었습니다. 고사리 손들을 흔들었습니다. 동초등학교를 지난 주자는 송준길 새마을 과장에게 성화를 넘겼습니다. 성화를 넘겨받은 송 과장은 대형 꽃탑이 아름다운 역전을 지나 중앙초등학교 앞까지 뛰었습니다. 중앙초등학교 앞에서 마도로스 복장을 한 최용규 씨가 성화를 받아 길이 16M 높이 2.5M의 모형 무역선에 올랐습니다. 모형 무역선이 시청 쪽으로 움직여 갔습니다.

그 무역선이 경찰 백차와 오토바이 대열을 앞세우고 조화당 앞을 달려오며 뱃고동을 울렸습니다. 나는 삼학동 사람들 200명을 인솔하고 거기서 기다리고 있었습니다. 우리 동 환영 담당 구역이 조화당에서 전신전화국 간이었기 때문이었습니다.

길가의 모든 사람은 태극기와 오륜기를 흔들었습니다. 창문을 통해 성화 모형 무역선을 내려다보며 손을 흔들었습니다. 건물 옥상에서는 꽃가루를 뿌렸습니다. 뱃머리 굴뚝연기도 하늘로 올라갔습니다. 파이프를 문 마도로스 주자는 거리를 메운 사람들에게 손을 흔들었습니다.

호돌이와 호순이가 함께 손을 흔들었습니다. 그 뒤로 완전히 개방된 대형차엔 국내외 보도진이 가득했고 카메라 플래시들이 수없이 거리를 향하고 있었어요. 어떤 외국인들은 아예 맨발로 길에 내려와 걸어가면서 사진을 찍기도 했습니다. 열기와 흥분으로 가득한 거리를 성화는 지나갔습니다. 순간이지만 영원히 잊지 못할 광경이었습니다.

모형 무역선 봉송은 관현악연주와 시립합창단의 다채로운 음악이 연주되고 있는 시청을 지나 서초등학교에서 일단 끝이 났습니다. 그리고 다음 주자가 2호 광장까지 뛰었습니다. 2호 광장에서 다시 팔마 광장까지 뛰는 군산의 최종주자는 56세의 송삼섭 씨였습니다. 송삼섭 씨는 28년 전 1960년 28세의 나이로 제17회 로마 올림픽대회에 마라톤 선수로 출전한 사람이었습니다. 송삼섭 씨에 의해 팔마광장에서 성화를 봉송차에 인계했습니다. 이렇게 군산의 성화 봉송은 끝이 났습니다. 군산을 떠난 성화는 이리를 거쳐 충남 논산 쪽 도계에서 강현욱 지사가 심대평 충남지사에게 인계함으로써 전라북도 봉송은 끝이 났습니다.

예쁜이! 지난 월요일(2004년 11월 29일) 한국문단의 원로시인 김춘수金春洙 씨가 향년 82세로 저 세상 사람이 되었습니다. 경남 통영 출신인 김춘수는 니혼[日本]대학 예술학과를 중퇴했습니다. 중고교 교사를 거쳐 경북대 교수와 영남대 문리대학장 그리고 한국시인협회장을 역임했습니다. 그는 유신 시절 유정회 소속으로 국회의원이 되었습니다. 이로 인해 서정주의 친일행적처럼 후배문인들은 못내 아쉬워한답니다. 하지만 그의 시'꽃'은 많은 사람들의 사랑을 받고 있답니다.

내가 그의 이름을 불러준 것처럼/ 나의 이 빛깔과 향기에 알맞은/ 누가 나의 이름을 불러다오./ 그에게로 가서 나도/ 그의 꽃이 되고 싶다./ 그대도 잘 아는 시 '꽃'의 일부분입니다. 나는 그대의 꽃이 되고 싶답니다.

강근호 시장이 심혈을 기울였던 '2004 군산세계철새관광페스티벌'이 그가 수감 중인 가운데 2004년 12월 5일 오전 금강철새조망대 특설무대에서 강현욱 도지사, 송웅재 군산시장 권한대행, 강봉균 국회의원, 문무송 군산시의회의장 그리고 많은 시민들이 참석한 가운데 화려한 개막식을 가졌답니다.

5일까지 열릴 이번 행사는 국제학술대회, 철새탐조 투어, 천연기념물 전시회, 체험이벤트, 인형극 공연 등 다채로운 상설행사로 엮어졌답니다. 특히 11개국 16명의 국내외 조류석학들이 모여 '기러기의 생태와 보존방안' '도요새류의 감소에 대한 방안' 등을 발표하여 금강의 철새보존정책으로 활용될 것으로 보여진다 합니다.

나는 어제(2004년 12월 4일) 아내와 그의 친구 정숙씨와 함께 행사장을 둘러보고 왔습니다. 많은 차량과 사람이 모여 있었습니다. 인도인과 서양 사람들도 눈에 띄었습니다. 우리들은 11층 조망대에 올랐습니다. 망원경을 통하여 금강에 비상하는 철새의 군무를 보았습니다. 새로 지은 관람관도 둘러보았습니다. 나포들녘과 금강을 아우르는 철새 조망대도 둘러보았습니다. 해마다 겨울이면 군산엔 수십만 마리의 철새가 날아옵니다. 군산의 산하는 철새들이 올 수 있는 환경을 가졌기 때문입니다. 그것은 군산 사람들의 복이라 생각합니다. 아이들 결혼 준비로 다음 한 주일을 보낼 것입니다.

(2004. 12. 5)

325

한국의 총체적인 에너지가 88올림픽을 가능하게 했습니다

예쁜이! 88올림픽 성화가 제주도로부터 내륙 깊숙이 상륙하였습니다. 한국올림픽선수단이 결단식을 가졌습니다. 각국 선수단이 선수촌에 입촌하기 시작했습니다. 사마란치 IOC 위원장, 미수교국인 소련의 그라모프 체육부장관, 중국의 하진영 IOC 위원 등 세계적인 스포츠 지도자들이 한국으로 들어왔습니다.

노르웨이의 부룬트란드 총리, 스페인의 소피아 왕비, 아일랜드의 푸프케르바리 총리 등이 한국에 들어왔습니다. 차관급 이상만 300여 명이 입국을 했답니다. 미수교국 소련의 선박이 선수단을 싣고 인천항에 정박하여 국민들을 놀라게 했습니다. 하루에 천 명 이상이 김포공항을 통하여 입국했습니다.

올림픽을 눈앞에 두고 북한이 달러를 물 쓰듯 하며 다음 해에 있을 세계청소년축제를 준비하여 우리를 편치 않게 했답니다. 국민들은 북한의 도발을 우려하지 않을 수 없었습니다. 이러한 긴장된 분위기 속에서 서울올림픽 평화대회추진위원회가 발족되었습니다. 노벨 평화상 수상자, 세계적인 석학과 사상가들로 조직되어 '폭력과 테러의 위협이 없는 평화 기간'을 선언하였습니다. 이 서울평화대회위원장은 함석헌 씨였습니다. 병석에서 자리를 차고 나온 함석헌 옹이 평화 화로에 점화를 했습니다. 생전의 함석헌 씨가 처음 정부 하는 일에 협조의 메시지를 보내주는 순간이었을 것입니다. 한복을 입고 백발을 휘날리며 점화하는 모습이 눈에 선합니다.

드디어 7년을 기다리던 올림픽 날이 왔습니다. 그 날은 토요일이었고 임시휴일이었습니다. 주공 2차 아파트에 살았던 우리 가족은 2년 전 아세안 게임 때부터 설치했던 컬러TV 앞에 모였습니다. 그때 형진이가 11세, 송일이가 7세, 집사람이 38세, 내 나이 43세였을 때였습니다.

'88년 9월 17일 오전 10시 30분 천지를 진동하는 올림픽 팡파르가 울려 퍼지면서 개회식은 시작되었습니다. '손에 손 잡고'서울올림픽 주제음악이 깔렸습니다. 한강 위에 한 척, 두 척 배들이 화면에 나타났습니다. 제24회 올림픽을 상징하는 24척의 배들이 다가왔습니다. 크고 작은 배들이 용고 선을 호위하며 잠실선착장으로 달려오고 있었습니다.

화면이 스타디움으로 바뀌며 남녀 고교생 1천2백 명이 등장하여 소고를 두드리며 해맞이를 위한 새벽길을 열었습니다. 선착장에 도착했던 용고가 하늘과 땅을 울리며 북문을 통하여 들어왔습니다. 용고의 장단은 우렁차게 이어졌습니다. 남쪽마당 끝에 29m 높이로 서 있던 세계수世界樹가 껍질을 벗으며 촛대모양의 성화대로 모습이 변하자 10만 관중은 탄성을 질렀습니다.

8만 개의 풍선이 피어올랐습니다. 모든 시선이 하늘로 모아진 사이 땅 위에는 한국 여인과 희랍 여인 88명이 하늘과 땅, 동양과 서양이 함께 만나는 기쁨을 춤사위로 형상화하였습니다. 1,500명 무용수들의 강신의 춤을 추다가 WELCOME을 초원에 아로새겼습니다.

11시 정각 올림픽개회를 선언하는 팡파르 속에 노태우 대통령 내외가 입장하자 그라운드에 '어서 오세요.' '오륜마크' '호돌이'를 수놓았습니다. 그리스 선수단을 필두로 160개국 선수단이 전통의상과 원색유니폼 차림으로 입장했습니다. 한국선수단이 태극기를 앞세우고 맨마지막으로 입장할 때 잠실스타디움은 거대한 흥분의 도가니를 이뤘습니다. 이를 지켜보는 모든 국민들도 흥분을 감추지 못했습니다.

잘 생긴 박세직 서울올림픽 위원장이 귀빈석 앞 돌아가는 연단에 서서 대회사를 했습니다. 사마란치 IOC위원장이 환영사를 했습니다. 그는 환영사를 끝내며 '서울은 쎄계로! 쎄계는 서울로!'를 한국어로 말했습니다. 노태우 대통령이 자리에서 일어나서 원고 없이 '제 24회 하계올림픽 개회를 선언합니다!'라고 세계에 선언했습니다.

한국에서 한국 사람의 손으로 제작되어 IOC의 승인을 받은 오륜기 게양이 끝난 뒤 웅장한 컴퓨터 음향이 가슴을 졸이게 한 가운데 손기정 옹이 성화를 들고 달려왔습니다. 그리고 홀연히 나타난 최종주자 임춘애 양에게 전해주었습니다. 임춘애 양이 트랙을 한 바퀴 돌고 30m 가까이 되는 성화대 아래서 우뚝 서 있었습니다. 기다리던 김원탁, 손미정, 그리고 낙도 교사 정성만이 이를 받아 점화대에 불을 붙였습니다. 평화의 상징 서울올림픽 성화가 타오르기 시작했습니다. 하늘엔 축하 비행이 시작되었습니다.

허제, 손미나 선수 대표와 이학배 심판 대표의 선서가 있었습니다. 여고생들이 강복의 춤을 수놓고 흩어진 그라운드 위로 하늘에서 비행기들이 오륜마크를 그려 보이며 윤회하다가 낙하산을 타고 하나, 둘 사람이 꽃송이처럼 내려앉았습니다. 160개국 8백38개의 가면이 등장하여 인류의 갈등과 혼돈으로 치닫다가 1천 8명의 하얀 태권도단에 의해 빈부와 갈등의 벽들을 차례로 격파하며 화합의 장을 열었습니다.

생후 8년 8개월이 된 윤태용 군이 굴렁쇠를 구르며 초록 운동장을 가로질렀습니다. 1,200명의 어린이들이 제각기 줄넘기, 바람개비 돌리기, 제기차기 등을 하며 온 인류를 동심의 세계로 끌어들였습니다. 재잘거림으로 가득 찼습니다. 이 순수함과 나약함을 가르고 둘로 나눠진 1,400명의 고놀이패가 상대를 향해 달려왔습니다. 넘치는 힘은 수없이 하늘로 향했습니다. 하늘의 승부는 기상의 합창이었습니다. 승패가 갈라진 뒤 한덩어리가 되었습니다. 강강술래 대열이 운동장을 돌았습니다. 각 국 선수단들이 뒤를 따라 돌았습니다. 운동장 한가운데를 중심으로 사람들은 돌았습니다. 그 중심에서 자그마한 무대가 솟아올랐습니다. 코리아나 합창단이 솟아올랐습니다. '손에 손 잡고 벽을 넘어서' 올림픽 주제곡을 불렀습니다. 운동장 사람들과 그라운드 사람들도 모두 함께 노래하며 춤을 췄습니다. 그것은 거대한 파도였습니다.

이렇게 시작된 서울 올림픽은 많은 이야기를 남겼습니다. 남자 100m 결승전에서 케나다의 벤 죤슨이 9초79의 경이적인 기록을 세우며 라이벌 미국의 칼루이스를 누르고 금메달을 따냈습니다. 하지만 약물복용으로 밝혀져 금메달을 박탈당하였습니다. 지구상에서 가장 빠른 마약중독자라는 비난 속에 정밀한 한국의료진의 과학성에 찬사를 아끼지 않았답니다.

복싱 벤터급 16강전 한국의 변정일과 불가리아의 선수 알랙산드 흐리스토프와의 경기에서 심판이 불가리아의 손을 들어줬습니다. 한국의 코치가 주심에게 폭력에 가까운 항의를 하였습니다. 변정일 선수는 아예 링 위에 앉아 한 시간 이상 농성을 하였습니다. 각국 언론들은 이 사실을 세계에 전파했습니다.

특히 미국 NBC, TV는 한 시간 이상 생방송으로 한국 코치와 선수의 추태를 내보내면서 비웃었습니다. 또 한국을 비난 모략하는 내용의 도안된 티셔스를 제작 착용하려 했습니다. 미 언론들의 편파보도가 극에 달하자 국내 언론이 가만있지 않았습니다. 미 수영 2관왕인 '트로이 델비'가 한 호텔에서 사자석고상을 훔쳐 달아나다 붙잡혀 절도혐의로 불구속 입건된 사건을 계속 보도했습니다. 그리고 올림픽을 전후한 미군병사의 택시기사 폭행, 미군의 한국주부폭행과 올림픽 상징기 훼손 등 미국의 야만성을 연일 보도해서 반미 감정이 극에 달하는 듯 했습니다.

이를 수습하기 위해 김종하 KOC 위원장이 사임을 했습니다, '에비 테니스' 미국선수단장이 박세직 서울올림픽 조직위원회 위원장을 방문 사과를 했습니다. 그래도 흥분된 국내 여론은 가라앉지 않았습니다. 미국과 소련 여자농구 준결승전에 한국의 관중들은 일방적으로 소련을 응원했습니다. 미국 여자팀이 이기긴 했지만 야속하다 할 정도로 소련을 응원했습니다. 이어서 벌어진 남자농구 소련과 미국의 자존심 대결에서 한국응원단의 열광적인 응원속에 소련이 우승을 차지하였습니다. 많은 사람들이 한미관계를 우려할 정도였습니다.

6·25 동란과 그 이후 많은 도움을 받았던 한국을 미국은 그들의 졸쯤으로 생각했을 것입니다. 6·25의 폐허에서 30여 년 동안 한국은 국력을 키웠습니다. 커진 국력을 바탕으로 민족적 자존심도 찾으려 했을 것이고 광주사태 이후 반미감정도 커져가고 있을 때

였습니다. 88올림픽 때 한국은 미수교국인 소련과 중국에 많은 정성과 배려를 아끼지 않았습니다. 국민 정서도 그랬습니다. 미국은 못마땅할 수밖에 없었겠죠. 대충 그런 배경이 그때 그렇게 나타났을 것입니다.

불가리아에서 터키로 망명한 괴력의 사나이 60Kg급 역도선수 슬레이마노글루가 한 경기에서 세계신 6번을 경신하면서 인상, 용상 합쳐 342.5Kg을 들어 인간한계를 넘어선 기록으로 세계를 놀라게 했습니다. 그는 불가리아가 소수민족을 학대하며 이름까지 불가리아식으로 바꾸라고 하여 가족을 두고 터키로 단신 망명했다합니다. 그는 터키 대통령 전용기를 타고 올림픽에 참가했습니다.

88올림픽에서 가장 돋보인 스타는 여자수영 6관왕을 차지한 동독의 크리스틴 오토 선수였습니다. 22세의 오토는 자유형, 배형, 평형 100m, 계형 400m, 혼계형 40m, 자유형 50m 등에서 금메달을 차지하여 세계를 놀라게 했습니다.

미국의 그리피스 조이너는 여자 육상 200m와 100m에서 금메달을 땄습니다. 그의 시누이인 제키 조이너키시도 멀리뛰기와 7종경기에서 금메달을 따냈습니다. 반 백색의 그녀들은 미모와 옷차림 그리고 환호하는 모습들로 올림픽 내내 화제를 뿌리기도 했습니다.

미사리 조정장에서 남자 커드러플에서 우승한 이탈리아의 티자노는 금메달을 따 목에 걸고 배를 저어 도크 쪽으로 가던 중 메달이 물 속으로 빠져버렸습니다. 한국의 스쿠버다이버들이 물 속에 든 메달을 귀신같이 찾아서 많은 사람들을 기쁘게 했습니다.

여자핸드볼이 한국의 구기 사상 처음으로 금메달을 땄을 때와 한국의 양궁이 여자 개인과 남녀 단체 등 3체급을 석권하고 금메달을 땄을 때 선수들은 울었고 대한민국은 기쁨의 함성으로 가득했습니다.

서울올림픽은 세계 160개국 1만3천6백26명의 젊은이들이 참가하여 16일간 힘과 묘를 겨루었습니다. 체력은 국력이라 합니다. 국민들은 한국이 최소한 10위 정도는 해야 체면을 유지할 수 있을 것이라 생각했습니다.

그러나 한국은 레슬링 그레코로만형 74Kg급에서 김영남, 자유형 82Kg에서 한명우가, 유도 60kg에서 김재엽, 66kg에서 이경근이, 탁구 남자단식에 유남규, 여자 복식에 양영자 현정화조가, 권투의 플라이급 김광선, 라이트미들급 박시헌, 양궁 여자개인 김수녕, 남자단체 전인수, 박성수, 이한섭, 여자단체의 김수녕, 왕희경, 윤영숙, 여자핸드볼 등 금메달 12개 은메달 10, 동메달 11개를 따내어 소련, 동독, 미국에 이어 세계 4위를 차지했습니다. 중국이 금메달 5개로 11위 일본이 금메달 4개로 14위를 차지했습니다.

전라북도 선수들은 선전했습니다. 대회 첫날 역도 52kg에서 전북의 전병관이 은메달을 따냈습니다. 언론은 한국역도 100년사에 신기원을 세웠다고 표현했습니다. 한국 여자핸드볼이 올림픽 구기 사상 첫 금메달을 따냈습니다. 선수 중 원광대의 임미경, 손미나, 남성여고의 이미영, 부안여고 출신 박현숙이 주전으로 뛰었으며 감독은 김제 출신 고병운이었답니다. 김제군 백산면 출신인 레슬링 90kg 급 동메달리스트 김태우는 김제 북중과 군산동고를 졸업했습니다.

탁구 여자복식 양영자가 현정화와 함께 중국을 누르고 금메달을 따냈습니다. 이리 중앙시장 양영자 선수 부모 집에 많은 사람들이 모여 축하하는 모습이 TV 화면에 소개되었습니다. 군산 사람들은 10월 2일 상오 잠실체육관에서 벌어진 권투 플라이급 결승전을 기다렸습니다. 이날 경기에서 김광선은 장신을 이용 원투스트레이트로 견제하는 동독의 강호 안드래 태우스를 옆구리 공격으로 파고들어간 뒤 철권을 휘둘러 일방적인 승리를 거뒀습니다.

김광선 아버지 김갑천 씨와 어머니 최길순 씨가 살고 있는 선양동 달동네 김선수 집에도 많은 사람들이 모였습니다. 2년 전 아세안게임에서 금메달을 땄을 때처럼 풍장이 울려 퍼졌습니다. 지사를 대신하여 강상원 부지사가 금일봉을 들고 왔습니다. 시장이 화환과 축의금을 보냈습니다.

88 한국의 올림픽은 유치에서부터 개최까지 하나의 기적이라고

말했습니다. 정주영 같은 뚝심 좋은 체육지도자와 스포츠를 광적으로 좋아하는 전두환 대통령이 합작하여 '서울 코리아'로 올림픽을 유치할 수 있었다 합니다. KAL기 폭파사건 등을 거치면서 북한을 한없이 의식하며 준비를 했습니다. 소련과 미국에 의해 반쪽으로 열려왔던 올림픽을 12년 만에 하나로 하기 위한 피나는 외교전이 있었답니다. 우리에게 경제적 능력이 있었습니다. 한국 사람들은 지혜와 용기 그리고 인내할 수 있는 저력이 있었습니다.

올림픽 1년여 전부터 한국의 보신탕집들이 도시에서 시골로 옮겨졌습니다. 서양의 동물 애호가 단체들이 보신탕을 먹는 사람들이 사는 한국올림픽 불참 운동을 폈기 때문이었습니다. 계순옥, 영신옥, 보신옥, 연산옥 등 전통적인 군산의 개고기 집이 전군도로변 개정면 아동리 쪽으로 옮겨 집단 보신탕 촌이 만들어졌습니다.

올림픽 개막식에 이 대회를 유치했던 전두환 전前 대통령이 국회 청문회를 앞두고 여론에 밀리어 참석하지 않았습니다. 그것도 스포츠사랑이었을 것입니다. 올림픽 기간 서울의 교통은 시민들의 협조로 완전하게 홀짝수제가 지켜졌습니다. 시민들은 질서와 청결에 앞장서주었습니다. 경찰, 진행요원, 청소부, 간호사 등 보이지 않는 힘의 결집이었습니다. 전방에서 군인들이 나라를 잘 지켜주었기에 가능했습니다. 과학과 의술이 뒷받침되었습니다. 컴퓨터 기술이 대회진행을 원만히 했습니다. 대한민국의 총체적인 에너지가 제24회 서울올림픽을 무사히 마치도록 했습니다.

1988년 10월 2일 밤 지구촌의 대축제는 끝이 나려했습니다. 에밀레종소리가 잔잔히 울려 퍼지는 가운데 1백60명의 기수단을 선두로 각 국 선수단이 개막식 때와 달리 한데 어울려 덩실덩실 춤을 추며 등장했습니다.

고대 올림픽발상지인 그리스 국기와 태극기 그리고 차기대회 개최국인 스페인 국기가 차례로 개양되면서 어둠 속의 그라운드에선 한국 전통의 부채춤과 바라춤이 현란한 조명 속에 펼쳐졌습니다. 조명이 흐려지고 짙은 안개가 운동장을 덮으면서 '떠나가는 배'위로 김소희를 비롯한 9명의 명창들이 애절한 창 가락으로 이별의 슬픔을 노래했습니다.

박세직 서울 올림픽 위원장이 폐회사를 했습니다. 사마란치 IOC 위원장이 폐회를 선언했습니다. 김용래 서울시장이 차기대회 개최지인 스페인의 프스케 바르셀로나 시장에게 오륜기를 건네주었습니다.

올림픽 찬가가 울려 퍼지는 가운데 올림픽기가 내려지며 메인 스타디움은 다섯 발의 예포 속에 성화가 사위어가며 석별의 아쉬움이 가득해졌습니다. 호돌이와 바르셀로나 올림픽 마스코트인 코비가 어깨동무를 하고 밤하늘로 멀어져갔습니다.

세계의 젊은이들이 강강술래의 둥근 원을 그리며 헤어지기를 아쉬워했습니다. 종교 피부색을 초월하여 함께 춤을 추고 목마를 태우고 손에 손을 잡고 그라운드를 몰려다니며 헤어지기를 싫어했습니다. 그들은 서울의 추억과 그리움을 간직한 채 떠나가야 했습니다. 대형 자막엔 '1992년 바르셀로나에서 만납시다.'라는 한국어의 자막이 어둠 속에 소멸되어 갔습니다.

예쁜이! 너무 길었습니다. 3일 후면 형진이가 결혼하는 날입니다. 아들 결혼 이야기 다음 번에 하려합니다.

(2004. 12. 10)

326

형진이가 결혼을 했습니다

예쁜이! 2004년 12월 12일 12시 예식시간이 되자 도열해 있는 여자의장대를 가르고 신랑이 입장을 했습니다. 주례 앞에 선 형진이가 뒤로 돌아서서 신부를 기다렸습니다. 신부가 사돈 손을 잡고 입장을 하자 기다리던 신랑이 신부의 손을 잡고 단 위로 올라서서 주례 앞에 섰습니다.

초등학교 때 형진이는 여자 이이들이 많이 따랐습니다. 그가 예쁘고 총명했기 때문이었을 것입니다. 그가 중, 고생이었을 때 여자아이들에게 관심이 전연 없었습니다. 부모는 자식들이 여자친구를 데리고 와도 걱정, 안 데리고 와도 걱정을 한답니다. 그가 세무대학에 갔을 때 내심 여자친구라도 데리고 왔으면 했답니다. 내가 사무관 과정교육을 받으러 수원 내무공무원 연수원에 입교하여 7주 동안을 교육받을 때였습니다. 연수원과 세무대학은 철조망을 사이에 두고 있었습니다.

어느 날 나는 그와 그의 친구들을 불러 갈비파티를 해 준 적이 있었습니다. 나는 자식들 친구를 초대하면서 여자친구들도 있으면 함께 오라고 했지만 그들은 그렇게 하지 못했습니다. 조금은 섭섭하기도 했습니다. 추억이 없는 학창 시절이 무미건조할까 보아서였습니다. 학교 졸업 후 직장에 다니다 군대를 다녀와서 다시 직장에 다니면서도 마찬가지였습니다. 그러면서 형진이는 어느새 30 가까이 나는 정년 가까이 세월이 가고 있었습니다.

거리를 걷다 예쁜 아가씨들을 만나면 며느릿감으로 보이기 시작했습니다. 예쁜 여자 직원을 보면 자연스레 며느릿감으로 연상 지어졌습니다. 정년 가까이 오면서 조금은 초조해지기도 했습니다. 친구들이 며느리 얻는다고 청첩장을 보내오면 부러웠습니다.

그러던 어느 날 형진이가 여자 친구를 만났다는 이야기를 아내를 통해서 들었습니다. 세무대학 여자 동창생이 소연이를 소개해 주었다 합니다. 형진이 여자 동창과 소연이는 광주에서 중고등학교 시절을 같이 보냈다 합니다. 대학졸업 후 소연이가 공무원이 되어 서울로 올라오게 되자 서울에서 세무서에 다니는 친구와 서로는 만날 수 있었다 합니다.

형진이와 그녀들은 겨울 스키장에서 자주 만나 어울렸다 합니다. 그것은 낭보였답니다. 나는 너무 좋은 나머지 아내의 동의를 받아 그에게 데이트 자금으로 100만 원을 부쳐주었습니다. 그렇게 우리 부부가 들떠 있을 때 그들은 광주에 가서 인사하고 처음 우리 집에 왔습니다. 그리고 얼마 후 광주를 다녀 집에 함께 와서 결혼 승낙을 구했습니다. 이를 계기로 광주 사돈 임윤빈 씨와 서로 연락을 취하여 2004년 9월 5일 군산 '한원韓園'이란 중국집에서 상견례를 가졌습니다.

상견례 이후 광주에서 혼인 날짜를 받아 보내왔습니다. 결혼이 결정되자 서울에 있는 아이들 두 놈에게 작은 구멍을 각자 마련해 줄 일이 제일 큰 걱정이었습니다. 형진이와 송일이가 함께 살고 있는 전세를 빼기로 했습니다. 그리고 형진이에게 새로 전세를 얻도록 6,000만 원 정도를 챙겨 주었습니다. 아내가 계약해 두었던 원룸에는 송일이가 들어가도록 5,000만 원 정도를 별도로 챙겨야 했습니다. 이 돈은 아내가 적금을 담보로 대출을 받았습니다. 내년 7월에 나올 정년퇴직 수당 중에서 3,000만 원 정도를 미리 받았습니다. 아내와 나는 기쁜 마음으로 그런 일들을 했습니다.

추석 때 광주에서 배와 좋은 소고기를 보내 주었습니다. 그 날 저녁 작은 집 식구들을 오라 하여 자그마한 파티를 했습니다. 우리 집에선 광주에 보낼 생선을 사러 아내와 함께 해망동 어판장에 나갔습니다. 홍어, 조기, 갈치 등을 사서 집에 가져와 갈무리하는데 많은 신경을 썼습니다. 박스를 구해 오고 적당히 얼리느라 아내와 나는 잠을 설쳤습니다. 생선 박스를 잘 이동하여 차에다 실을 수 있게 마트에 가서 구루마를 샀습니다. 형진이를 통해서 광주에 그렇게 준비한 예물을 보냈습니다. 작은 일들을 정성스레 하면서도 피곤한지를 몰랐습니다.

상견례 때 사돈과 내가 10월 초쯤 광주에서 술이나 한 잔 하자고 약속이 되었습니다. 그러나 막상 10월 초가 왔을 때 광주에 가지 않으려 했습니다. 큰 일 앞두고 술 먹고 실수나 하지 않을까 아내가 반대했기 때문이었습니다. 그러던 차에 광주에서 전화가 왔습니다. '광주 오십시오! 술이나 한 잔 하시게요.' 하고 말입니다. 부부가 함께 가기로 한 계획을 축소하여 동생 면이가 운전을 하고 나만 갔습니다.

동생 차로 광주 금남로에 있는 현대극장 앞으로 갔습니다. 먼발치로 사돈이 기다리고 있었습니다. 사돈이 잡은 조촐한 일식집에서 좋은 담소를 했습니다. 사돈은 나와 같이 1945년생 닭띠입니다. 사돈은 어려서 홀어머님이 키우셨다 합니다. 사돈 어머님은 정절을 지키려고 스스로 스님이 되셨다 합니다. 사돈은 어릴 때 절에서 배운 한문공부로 하여 상당한 실력을 가지고 있었습니다. 단신으로 광주에 나와 몇 번의 좌절을 딛고 일어나 자기만의 독특한 기술을 갖게 되었답니다. 지금도 금남로에서 수공 모자점을 운영하고 있습니다.

사돈 큰아들은 경찰대학을 나온 엘리트 공무원입니다. 간호대학을 나온 소연이 언니와 사범대학을 나온 동생 해서 4남매를 키워온 이야기들도 들려주었습니다. 크게 부유하지는 않지만 일요일이면 어김없이 가족 모두를 데리고 온천장을 간다 합니다. 나도 내가 살아온 이야기들을 들려 드렸습니다. 자식들 다 여우고 너무 오래 살지 말고 저 세상으로 가자고 서로는 그럴 듯한 약속도 했습니다. 설중매 두 병과 소주 두 병을 탈 없이 잘 마시고 순창으로 돌아오는 차안에서 동생에게 물었습니다. '나 실수했나?' '아니요!'

들어갈 집을 마련해 주자 결혼 준비는 큰 문제가 없었습니다. 집 앞에 있는 궁전예식장을 잡아놓았습니다. 아내는 아이들을 내려오라 하여 반지, 화장품, 양장 등을 함께 고르고 사는 것을 도와줬습니다. 예식장에 들려 드레스 임대와 촬영 등을 마쳤습니다. 광주에서는 형진이 양복을 맞춰주었습니다.

아이들이 있을 집을 해결해 주고 예물을 해주고 나니 제일 큰일은 청첩장 보내는 일이었습니다. 시청은 별도로 동사무실에서 핸디로 일괄 알렸습니다. 시청 직원 아닌 사람들은 주소 파악하기도 어려웠습니다. 그보다 더 어려운 것은 누구누구에게 청첩장을 보내야 되느냐, 그러지 말아야 되느냐를 판단하는 것이었습니다.

우선 내가 두 번 이상 부조한 사람 위주로 했습니다. 그리고 나중에 청첩장 안 보냈다고 서운해 할 사람 위주로 보내기로 했습니다. 내가 보낸 청첩장을 받고 그 사람이 어떤 표정을 지을까? 상상을 하는 것에 많은 시간을 허비했습니다. 이렇게 정리한 주소를 동생이 가져다가 컴퓨터에 우편번호와 함께 입력시켜 봉투에다 그냥 붙이면 되도록 만들어 왔습니다. 청첩장 문안은 간단히 '두 사람의 결혼을 축하해주시기 바랍니다.' 라고 인쇄했답니다.

받아둔 날짜는 오기 마련입니다. 9월 중순에 12월이면 먼 줄 알았는데 11월 첫 주에 아내와 태국을 다녀오고 나니 바로 코앞에 있었습니다. 큰일 치르다 보면 양가의 의견 충돌도 있다 합니다. 하지만 우리는 문제가 없었습니다. 일이 있었다면 상대의 비용을 적게 하도록 설득하는 것이었답니다.

초청장을 10일 전에 부치려 했던 것이 계룡산 등산 때문에 하루가 늦어졌습니다. 요사이 우체국이 그전처럼 신속히 배달되지 않고 빠른우편과 일반우편으로 구분되어서 혼돈하기에 좋습니다. 일요일도 끼어 있었습니다. 등산을 다녀온 날 밤 발송 기일이 너무 촉박하다는 계산이 서자, 잠이 안 왔습니다.

아침 일찍 군산우체국 문이 열리기 전에 민원실 앞에서 기다렸습니다. 문이 열리자 우편물 발송대에 섰습니다. 일반 우표는 220원인데 빠른우편은 320원이었습니다. 헌데 여직원은 우편번호를 규정된 빨간 네모 칸 속에 기제하지 않았다 하여 다시 써넣던가, 싫으면 한 장당 100원씩을 더 내라합니다. 실망한 우리 부부가 한참, 다시 쓰고 있는데 그 여직원이 와서, 자기 계장과 상의했더니 그냥 해드려라 합니다, 하더라고요.

소연이와 그의 자매들이 결혼식 전날 밤 쉴 수 있도록 은파 옆 새로 지은 프린스 호텔을 130,000원을 주고 예약해 두었습니다.

정읍 작은어머님, 전주 설실 누나, 완도 고종여동생 필규, 순창 형님 내외, 서울 동생 내외, 부산 사촌동생, 서울 고종내외 등 30여 분이 집으로 왔습니다. 군산에 온 지 30여 년 만에 많은 일가친척이 처음 한자리에 모였습니다. 손님들이 시차별로 도착했기 때문에 상 차리는 일도 반복되었습니다.

형진이와 소연이가 도착했습니다. 그들이 어른들께 큰절 올리도록 했습니다. 절이 끝난 후 예단 비용을 넣어두었던 봉투를 소연이가 어른들께 직접 드리도록 했습니다. 절 받고 봉투들을 받으며 어른들은 고맙고 즐거워했습니다. 소연이가 호텔로 간 뒤 식구들은 술 한 잔씩을 더하고 여관과 경장동 동생 집 그리고 노인들은 우리 집에서 쉬도록 했습니다. 나는 헤어지기 전에 '내일 아침은 집에서 식사를 드리지 않습니다. 주무시고 7시 30분까지 예림옥으로 오시기 바랍니다. 그곳에서 해장하시고 목욕탕에 가겠습니다. 오시기 전에 시간이 나시는 분은 군경묘지 용순이 삼촌 묘에 참배하셔도 좋겠습니다.'고 고지했습니다.

결혼식 날 아침 예림옥에서 손님들과 함께 해장국들을 들었습니다. 어른들까지 모시고 목욕탕을 갔습니다. 그 사이 집사람이 정숙씨와 함께 미장원을 다녀왔습니다. 형진이는 호텔로 미리 갔습니다. 조카들을 통해 예식 후 광주에서 올라온 차와 형진이 손님들 차에 술과 안주 등을 잘 싣도록 말해두었습니다. 손님들과 함께 걸어서 예식장에 나갔습니다. 10시 30분에 도착했는데 벌써 손님이 기다리고 계셨습니다.

내 인생 60여 년을 결산하는 총회에 참석하듯이 많은 손님이 오고 계셨습니다. 신랑 신부를 앞에 놓고 주례 김남곤 선생은 험한 이 세상을 신랑신부가 잘 헤쳐나가도록 하는 당부로 주례말씀을 해주셨습니다. 주례사가 끝나고 신랑신부가 양쪽 부모에게 인사토록 했습니다. 형진이는 무릎을 꿇고 큰절로 소연이는 선 채로 허리를 숙여 절을 했습니다. 절을 받으며 안사돈이 눈물을 흘리는 모습을 보았습니다. 바깥사돈도 표 안 나게 눈물을 닦는 모습을 보았습니다. 우리 부부도 눈물이 나려는 것을 참느라 힘이 들었습니다. 정갈하고 화기애애하게 결혼식이 끝났습니다. 500명 가까이 식사를 할 정도로 많은 손님이 오셨습니다. 폐백도 잘 끝났습니다.

결혼 이틀 후 순창 가서 아버님 묘소에 성묘했습니다. 큰댁을 빌려 마을 어른들 전부 모시고 군산에서 동생부부와 함께 준비해 가지고 간 술과 음식을 차려 조촐한 잔치를 하고 돌아왔습니다. 아이들도 신혼여행을 태국에서 마치고 광주를 다녀 집에 돌아왔습니다. 하루를 쉬고 집을 떠나가기 전 아들 내외를 불렀습니다.

먼저 상견례 시 331천 원, 추석예물 250천 원, 청첩장인쇄비 350천 원, 예물비 5,300천 원, 우편대 230천 원, 호텔비 132천 원, 장보기 990천 원, 예식장 식대 6,480천 원, 주례선생님 300천 원 등 결혼비용 총 14,363천 원의 내용을 정확히 이야기해 주었습니다. 축의금으로 들어온 내역도 말해 주었습니다.

그리고 아침밥은 꼭 해먹을 것, 대외적인 일은 남편이, 대내적인 일은 아내가, 가족 생일은 서로 챙기도록 할 것, 직장 생활은 여자, 놀음 , 보증을 조심할 것. 긍정적이고 능동적일 것, 음주운전 하지 말 것, 건강은 평생토록 관리할 것, 송일이에 대하여 관심과 격려를 아끼지 말도록 하라는 등 부부가 지켜야 할 것을 일러 주었습니다. 내용을 워드로 찍어 그들에게 주었습니다. 그들은 결혼휴가를 끝내고 그들의 보금자리로 떠나갔습니다.

예쁜이! 2004년이 가려 합니다. 지난 1년 동안 한국은 헌법재판소에서 노 대통령 탄핵 부결, 핸드폰을 이용한 수능 부정행위, 행정수도 이전 위헌판결, 쓰레기 단무지 만두파문, 중국 고려사 왜곡, 프로야구선수와 연예인 병역비리, 성매매 특별법 통과 등 많은 일들이 벌어졌습니다. 그리고 연말을 앞두고 수마트라 섬의 지진으로 인도네시아, 인도, 스리랑카, 태국, 말레시아 등 서남아세아 여러 나라에서 10만 명 이상의 사망자가 발생하는 재난으로 세계인을 세밀 충격 속으로 몰아넣고 있습니다.

지난 한 해 동안 군산에서는 강근호 시장이 뇌물수수혐의로 전격 구속되었습니다. 개항 이래 처음으로 군산국제자동차엑스포와 군산세계철새관광페스티벌이 열렸습니다. 수송택지개발이 본격 공사에 들어갔습니다. 군산의 전북외국어고에 첫 신입생을 모집했습니다. 군산 출신 박성현 선수가 아테네올림픽 양궁 2관왕을 차지하는 등 많은 일들이 벌어졌습니다. 나 개인적으로 31년 동안 다니던 시청을 그만두고 정년을 기다리고 있습니다. 며느리를 얻었습니다. 아! 이렇게 2004년 한 해가 갑니다.

(2004. 12. 30)

327
김용옥 시인의 시문학 등단

예쁜이! 다시 '88년 9월로 돌아갑니다. 올림픽을 치르는 국가적 대사 뒤에도 많은 일들이 있었습니다. 벼농사가 사상 최대 풍작으로 6백5십만 섬 수확을 예상했습니다. 헝가리와 우리나라가 공식 국교관계 수립을 위한 합의서를 교환하고 상주대표부를 개설했습니다.

한국이 아직 UN에 가입하지 못했던 시절 이는 공산권 외교수립을 위한 획기적인 전기였습니다. 국회 5공특위에서는 전두환 전 대통령의 각종 비리의 자료수집과 일해재단 청남대 등의 현장조사를 계속했습니다. 16년 만에 부활된 국정감사를 앞두고 행정기관은 이의 준비를 서둘렀습니다.

허정許政 전 내각수반이 92세를 일기로 별세했습니다. 1896년 부산의 어느 술집 아들로 태어난 허정은 24세 때 3·1운동에 참가한 후 중국으로 망명하여 임시정부에 참여합니다. 그는 배를 타고 프랑스 유학을 떠납니다. 한 달 가까이 뱃길을 가면서 바다에 반하여 스스로 호를 우양友洋이라 지었다 합니다.

그는 다시 미국으로 건너가 공부를 합니다. 해방 후 한국에 돌아와 부산 을구에서 제헌국회의원에 당선되었습니다. 서울시장을 지낸 후 외무부 장관을 하던 중 1960년 4·19로 이승만 대통령이 물러나자 대통령 권한대행을 했습니다. 다음해 7·29총선에 의한 장면의 제2공화국 출범으로 정권을 이양합니다. 허정 과도정부는 정권을 찬탈할 수 있는 많은 유혹이 있었다 합니다. 그는 이를 깨끗이 물리치고 새로운 정부로 정권을 이양하는 데 아름다운 가교역할을 했다 합니다. 내가 중, 고등학교 시절 한국의 정치지도자로 존경했던 인물이었습니다.

정읍 사촌 여동생 애란이 결혼을 위한 상견례를 도선장 옆 바다 횟집에서 가졌습니다. 그 얼마 전 정읍 작은아버님에게 전화가 왔습니다. 대전에서 회사를 다니는 애란이가 사귀는 남자 고향이 군산 장재동 청년이어서 군산에서 상견례를 한다는 내용이었습니다.

그 쪽선 신랑 김병수와 신랑 아버지 김만옥 씨 그리고 그의 어머님이 나오셨습니다. 이 쪽에선 정읍 작은아버님, 작은어머님, 애란이 우리 부부와 면이 내외가 나왔습니다. 그 해 11월에 애란이 결혼식을 팔마재 결혼회관에서 했습니다. 그 때 작은아버님 이야기하도록 할 것입니다.

군산대학 임명진 교수가 '한국근대소설론의 유형별 사적 연구'란 논문으로 전북대학교에서 박사학위를 받았습니다. 그의 학위 수여식 날 나는 꽃다발을 사들고 전북대학교를 찾아갔습니다. 임 박사를 가운데 두고 양병호 교수와 찍은 사진을 봅니다. 내가 40대 초반 때였습니다. 명진이와 병호가 30대들이었습니다. 사진 속의 얼굴들은 젊음을 발산하고 있습니다. 젊음은 참 아름다운 것입니다. 어느덧 세월은 흘러갔고 나는 이제 초로의 나이에 있는 듯합니다.

김용옥 씨가 ≪시문학≫ '88년 9월호에 추천을 완료하였습니다. 최승범 씨가 주관했던 전북문학에 오랫동안 시를 써왔던 김용옥 나이 40세 때였습니다. 그가 천료하기 전부터 우리는 친교를 맺고 있었습니다. 이시연과 함께 서서학동 그의 아파트에 가서 차도 얻어 마시고 난도 구경한 일이 있습니다. 김용옥은 유명한 화가 하반영의 며느리입니다. 그의 어머님 정휴당은 글씨에 일가견이 있습니다. 김용옥은 자기 어머님 글씨를 내게 한 점 준 일이 있습니다. 그는 시인이지만 그의 어머님처럼 붓글씨를 잘 쓴답니다. 그는 성서의 한 구절을 써서 내게 보내주었습니다. 내가 책을 내어 보내 줄 때마다 격려의 편지를 써서 보내 주었습니다. 출판기념회 등 나의 행사를 늘 챙겨주었습니다. 하지만 나는 그를 챙겨줄 기회를 얻지 못하여 미안하게 생각합니다.

김용옥은 천료 이후 지금껏 시집 ≪서로가 서로를 원하는 이유≫ ≪세상엔 용서해야 할 것이 많다≫ 등의 시집을 냈습니다. 수필집 ≪생놀이≫ ≪틈≫ ≪아무것도 아닌 것들≫ 등을 펴냈습니다. 그의 글들은 정연하고 아름답습니다. 별처럼 반짝이는 그의 시어들은 어두운 현실을 사는 사람들의 영혼을 아름답게 해준답니다. 그는 시를 쓰면서 많은 후배들을 길러내고 있답니다. 그의 주관으로 '끈'이란 여류문학 동아리를 만들어 10여 년 이상 열심히 활동해 오고 있답니다.

지난 겨울 형진이 결혼식에 그가 참석해 주었습니다. 아이들 결혼 며칠 후 김용옥 씨가 만들고 있는 동인지 '끈' 출판기념회에 참석을 했습니다. 동인지를 만든 후 처음인 기념회인데도 굳이 축의금을 받지 않아 마음이 무거웠습니다. 전라북도의 많은 명사들이 참석한 것을 보면서 김용옥 자신과 그들의 문학이 겨울 대나무 숲처럼 울타리를 이루고 있다는 것을 알게 되었습니다. 그의 문학 행위는 뒷날 전북문단사에 큰 족적으로 남을 것입니다.

예쁜이! 2005년 새아침이 밝아 왔습니다. 많은 사람들이 산과 바다에 나가 떠오르는 해를 바라보며 한 해의 건강과 행운을 기원하고 있습니다. 아침 일찍 월명산에 올라 떠오르는 아침 해를 바라보았습니다. 건강관리와 글 쓰는 일에 최선을 다하자고 다짐을 합니다. 아파트에 돌아오자 며느리에게 세배 전화가 왔습니다.

올 을유乙酉년 새해 초에도 많은 일들이 생성하고 소멸합니다.

서남아 지진 피해 사망자가 15만 명으로 늘어났다 합니다. 일본이 5억, 우리나라가 5천만 불 등 20억 원의 구호 비를 국제사회에서 지원한다 합니다. 노무현 대통령은 어제(2005년 1월 4일) 교육 부총리에 이기준, 행정자치부 오영교, 농림 박홍수, 해양 오거돈, 여성 장하진, 법제처 김선옥 등으로 6개 부처 장관을 교체했습니다.

군산시청은 정초부터 공금유용사건이 터져서 세상을 떠들썩하게 하고 있답니다. 검찰은 해양수산과 경리를 보는 여직원 이 모씨가 법인카드를 관리해 오면서 임의로 수억 원대에 달하는 공금을 유용해 왔다고 밝혔습니다. 지난 번 강근호 시장 인사비리에 의해 다시 회계비리가 터지자 군산 사람들은 충격에 빠져 있는 듯합니다.

올해는 닭띠입니다. 4월 15일이 나의 회갑일입니다. 6월 30일 날은 나의 정년입니다. 군산에 온 지가 어느덧 31년 6개월이 흘러갔습니다. 세월은 나를 저 멀리로 가자고 하는데 나의 마음은 자꾸만 지난 날로 돌아가고 있는 듯합니다. 흘러가는 세월의 물결 속에 그대의 음성이 한없이 내 영혼을 울려 왔습니다. 흘러가는 세월의 여백 속에 한없이 그대의 그림자가 드리워질 것입니다.

(2005. 1. 5)

328

영등포 교도소 미결수 탈주사건

예쁜이! 서울 올림픽은 무사히 끝났습니다. 단군 이래 가장 큰 국제행사를 무사히 마친 국민들은 자긍심에 차 있었습니다. 그리고 10일 후에 있을 세계 65개국 4,361명이 참가한 서울 장애인 올림픽 개막을 준비하고 있었습니다. 장애인 올림픽을 전후하여 미결수 차량 탈주 사건이 터졌습니다. 세계인을 불러 잔칫상을 차려놓고 스스로 재를 뿌리는 꼴이 되었습니다.

'88년 10월 8일 오전 영등포교도소 미결수들의 공주교도소 이감을 위하여 교도관 10명이 함께 탄 호송버스가 중앙고속도로를 타고 안성 부근을 달리던 중이었습니다. 이 때 갑자기 미결수 12명이 양손에 채워진 수갑을 풀고 포승줄까지 벗겨낸 뒤 교도관들을 덮쳐 무기를 탈취하고 포승줄로 묶었습니다. 이들은 호송차량을 끌고 서울로 올라와 낮 11시 50분쯤 서초동 서울시 공무원교육원 앞길에서 차를 버리고 달아난 사건이 발생했습니다.

달아난 12인의 탈주범들은 경찰의 관심을 따돌리기 위해 각각 서울대학교에서 만나기로 합니다. 그들은 서울대에서 만난 후 다시 해어져서 개인별로 고려대학교에서 모이기로 합니다. 그 사이 5명은 검거되거나 달아나고 고려대학교에 7명이 모였습니다. 이들은 고려대 뒷산에서 하룻밤을 지낸 다음날 새벽 아침 안암동 손병찬 씨 집에 침입하였습니다. 잠을 자던 가족들을 묶어 집에 있는 술을 마시고 TV를 보면서 28시간 동안을 지냅니다.

손씨 집을 나온 탈주범들은 각기 한양대에서 만나 교정 숲에서 하룻밤을 은신하다 새벽에 행당동 박진수 씨 집에 침입합니다. 그들은 떵떵거리며 25시간을 숨어 있다가 명동성당에 다시 집결합니다.

그들은 문정동 정해진 씨 집에 침입합니다. 집에 현찰이 없자 자양동 김정남 씨 집에 침입하여 60만 원을 털어 오기도 합니다. 정씨 집에서 52시간을 머무른 후 마포구 서울가든호텔 앞에서 만나기로 합니다. 그 사이 김동연이 자수하고 손동완이 검거되고 한 명은 달아납니다. 그리고 가든호텔 앞에서 여장한 지강헌과 강영일, 한의철, 안광술 등 4명이 모입니다.

이 때가 사건 발생 8일이 지나고 있었습니다. 세계 장애인 올림픽 중인 대한민국 서울은 스포츠보다 범인 동향이 각종 언론을 통하여 세계에 전파되고 있었습니다. 공포에 질린 시민들은 다음 차례는 우리 집이 아닌가 하고 두려움에 떨었습니다. 주요 거리는 정사복 경찰로 넘쳐났고 일반시민들은 한산했습니다.

일요일인 '88년 10월 16일 한 사람은 여자로 변장하기도한 최후의 4인은 수사망을 뚫고 신촌 시장 앞에서 시내버스를 타고 서대문구 북가좌동에서 내려 고영서 씨 집에 침입합니다. 때마침 TV를 보고 있던 고씨와 부인 그리고 큰딸 선숙씨 등 일가족 다섯 사람을 인질로 잡습니다. 새벽 4시 5분 피로에 지친 범인들이 졸기시작하자 주인 고영석 씨가 100m 떨어진 서부경찰서 북안파출소에 신고하였습니다.

정사복 경찰 1,000여 명이 고씨 집을 에워쌌습니다. 경찰은 자수를 권합니다. 담 밖에서 지강헌, 강영일 어머니가 자수를 권합니다. 지강헌의 애인과 남동생이 방안으로 들어갑니다. 계속 버티자는 지강헌과 자수하자는 탈주범들이 옥신각신한 사이 안광술이 고씨의 셋째 딸 고등학생을 끌고 마당으로 나와 탈출하려던 것을 대기해 있던 특공대원들이 낚아채었습니다. 그 사이 잡혀있는 큰딸 선숙씨만 남겨진 채 나머지 가족 모두는 탈출했습니다.

지강헌은 선숙씨의 머리에 총을 겨눈 뒤 창 밖을 향해 '유전 무죄! 무전 유죄!'라고 소리지릅니다. 선숙씨는 창 밖을 향해 총을 쏘지 말라고 소리지릅니다. 이런 사이 탈주범 강영일 한의철이 지강헌으로부터 권총을 빼앗아 옆방으로 가서 자살을 합니다. 주범

지강헌이 선숙씨를 인질로 잡고 의자에 앉습니다. 그는 '홀리데이'를 틀어 달라합니다. 그는 가지고 있던 유리조각으로 얼굴과 심장을 그어 댑니다. 그가 실신하고 음악이 끝날 때쯤 특공대들이 그를 끌어냅니다. 병원으로 옮겨진 후 유리조각 상처로 그는 죽습니다. 마지막 8시간의 인질극은 끝이 났습니다.

사건 발생 9일 동안 국민들은 길고 긴 인질드라마 속에 빠져 있는 듯 했습니다. 사람들은 드라마 속의 주인공이 되지 않길 원했습니다. 경찰 병력 20만 명을 투입했는데도 미결수들은 수사망을 여유 있게 빠져나가 국민들을 애타게 했습니다. 23세의 선숙씨의 예지로 가족들은 살 수 있었습니다.

주범 32세 지강헌이 외쳐댔던 '유전무죄! 무전유죄!'라는 말이 많이도 회자되었습니다. 그가 죽기 전에 들었던 '홀리데이'가 한때 많은 젊은이들이 즐겨 불렀던 시절이 있었습니다. 그리고 이제 많은 세월이 갔습니다. 그 많은 세월 동안 선숙씨와 그 가족들의 정신적 상처는 얼마나 치유되었을지 생각하면 가슴 아픕니다.

예쁜이! 임명 직후부터 서울대 총장 시절, 판공비 과다 지출과 사회이사 겸임문제가 야기되어 이기준 부총리 겸 교육인적자원부 장관이 취임 57시간 만인 지난 금요일(2005년 1월 7일) 사퇴를 했습니다. 그의 아들 미국 국적 문제와 부동산 문제가 다시 불거지기도 했습니다. 이를 보면서 언론은 참 무서운 것이구나 하는 생각을 합니다.

지난 토요일 제주도 서귀포시에서 결식어린이에게 주는 '부실 도시락'이 폭로되었습니다. 다음날 군산시의 건빵 도시락 사건이 터져 나왔습니다. 지역 아동 센터 시설장인 석일 목사가 지난달 22일부터 배달된 도시락이 너무 부실하여 사진을 찍어 놓고 시에다 항의했다 합니다. 그러나 시정되지 않던 차에 제주도에서 먼저 터지자 석 목사가 군산의 부실 도시락을 언론에 공개했습니다.

서귀포 도시락 반찬이 군산보다 오히려 좋습니다. 6·25때나 먹던 건빵을 넣은 반찬이 신문과 TV에 사진으로 소개되어 우리를 부끄럽게 합니다. 국가에서 지원된 2,500원에서 비용 500원 제하고 나면 2,000원짜리가 그 정도면 되지 않느냐는 기자 답변으로 부시장이 곤욕을 겪고 있습니다.

이 사건으로 복지과장이 직위해제 되었습니다. 담당 국장이 자리를 옮겼습니다. 군산시청 홈페이지에는 연일 비판의 글이 넘치고 있습니다. 가격 이전에 정성과 인정이 메말랐다는 국민들의 비판이 파도처럼 일고 있답니다. 지난해 강근호 시장이 구속되었습니다. 이 파문으로 모 국장이 구속되었습니다. 여직원의 법인카드 공금유용 사건이 터졌습니다. 그리고 다시 건빵 도시락 사건이 터졌습니다. 정말 이제 조용해졌으면 좋겠어요.

(2005. 1. 13)

329

송희철 시집 ≪지푸라기의 노래≫

예쁜이! '88년 10월 서울 장애인 올림픽과 영등포 교도소 미결수 탈주사건 중에도 16년 만에 재개된 국정감사가 진행되었습니다. 전두환 정권 때 금기시 되었던 삼청교육, 새 세대 육영회, 80년 공직자 숙청 등에 대하여 감사를 하여 여소야대 정국을 실감케 했습니다. 전두환의 처남, 장인 등을 증인으로 부르기도 했습니다. 청와대도 감사를 했습니다. 이순자 새 세대 육영회 회장이 사퇴를 했습니다. 이를 지켜보면서 세상 많이 달라졌구나 하는 생각을 했습니다.

고향 선배 권일송 시인이 순창군민의장을 받았습니다. 권일송은 1957년 한국일보와 동아일보 신춘문예에 동시에 당선되어 고향사람들을 놀라게 했습니다. 1960년대 ≪이 나라는 나를 술 마시게 한다≫라는 시집을 냈습니다. 권일송은 한때 우리들의 우상이었습니다. 하지만 '80년 전두환의 주도로 만든 민정당 당가를 작사하였다 하여 울분을 터트렸던 때도 있었습니다. 고인이 된 권일송 시인 이야기는 줄이도록 하겠습니다.

군산고등학교 독일어 교사 전길중이 처녀시집 ≪안경 너머 그대 눈빛≫을 내어 전주 상공회의소 5층에서 출판기념회를 했습니다. 언젠가 잠깐 전길중 출판기념회 이야기한 바 있습니다. 이윤재가 제1회 동양문학 신인문학상 수필 부문에 당선되었습니다. 그 때 이윤재는 군산 우체국 사거리에서 약국을 했습니다. 얼마 후 보니까 약국도 없어지고 여자 약사도 보이지 않았습니다. '97년도 내가 옥구읍장으로 나갔을 때 그 읍사무소 뒤 교회 보조목사가 되어 있었습니다. 이윤재의 근황이 궁금합니다.

시인 박정만이 서울 관악구 봉천동에서 42세의 나이로 사망했습니다. 정읍에서 태어난 박정만은 전주고와 경희대를 졸업했습니다. 박정만은 1968년 서울신문 신춘문예에 〈겨울 속의 봄 이야기〉로 당선합니다. ≪잠자는 돌≫ ≪맹꽁이는 언제 우는가?≫ ≪서러운 땅, 저 쓰라린 세월≫ 등 8권의 시집을 냈습니다. ≪너는 바람으로 나는 갈잎으로≫라는 수필집과 두 권의 동화집도 냈습니다.

그는 '80년도 중앙일보에 연재됐던 한수산의 ≪욕망의 거리≫ 필화사건에 연루됩니다. 그리고 중앙정보부에 끌려가 당한 고문 후유증으로 간경화에 걸립니다. 가난과 병마에 시달렸던 그는 봉천동 산동네 사글세방에서 소주를 마시며 하늘나라로 비상하는 많은 서정시를 쏟아내다 쓰러져 죽었습니다. 3개월 전 소기섭 시인 사망이후 박정만의 죽음은 또다시 나에게 큰 충격을 죽었습니다. 충격들은 다음해 봄 내가 우울증을 앓는 요인들이 되었습니다.

박정만이 죽어간 그 10월에 첫 시집 ≪지푸라기의 노래≫를 펴낸 송희철 출판기념회가 전주관광호텔에서 열렸습니다. 구상 시인이 축사를 했습니다. 모인 사람들은 문학과 인생을 이야기하며 기분 좋게 취할 수 있었습니다.

'85년 여름 내가 ≪시문학≫으로 등단한 얼마 후였습니다. 문서계장의 안내로 사무실 응접의자에 자리를 한 선비 같은 신사가 나를 찾았습니다. 인사를 나눈 사람은 도청에서 문서검열을 온 송희철 사무관이었습니다. 시인이 귀하던 시절 전라북도 산하 공무원 중 송희철, 다음 내가 등단을 했었습니다. 부안 출신인 그는 이미 1950년대 중반 고창군청에 근무하면서 모양촌이란 문학회를 만들어 송사리宋思里란 필명으로 시작 활동을 하였습니다. 그는 내가 시인이 되었을 때 나에게 축전을 보내 주었습니다. 글로써 이미 알고 있었지만 그렇게 송희철 선배를 처음 만났습니다.

우리가 처음 만난 얼마 후 송희철 시인은 가정과 직장 문제로 어려움을 겪었습니다. 이 일로 국립공원관리공단 지리산 관리소장으로 자리를 옮겼습니다. 탄탄한 시력을 가진 송희철이 지리산에 머물면서 〈지푸라기의 노래〉, 〈떠돌이의 말〉 등 68편의 작품을 모아 첫 시집을 묶었습니다. 그리고 그 날 출판기념회를 했습니다.

지리산에서 몇 년을 지낸 송희철은 다시 백양사로 갑니다. 백양사에 있을 때 내가 보낸, 나의 아버님 유고집 ≪이 매화도 해마다 봄이 오면 피는데≫를 받고 내게 편지를 보내 왔습니다.

"요즘 여기는 봄철 산불예방으로 정신이 없을 지경이요. 꽃구경 오는 사람도 많이 늘어나고 해서 바쁘기는 하지만 항상 마음에 드는 사람은 어찌 오지 않나 하고 기다려지오. 한 번 놀러 오시오' ('92. 4. 3 백양사에서 송희철).

이 편지를 받고 얼마 후 백양사에서 변산 국립공원 관리소장으로 자리를 옮깁니다. "산에서 살다가 여기 변산반도 바닷가에 와 보니, 밀려왔다 밀려가는 저 파도를 바라보며 날마다 감사하고 있는 중이오. 한 동안 바다 시詩를 쓸 것 같으오. 몸과 마음 함께 건강하시오"('92. 11. 22 변산에서 송희철').

변산에서 얼마를 근무했던 그는 정년 가까이에서 직장을 떠납니다. 지리산으로 떠나 백양사 변산으로 자리를 옮기면서 5년여 동안…… 산과 바다를 아우르는 세월을 보냈습니다. 그리고 제2시집 ≪지리산에 무릎 꿇고 머리 수그리고≫를 펴냈습니다. 이 시집은 수난으로 점철된 쓰라리고 가슴 아픈 슬픈 민족사를 형상화합니다. 현대를 사는 우리가 산(역사) 앞에 어떤 자세에 임해야 하는가를 노래하고 있습니다.

직장을 그만두고 다시 시집 ≪지리산≫을 낸 얼마 후 나는 송희철을 만났습니다. 산과 바다에서 지낸 5년이 어떠했느냐고 물은 적이 있었습니다. 그는 내게 진솔하게 말해주었습니다. 남들은 산과 바다로 떠난 5년 동안 신선처럼 사는 것으로 착각들하고 있는데, 너무 외롭고 쓸쓸한 세월이었다고 말해 주었습니다. 정말 보고 싶은 사람은 와 주지 않고 마음에 안 찬 사람이나 찾아와서 심란하게 했던 세월이기도 했다 말했습니다.

그는 전북문인협회 시분과 위원장을 했었습니다. 그의 일상은 선비생활로 일관했습니다. 그러면서 많은 세월이 흘렀습니다. 송희철 선배는 70이 넘었습니다. 작년 봄 그는 자식들을 따라 일산으로 이사를 갔습니다. 그는 편지를 보내왔습니다. '순리대로 아이들 곁으로 가기로 했습니다. 머지않아 이 세상을 떠나갈 것, 가기 전의 이별연습이라 생각을 합니다.' 나는 편지를 받고 눈물을 흘렸습니다. 이 글을 쓰면서 송희철 선배가 건강히 오래 사시면서 좋은 시를 계속 쓰시길 빕니다.

예쁜이! 강근호 군산시장이 수감 중인 상태에서 2005년 1월 22일자로 정기인사를 단행했습니다. 어수선한 분위기에서 단행된 이날 인사에서 김재홍, 김형근, 김현철, 문금식 씨 등이 나처럼 공로연수에 들어갔습니다. 강민규, 문형천이 국장 보임을 받았습니다. 많은 사람들이 진급을 해서 나갔습니다.

어제는 지난 월명동장 시절 부녀회원들이었던 김택례, 김종님, 채인숙 씨 등과 함께 함라산 등산을 다녀왔습니다. 2년 6개월 동안에 월명동 부녀회원들은 내게 많은 도움을 주었습니다. 내가 동장을 그만두고 떠나올 때 환대해서 나를 보내주었습니다. 지난 번 형진이 결혼 때도 잊지 않고 참석을 해주었습니다. 늘 받기만 해서 마음먹고 산행이나 하자고 1주일 전에 내가 제의하여 이루어졌습니다.

오후 2시 영화동 삿갓다방 앞에서 우리는 만났습니다. 나의 차를 타고 숭림사를 지나 산 앞에 다다랐습니다. 나는 세 번째이고 그들은 함라산이 첫 등산이었습니다. 산에 올랐습니다. 강과 바다 들녘이 한눈에 내려다보였습니다. 금강에 걸려 있는 두 개의 큰 다리와 겨울 주택들이 다소곳이 눈을 맞으며 잠자고 있었습니다. 사납지도 평이하지도 않는 산길을 가고 오기에 두 시간이 걸렸습니다. 어둠을 머금고 내리는 눈발은 산사람들의 마음을 희고 다숩게 했습니다. 숭림사 가는 눈길을 다시 돌아 도회지로 돌아왔습니다. 희락에서 소주 3병을 곁들여 저녁식사를 했습니다. 저녁을 먹은 후 2차를 갔습니다. 맥주 일곱 병을 마시면서 술보다 많은 정담을 했습니다. 우리들의 정담을 어둠과 불빛 그리고 눈발이 어우러진 거리에서 마감하고 헤어졌습니다.

(2005. 1. 20)

330

전두환 전前대통령 백담사로

예쁜이! '88년 11월이 왔습니다. 노태우 대통령이 호주, 말레지아, 인도네시아, 브루나이 등 4개국 순방 중에 헌정사상 처음으로 국회청문회가 열렸습니다. '88년 11월 5일 아침 TV를 통하여 전날 있었던 5공 비리청문회에서 부산 출신 노무현, 옥구 출신 김봉욱 의원이 질문하는 모습을 처음 보았습니다. 김봉욱이 안경을 돌리면서 질문하는 모습을 보면서 청문회가 이런 것이구나! 했습니다.

전두환을 중심으로 노태우, 정호용 등 신 군부가 쿠데타 모의를 합니다. 육군 참모총장 정승화를 불법 연행합니다. 충직한 보좌관이 이를 제지하다 사살됩니다. 신 군부가 계엄령을 선포하고 김대중을 연행하면서 광주민주화운동이 터집니다. 군이 진압을 합니다. 광주시민들은 시민군을 조직하여 전남도청을 접수합니다. 공

수여단이 광주시내로 들어옵니다. 무자비한 진압을 합니다. 잡아간 김대중을 빨갱이로 조작하여 사형언도를 합니다.

언론을 통폐합합니다. 전두환에 밉보여 양정모의 국제그룹이 도산합니다. 도산된 회사들을 종자돈을 주어 마음에 든 사람들에게 나누어줍니다. 전두환이 대통령에서 물러난 후 국정자문위원장직을 유지하기 위하여 일해재단을 만듭니다. 이를 위한 자금을 불법조성합니다. 전두환의 처 이순자가 만든 새 세대 육영회와 친인척 비리를 밝혀냅니다.

11월 한 달 내내 역사적인 사건들이 밝혀지는 청문회가 진행되면서 전두환의 형 전기환, 사촌형 전순환과 전우환, 처남 이창석, 동서 홍순두, 동생의 처남 황홍식과 김승웅 등이 줄줄이 구속됩니다. 얼마 전 동생 전경환, 그리고 장인 이규광 씨도 구속되었습니다.

국민들은 청문회 속에 빠져들었습니다. 우리들은 동사무소 캐비닛 위에 흑백 TV를 올려놓고 근무시간에도 연일 청문회를 지켜보았습니다. 국민들의 분노는 하늘을 찔렀고 날마다 대학생 5,000여 명이 전두환 체포를 위해 연희동에 진입하여 경찰은 최루탄을 쏘아댔습니다.

'88년 11월 23일 아침 9시 30분 전두환 씨는 연희동 집 거실에서 초췌한 얼굴로 TV 카메라 앞에 섰습니다. 그는 국민에게 고개숙여 사죄했습니다. 재임 중 과오를 깊이 반성하고 전 재산을 국가에 헌납하겠다고 말했습니다. 광주비극의 책임이 자신에게 있다고 말했습니다.

하지만 재산도피는 한 적이 없다고 말했습니다. 이제 강원도 산사로 떠나 국민의 심판을 기다리겠다고 말했습니다. 화면이 바뀌었습니다. 연희동 전 대통의 집 첫 눈이 내리는 소나무 정원 계단을 거쳐 노타이를 한 전두환 뒤를 따라 잠바를 입은 이순자가 초라하게 문을 빠져나갔습니다. 몇 사람들이 눈물을 흘리며 주인을 보내고 있었습니다.

청와대를 물러난 지 9개월 만에 백담사로 떠나가는 전직 대통령을 보면서 권력의 무상을 느꼈습니다. 이승만과 박정희 그리고 전두환 정권 십수 년 세월 동안 독재에 찌들고 길들여졌던 국민들의 감성으로는 놀라운 일이었을 것입니다. 그 때 내 나이 43세……. 민주화로 가는 현대사의 한 굽이를 보면서 많은 생각을 했답니다.

큰 사건은 영웅과 추락하는 사람을 함께 만듭니다. 노무현, 이인재, 김동주, 조세형 의원 등 청문회 스타를 탄생시켰습니다. 전주 출신 손주항 의원은 장세동 증인을 향하여 감정을 삭이지 못한 채 '당신은 악마야!' 등 한풀이 질문만 퍼부었지 논리적 공격을 펴지 못하여 많은 사람들을 실망시켰습니다. 한때 민주투사였던 손주항 의원이 5공 청문회에서 실패한 것이 원인이 되어 뒷날 불운한 정치인으로 추락했다고 지금도 그를 아끼는 많은 사람들이 아쉬워하고 있답니다.

허문도, 허삼수, 허화평 3허의 괴변을 의원들이 제압하지를 못해 TV를 지켜보는 국민들을 답답하게 했습니다. 하지만 단 한 사람 논리적으로 허문도를 시원히 눌러준 사람은 김제 출신으로 서울에서 당선된 조세형 의원이었습니다. 손주항에 실망했던 전라북도 사람들은 그의 질문에 매우 만족해 했습니다. 매사에 임자가 따로 있는 법입니다.

일해재단 청문회에서 정주영 현대건설 회장은 '조금 주는 것이 마음 편해서 어쩔 수 없이 주었다.'고 답변하여 많은 사람들의 공감을 얻었습니다. 청문회 내내 우직스러울 만큼 전두환 전 대통령에게 충성심을 보인 장세동은 미워하는 사람도 많았지만 동정하는 사람도 많았습니다. 의리의 사나이로 비쳐져서 많은 여성들의 마음을 사로잡았다고도 합니다.

반대로 주영복 전 국방부 장관은 의원들 질문에 동문서답이거나 어수룩한 답변으로 일관하여 국민들의 비웃음을 샀습니다. 삼학동 가게마다 청문회 TV를 켜 놓고 삼삼오오 지켜보던 거리 모습이 눈에 선합니다. 아! 벌써 17년의 세월이 흘러갔습니다.

예쁜이! 지난주 국정원은 정수장학회 강제헌납과 경향신문 강제매각사건, 동백림 간첩단 사건, 1, 2차 인혁당 및 민청학련 사건, 김대중 납치사건, 김형욱 전 중앙정보부장 실종사건, KAL 858기 폭파 사건, 남한조선노동당 중부지역당사건 등 과거사 7대 의혹사건을 재조사하겠다고 밝혔습니다.

헌법재판소는 자의입적과 호주의 정의 그리고 처의 부가입적 등 호주제를 규정한 민법 조항에 대해 헌법불합치 결정을 내렸습니다. 이는 국회에 계류 중인 호주제 폐지를 위한 민법개정안 통과에 탄력을 받게 됐다 합니다. 유림들의 많은 반발을 봅니다. 서구화해 가는 시대상을 보면서 뭔가를 잃어버린 듯한 그런 생각이 든답니다.

서울행정법원이 새만금 사업을 민관위원회를 구성해 용도와 개발 범위를 먼저 결정하고 환경평가를 거친 뒤 사업을 실시하라고 주문함에 따라 14년을 끌어온 공사가 다시 표류할 것으로 보입니다.

다음 주는 설날입니다. 아내는 설날에 내려올 형진이와 소연이(며느리) 그리고 송일이를 기다리며 설빔을 준비하고 있습니다. 직장에 나가지 않으며 첫 설날을 맞이하면서 나는 너무 쓸쓸한 세월을 보내고 있습니다. 아! 세월이란 이런 것이군요.

(2005. 2. 5)

331

나의 숙부 최정순 씨

예쁜이! 청문회 속에 빠져 있던 '88년 11월 신풍초등학교 5학년 3반이었던 형진이가 전라북도 교육청에서 실시하는 초등학교 컴퓨터학력평가에 학교 대표로 참가하여 최우수상을 받았습니다. 대회 참가하던 날 아침 나와 아내가 형진이를 데리고 시민문화회관 앞 광장으로 갔습니다. 막 컴퓨터가 보급되던 시절이라 지프차 속에다 학교 실습용 컴퓨터를 싣고 오신 담임선생님이 형진이를 데리고 전주로 갔던 생각이 납니다. 그가 상 타는 사진이 재학 중엔 물론 졸업한 얼마 후까지 학교 복도에 걸려 있어서 아내와 내가 기뻐했던 생각이 납니다.

허소라가 시집 ≪겨울나무≫ 그리고 최정주가 소설 ≪술래의 시간≫을 펴냈습니다. 돌아가신 아버님이 좋아하셨던 임실군 삼계면 출신 극작가 김영곤 씨가 63세를 일기로 별세했습니다. 언젠가 이야기한 대로 김영곤 씨는 왕비열전 등 많은 사극을 썼던 작가였습니다. 동요 작가 윤극영 씨가 85세를 일기로 별세했습니다. 6·25 이후 한때 군산에서 운수업을 하기도 했던 윤극영 씨는 '반달' '까치 까치 설날은' '고드름' '따오기' '꼬부랑 할머니' 등 한국 동요사에 주옥같은 많은 작품을 남겼습니다.

정읍 사촌 여동생 애란이 결혼식을 '88년 11월 20일 일요일 팔마재 결혼회관에서 했습니다. 고모님 그리고 철이 내외가 서울에서 내려와 나운동 주공아파트 우리 집에서 잤습니다. 아침 일찍 경장동 면이 식구들이 집으로 와서 식사를 함께했습니다. 예식장으로 출발하기 전 아내에게 "오늘 옷 어떻게 입지?" 했더니, 아내가 "양복 입어야지요!" 라고 하는 이야기를 고모님이 들으시고 참 좋아하셨습니다. 서울 고모님은 평범한 이야기 속에서 따스함을 생각해낸 것 같아요.

결혼식장과 식당을 내가 예약해두었습니다. 주례는 고향 선배인 양운섭 교수에게 부탁해 두었습니다. 지금은 고인이 되었지만 양 교수는 군산대학교에서 경제학을 가르치며 도서관장도 역임하고 있었던 시절이었습니다. 조촐했지만 결혼식은 원만히 치러졌습니다. 식당에서는 나와 면이가 손님들을 안내했습니다. 그런데 식당 주인은 정읍에서 가져온 소주를 내놓지 못하게 했습니다. 작은아버님과 상의하였더니 두말없이 식당 소주를 쓰도록 하라하여 기분 상하지 않게 손님 대접을 잘 끝냈습니다.

나의 작은아버님 최정순 씨는 나보다 20살이 위인 1925년생입니다. 800석쯤 하는 적성면 최 부잣집 아들로 태어난 작은아버님은 다른 형제들과 같이 서울 유학을 했으나 공부에는 별 관심이 없는 도련님이었습니다. 유년 시절을 별 어려움 없이 보내고 결혼을 해서 가장이 되고 한마을에 분가를 했습니다.

그 분이 20세 때 해방 그리고 25세 때 6·25 전쟁이 터졌습니다. 해방은 토지개혁으로 최 부잣집 재산이 줄어들었습니다. 전쟁으로 많은 군인들이 죽었습니다. 작은아버님은 군대를 가지 않았습니다. 옆집 가동아재는 군대에 갔다가 첫 휴가를 와서 복귀하지 않아 버렸습니다. 한 마을에 몇 사람의 기피자가 있었던 그런 시절이었습니다.

작은아버님은 늘 산에 숨어 살았고 작은어머님은 밤낮으로 산속 은신처에 몰래몰래 식사를 날랐습니다. 순경들이 작은집에 들려 늘 우리 집을 왔습니다. 집에서는 그들의 술대접을 했습니다. 우리 집 도장에 작은 아버님이 숨어 있었습니다. 할머니와 마을 아주머니들이 마루에서 길쌈을 했습니다. 어머니와 작은어머님은 닭을 잡고 술상을 차렸습니다. 거나한 순경들과 아버님은 마당에서 노래를 하고 춤을 추었습니다. 어린 나이로도 아버님의 억지 춤을 알 수 있었습니다.

명절이 오면 아버님은 돼지고기를 사다가 대나무 이파리로 쌌습니다. 이 선물용 돼지고기를 할머니를 통해 지서 순경들 집으로 돌렸습니다. 할머니는 나를 데리고 다녔습니다. 일제시대에 쓰던 아버님 명암 뒤에 몇 자 적혀 있는 아버님의 글씨는 참 명필이었습니다.

작은아버님의 그런 세월은 내가 초등학교 때부터 시작되어 중학교 다닐 때까지 계속되었습니다. 나중에는 당국이 잡는 시늉을 하며 적당한 거래를 하였습니다. 중학교 1학년 때인가 학교가 끝나서 걸어서 집으로 오는데 차부에 깡패가 웅성거렸습니다. 이상한 예감으로 집에 왔습니다.

그 날 밤 고모님도 오셔서 가족들 모두가 놀고 있는데 뒤란에서 쫓기는 발자국 소리가 났습니다. 작은방에서 숨어 있던 작은아버님이 뒷문으로 튀어달아나 울타리 감나무를 타고 지붕 위로 올라가다 잡혔습니다. 작은 아버님을 잡아간 사람들은 중간에서 스스로 아버님 만나기를 청했습니다. 아버님이 돈을 챙겨 나가 그들을 면소재지 술집에서 만나 잘 타협이 되어 몇 시간 내에 풀려났습니다. 나중에 알게 되었지만 순창 본서 직원은 하나고 나머지는 내가 낮에 보았던 순창읍내 깡패들이었습니다.

그런 일들이 옆집 가동아재와 작은아버님 순으로 연중행사처럼 정기적으로 발생했습니다. 그러니 본인은 물론 작은어머님의 고생은 이루 말할 수 없었습니다. 그렇게 고통스러운 세월 속에서 집안 형편은 어려웠고 조카들은 학교에 가야 했습니다. 그러면서 작은아버님이 택할 수 있었던 것이 이사가는 일이었습니다. 조상이 물려준 쌍용골과 집 앞 논 등을 팔아 정주읍 상리 원상동으로 이사를 했습니다.

정읍으로 이사를 한 후 살림을 작은어머님이 할 수밖에 없었습니다. 재식이가 뇌염에 걸렸습니다. 그를 치료하러 남원에 다니며 많은 돈을 썼습니다. 만식이가 조금 비뚤어진 일도 있었습니다. 그래저래 늘 궁핍했습니다.

내가 고등학교 1학년 때 여름이었습니다. 작은아버님이 집에 오셨습니다. 작은아버님은 우리 집 방천 일을 2주일 정도 하셨습니다. 일이 끝나고 정읍으로 가시기 전 보리를 좀 주었으면 하는 표시를 부모님께 했습니다. 하지만 아버님은 못들은 채 했습니다. 조금은 쓸쓸히 돌아가시는 작은아버님을 보면서 우리들은 아버님이 너무 야속했습니다.

하지만 작은아버님은 당신의 형님과 형수를 늘 부모처럼 모셨습니다. 정읍으로 이사하기 전 임동마을, 삼방 아재가 면의원 선거에 떨어졌습니다. 그 아재는 아버님 지지가 없어서 떨어진 것으로 판단하였습니다. 그리고 청년 몇 사람과 집으로 쫓아와서 아버님께 행패 부리자 작은아버님은 몽둥이를 들고 그들 앞에 서서 용감히 대응했습니다. 조카들은 아버님을 위해 목숨을 거는 모습의 작은아버님을 지금도 잊지 않고 있습니다. 우리 형제들은 아버님보다 작은아버님을 따르면서 크고 작은 일들을 상의하기도 했습니다.

내가 40세인 '85년이 작은아버님 회갑이었습니다. 회갑 전후하여 재식이와 만식이를 결혼시켰습니다. 그 때서야 작은아버님은 집안 살림에 관심을 가졌습니다. 집 공터에다 방을 만들어 세놓고 조그마한 회사에 다니며 사무를 보기도하고 녹각을 팔기도 했습니다.

군산에서 애란이를 결혼시킨 다음 해인 '89년 막내 민정이가 도청에서 치른 9급 보건직 시험에 합격을 했습니다. 너무 좋은 작은아버님은 민정이를 데리고 조상 묘에 참배를 하였을 정도였습니다. 자식 둘을 결혼시키고 막내 민정이가 정읍군청에 다니자 모처럼 허리를 펴는 듯했습니다. 하지만 작은아버님은 풍을 맞았습니다.

풍을 맞아 전주 원대한방병원에 입원해 계시는 작은아버님을 문병하고 오면서 나는 많은 생각을 했습니다. 작은아버님이 나를 데리고 맨처음 초등학교 입학식에 갔습니다. 한 번은 적성강에 조개를 잡으러 갔는데 내가 조개를 전연 잡지 못한 걸 알고 나에게 조개를 던져 주었습니다. 눈앞에 떨어진 물 속의 조개를 아무리 찾아도 찾지 못하자, 작은아버님이 낭패해 하던 얼굴이 지금도 가끔 떠올랐습니다.

작은아버님과 가동아재 그리고 관전리 고숙 3인이 짜고 구미 고숙을 술집으로 오시도록 했답니다. 여자 불러 거창하게 마시고 3인이 도망쳐 와버렸습니다. 술값 대신 잡힌 신세가 된 구미 고숙 이야기가 우리 집 가사에 전해 내려옵니다. 기획은 작은아버님이 행동책은 가동아재였을 것입니다.

아랫마을 건짐이 아짐 집에 불이 났는데 쏜살같이 지붕에 올라가 낫으로 걷어내어 불길을 잡아서 어린 우리들의 선망이 되었습니다. 일꾼들이 만들이를 끝내고 저녁어스름 소를 타고 노래를 하며 집으로 옵니다. 집에 와서도 노래와 춤을 춥니다. 작은아버님은 칼춤을 잘 추었습니다.

휴전 이후 마을 상공에 가끔 헬리콥터가 떴습니다. 헬리콥터에서 숨어 있는 공비들 자수를 권하는 삐라를 뿌렸습니다. 이 삐라가 풀리지 않고 뭉텅이로 논두렁에 떨어졌는데 이걸 작은아버님이 주웠습니다. 많은 사람들이 이 삐라를 작은아버님 집에서 얻어다가 도배를 하기도 했답니다.

어렸을 때부터 축구를 좋아했던 작은아버님은 전주까지 실업팀 축구구경을 보러 오시기도 했습니다. 가수 김연자를 무척 좋아하셨습니다. 김대중 씨가 대통령에 출마할 때마다 내게 전화를 걸어 그를 찍도록 당부를 했습니다. 언젠가 추석날 순창에 갔다가 차례와 성묘를 함께 하고 작은아버님을 모시고 군산에 왔습니다. 차중에서 많은 이야기를 나눴습니다. '내 앞에 큰 감 안 놓으면 세상 큰 탈 없을 것이다.' 지금도 귀에 쟁쟁합니다.

풍을 맞은 지 2년 후인 '91년 9월 24일 추석날 작은아버님은 66세 나이로 저 세상으로 가셨습니다. 고향 부모님 묘역 옆에 작은아버님은 잠들어 계십니다. 뒤에 작은어머님이 돌아가시면 쓸 가묘도 함께 나란히 해 놓았습니다. 다음주 아이들과 함께 고향에 성묘가면 작은아버님 묘소도 들리려 합니다.

예쁜이! 지난 설날(2005년 2월 8일)에는 생애 처음으로 아이들과 며느리(소연)와 함께 보냈습니다. 아이들과 며느리에게 절을 받고 세뱃돈을 주면서 가정의 행복이 무엇인지 알 것 같았습니다. 아이들과 고스톱을 쳐서 아내가 딴 돈으로 노래방에 갔습니다. 집사람과 아이들이 노래를 하고 춤을 췄습니다. 나도 박자 안 맞는 노래를 하고 며느리와 함께 춤을 추었습니다. 행복한 시간들이었습니다.

설 다음날 북한 외무성은 6자회담 참가의 무기한 연기와 핵무기 보유선언을 했습니다. 한국, 미국, 일본, 중국, 소련 등 당사자국은 물론 세계를 들끓게 하고 있습니다. 미국과 북한 사이 우리 정부가 묘한 입장에 있는 듯합니다. 얼마 전 비료 50만 톤을 북한에 제공하려던 계획도 미국의 눈치를 보아야 하나 봅니다. 남북관계가 잘 풀렸으면 합니다.

(2005. 2. 12)

332

1988년은 저물어 갔습니다

예쁜이! '88년 12월이 왔습니다. 전두환 전 대통령을 백담사로 보낸 후 국민들은 허탈감에 빠졌습니다. 미운 사람을 버리고 나면 처연함과 연민의 정 그리고 말할 수 없는 혼돈에 빠지는 것이 인간사입니다

노태우 대통령은 민심수습을 위한 개각을 단행했습니다. 이헌재 총리가 물러나고 그 후임에 강영훈을 임명했습니다. 부총리 겸 경제기획원 장관에 조순, 외무부 장관에 최호중, 내무부 장관에 이한동, 재무부 장관에 이규성, 법무부 장관에 허형구, 국방부 장관에 이상훈을 그리고 안기부장에 박세직을 새로 임명했습니다.

50세의 고건을 서울 시장에 임명했습니다. 고건이가 서울시장에 임명되자 군산 사람들의 감회는 남달랐습니다. 지난 4·26선거

에서 예상을 깨고 현역 여당 의원 고건이 채영석에게 떨어졌습니다. 평민당의 황색 바람이라 합니다. 고건의 낙선을 고건을 찍은 사람이나 채영석을 찍은 사람이나 함께 가슴아파했습니다.

중앙초등학교 합동유세에서 채영석은 말했습니다. 내가 떨어지면 나는 금강 하구둑으로 갈 것이고 만일 내가 국회의원에 당선되면 고건은 장관이 될 것입니다. 그러니 군산 시민은 채영석 국회의원과 고건 장관 둘을 함께 가져 달라고 호소를 했습니다. 채영석의 예견과 호소처럼 채영석이 국회원에 당선된 지 8개월 만에 고건은 장관보다 더 힘 있는 서울 시장이 되었습니다. 군산시민들은 고건의 서울시장 임명에 기뻐하면서도 채영석의 정치적 감각에 고개를 끄덕일 수밖에 없었습니다.

개각 며칠 후 민정당 총재인 노태우 대통령은 당 대표에 박준규, 총장 이종찬, 정책의장 이승윤으로 당직 개편도 단행했습니다.

채규판이 시문학상을 수상했고 김학이 전북문학상을 받았습니다. 평교사로 봉직하면서 야간 중등학교를 열어 어려운 청소년들을 가르치는 공로가 인정받아 군산상고 정연택 선생이 전북대상을 수상했습니다.

군산의 화가 노방환이 서울 제3미술관에서 개인전을 열었습니다. 노방환은 군산대학에서 미술 강의를 하다가 얼마 후 자리를 옮겨 서해전문대학 교수로 재직했습니다. 그 때 전주 정 갤러리에서 그의 네 번째 개인전시회를 했었고 나는 오픈식에 참석했었습니다. 그의 그림들은 종교적 연작시를 연상케 하는 작품들이었습니다. 어둠에서 밝음을 갈구하는 신앙의 목소리가 전시회장을 진동했던 느낌을 글로 써서 신문에 발표한 일이 있습니다. 그 노방환이 지금은 나와 같은 아파트에 살면서 군산미술협회 회장직도 맡아 한답니다.

군산상고 출신 해태 타이거즈의 김성한이 '88 시즌 홈런 30과 타점 89, 그리고 승점 17 등의 눈부신 실적으로 그 해 홈런왕과 MVP 그리고 골든글러브상을 휩쓸었습니다. 김성한은 군산 사람들의 작은 영웅이었습니다. 100년 만에 한 명쯤이나 그 같은 야구선수가 군산에서 태어날 수 있을지 모른다고 많은 사람들이 이야기하고 있습니다.

'88년은 우리 역사에 많은 것을 남겼습니다. 노태우 대통령 취임은 헌정사상 처음 평화적 정권교체입니다. 미천한 민주주의 역사를 가지고 우리나라처럼 평화적 정권교체를 이룬 나라도 드물다 합니다. 시민들의 높은 지성과 민주주의 의식의 뒷받침 없이는 할 수 없는 일입니다. 단군 이래 처음 세계인이 함께한 올림픽을 치렀습니다. 전직 대통령이 백담사에 유배되고 그의 일가 6명이 구속되었습니다. 김인식 시장이 취임한 지 반년이 지났습니다. 내가 삼학동 사무장으로 나간 지 일년 반이 지나고 있었습니다

'88년 12월 31일 이날 시청 회의실에서 있었던 종무식에 동장

과 함께 참석하고 사무실에 돌아왔습니다. 총무 모한종이 망년회 준비를 해 놓고 기다리고 있었습니다. 김상두, 한동연, 송금자, 이길자, 김양순, 신명옥 등 통장 부녀회원들이 참석했습니다. 김응원 씨 그리고 삼학약국 손 약사도 참석했습니다.

황영세 동장이 인사말을 했습니다. 김영화, 엄기명에게 시장 표창을 전수하여 분위기를 잘 잡았습니다. 동사무실 망년회가 있는 줄 알고 관내 모 음식점에서 회를 몇 접시 보내왔습니다. 꽃바구니처럼 아름다운 회 접시가 망년회 분위기를 해맑게 했습니다.

모두의 잔에는 술이 따라졌고 잔을 하늘로 올렸습니다. 동장은 "우리 모두의 건강과 삼학동 발전을 위하여"를 선창했습니다. 모두는 함께 외쳤습니다. 17년 전 그 날 망년회 때 찍은 사진이 집에 있습니다. 동사무실에서 직원들과 부녀회원들이 어울려 춤추는 모습을 사진 속에서 봅니다. 참 먼 날의 이야기 같습니다.

예쁜이! 지난 토요일(2005년 2월 19일) 우리 부부는 형진이 신혼집에 갔다가 일요일 돌아왔습니다. 날씨가 좀 풀리면 가야지 하고 미루다 보니 결혼시킨 지 두 달이나 넘어버렸습니다. 아이들이 사서 보낸 차표로 난생 처음 고속전철을 타고 올라갔습니다.

익산에서 탄 기차가 천안을 지나서부터 광명시까지 시속 300km 속력으로 달려갔습니다. 어느 외국의 국제공항 같은 광명 신 역사를 빠져나가자 형진이가 기다리고 있었습니다. 형진이 차로 아파트에 도착하자 며느리가 정갈하게 상을 차려 놓고 기다리고 있었습니다. 서울서 내려온 송일이도 함께 기다리고 있었습니다.

난생 처음 큰아들 전세 아파트에서 며느리가 준비한 식사를 가족 모두가 함께 했습니다. 아이들이 따라 주는 포도주를 마시면서 많은 생각을 했습니다. 남남이 만나 부부가 되고 가족이 되어 사회의 일원이 되는 것을 생각했습니다. 이것은 하나의 질서입니다. 가정을 갖는 것은 하나의 인격일 수 있습니다.

형진이가 가정을 만들고 가졌듯이 송일이도 그렇게 되어 하나의 인격을 갖길 빌었습니다. 단칸방에 거실 하납니다. 우리 부부가 거실에서 자려 했으나 아들 며느리의 강권에 의해 방에서 자게 되어 참 미안한 생각이 들었습니다. 서울에 올라가서 자고 내려온 송일이와 온 가족이 함께 아침을 함께하며 가정이 주는 행복을 생각했습니다.

(2005. 2. 21)

333
군산 산업기지 건설 기공식

예쁜이! '89년 새해가 밝아 왔습니다. 대통령령 제12,257호에 의거 1989년 1월 1일 자로 옥구군 미성읍이 군산시로 편입되어 미성동으로 개칭되었습니다. 산업기지개발에 따른 복잡한 민원을 일원화하기 위해서였습니다. 시에서는 시무식이 끝나고 미성동에 나가 대대적인 환영행사를 했지만 동에서는 참석하지 않았습니다.

한국문인협회는 제28차 정기총회를 열고 새 이사장에 조병화, 부이사장에 황명, 구인환, 김시철, 원종성, 김해성 등을 선출했습니다. 이리 박항식 시인이 향년 72세로 별세했습니다. 이응로 화백이 파리에서 별세했습니다. 향년 85세였습니다.

군산문학 제4집이 나왔습니다. 말이 4집이지 실지로는 제2집입니다. 문예진흥기금 문제도 있고 하여 편의상 제4집으로 했습니다. 특집 '채만식 문학을 돌아보며'에 고헌, 홍석영, 이병훈, 임명진, 박환용 등의 글을 실었습니다.

이주환, 이병훈, 김봉렬, 박순호, 이복웅, 이시연, 최영, 전길중, 김정수, 양병호, 황의춘, 주봉구, 박만식 등의 시를 실었습니다. 김기경, 이윤재의 수필과 임명진의 소설을 실었습니다. 출판비 마련을 위해 사무국장 임명진 교수가 많은 어려움을 겪었습니다. 이 때부터 시작해서 군산문학은 매년 1회씩 발간해오고 있습니다. 며칠 전에 나온 2004 군산 문학이 제20집으로 나왔습니다.

정주영 현대그룹 명예회장이 소련상공회의소장 초청으로 소련을 방문했습니다. 그것은 경이로운 것이었습니다. 소련을 다녀온 정 회장이 이번에는 허담의 초청으로 북한을 방문하여 세상을 놀라게 했습니다. 대한민국 경제인으로 처음 북한을 방문한 정주영은 9일 동안을 머물렀습니다. 그는 육로로 가서 헬리콥터로 하늘에서 금강산을 내려다보았습니다.

그는 40여년 만에 그의 고향 통천을 방문하였습니다. 그는 '금강산 개발' '소련에서 가스를 개발하여 북한을 경유해 남한으로 내려오는 유전 공사를 함께 하자'는 두 개의 프로젝트를 합의 하고 돌아왔습니다. 그 때서야 그가 얼마 전 소련을 가서 가스유전공사 문제를 합의했으리라는 추측이 가능해졌습니다. 허황하고 꿈같은 일들이었습니다. 정주영이가 봉이 김선달 같다고 말했습니다.

정주영이 북한을 방문하고 돌아온 때를 전후하여 시청은 긴장 속에 있었습니다. 군산 산업기지 기공식 준비를 했기 때문이었습니다. 내가 공직을 시작한 지 16년 만에 두 번째 대통령을 모신 행사였습니다. 그러나 시청은 할 일이 많았겠지만 동에서는 행사장에 참가할 사람 명단을 뽑아 보고하고 아침마다 거리 청소한 것이 다였습니다. 행사에 참가할 사람들의 신원조회가 끝나고 목에 건 참가증이 나왔습니다. 삼학동에 버스 한 대도 배정되었습니다.

'89년 2월 20일 오전 노태우 대통령은 전라북도 연초순시차 도청에 들렀습니다. 도청에서 업무보고를 받고 오찬을 한 후 오후에 군장산업기지 기공식에 참석하도록 되어 있었습니다.

삼학동 주민 30여 명을 실은 차는 소룡동 수전 앞을 지나 한국유리 못 미쳐서 줄을 섰습니다. 정보요원들이 올라와 명단과 우리가 목에 건 참가증을 대조했습니다. 대조가 끝나자 다시 차는 저유소를 지나 임시주차장에 세웠습니다. 장항 서천에서 사람을 싣고 온 충남 버스들도 있었습니다. 우리들은 검색 대를 지나 행사장으로 들어갔습니다. 듬성듬성 경호원들이 안내를 했습니다. 경호를 염두에 둔 듯 동장과 사무장은 앞 의자에 배치되어 있었습니다. 의자에는 식순과 대통령 치사 그리고 빵과 우유가 들어 있었습니다.

시간이 되자 김인식 군산시장의 안내를 받아 노태우 대통령이 입장을 했습니다. 김식 농수산부장관, 박승 건설부장관, 강현욱 지사가 수행을 했습니다. 대통령은 단상에 오르기 전에 앞에 앉아 있는 일반 참석인들과 악수를 해오고 있었습니다. 건장한 체구의 노태우 대통령이 다가왔습니다. 대통령이 내민 손을 잡았습니다. 대통령과 첫 악수였습니다. 뒷날 백수였던 노무현 씨와 은파에서 악수했던 기억이 있지만 현직 대통령과의 악수할 기회는 앞으로도 별로 오지 않을 것입니다.

대통령이 단상에 오르자 식은 시작되었습니다. 경과보고 후 바로 대통령이 치사를 읽었습니다. 대통령은 '오늘 착공되는 군산 산업기지 조성 공사를 시작으로 신항건설과 새만금 간척공사 등이 기공하면서 서해안 시대가 열린다고' 선언을 했습니다. 노 대통령의 치사를 지금도 가지고 있지만 당시 군산시민들은 많이도 가슴 설레었습니다. 치사가 끝났습니다. 대통령과 귀빈들이 기공을 알리는 스위치를 눌렀습니다. 다섯, 넷, 셋, 둘, 하나, 누르세요!. 저 멀리 언덕에서 굉음과 함께 오색 연기가 피어올랐습니다.

이렇게 공사는 시작되었습니다. 이 때부터 시작하여 6년 동안 내초도와 오식도 앞 바다를 막아 우선 2백7만 평의 땅덩어리를 만들었습니다. 그곳에 100만 평의 대우 자동차 공장과 부속 공장 그리고 여러 회사들이 들어섰습니다.

그 후 2차로 1991년부터 시작하여 내년(2006)까지 480만 평의 새 땅을 만들어내는 공사가 진행되고 있습니다. 이 공사가 끝나면 장항 쪽으로 다시 470만 평의 땅을 만들어낸다 합니다.

이런 것들이 새만금 꼭짓점 신시도와 맞물리면서 어마어마한 땅덩어리가 형성됩니다. 그리고 고군산 열도를 국제적인 해상관광단지로 만들어 낸다 합니다. 하구둑에서 시작해서 신시도로 다시 새만금을 따라 부안까지 60킬로 해상 관광도로를 만든다 합니다. 세계에서 제일 긴 연안도로라 합니다. 이렇게 되면 군산은 십수 년 동안 부르짖어왔던 서해안시대의 중심의 꽃으로 피어날 것도 같답니다. 하지만 환경단체들의 반발과 시대변화에 따른 기업을 어떻게 수용하고 소화할지를 고민해야할 것입니다.

지금도 생각납니다. 취임 1주년을 며칠 앞두고 노태우 대통령이 기공식을 하러 군산에 왔던 시절 그때 대통령을 '물태우'라고 부르기 시작했었을 때였습니다. 행사 끝나고 동사무소 앞 식당에서 통장 몇 사람과 삼겹살을 곁들여 소주를 마셨습니다. 통장들이 물태우 대통령하고 악수한 손은 가문의 영광이니 씻지 말라하여 유쾌하게 웃으면서 술맛을 돋웠던 시절이 엊그제 같습니다.

예쁜이! 어느새 2005년 2월이 가려 합니다. 이 연재를 쓰고 아내를 돕습니다. 가능하면 하루도 빠지지 않고 산행을 합니다. 문인들을 만납니다. 그런 대로 많은 시간의 공포에서 벗어나서 살고 있습니다.

(2005. 2. 28)

334

노 대통령 '중간 평가 무기한 연기' 선언하다

예쁜이! 군장광역산업기지 기공식 하루 전인 '89년 2월 19일은 일요일이었습니다. 이날 오후 원불교 전주교구당에서 열린 최형 시집 ≪푸른 겨울≫ 출판기념회에 다녀왔습니다. 작가협회가 주관했던 이날 행사는 서울에서 내려온 이시형 시인이 축사를 했습니다. 젊은 김용택 시인이 최형 선생의 정렬적인 작품 활동을 찬양하며 '요사이 나이 좀 들면 원로인 체하고 폼재고 앉아서 도통 시를 쓰지 않는 것이 문제다.'는 요지의 인사말을 했습니다. 많은 문인들이 자리를 빠져나간것을 보았습니다.

임권택 감독의 영화 '아제, 아제 바라아제'가 제27회 대종상 최우수작품상을 받았습니다. 한참 인기 좋았던 주말 연속극 '토지'에서 군산 출신 김성한이 관수 역을 맡았습니다. '손자병법'과 사도세자의 주검을 다룬 '하늘아, 하늘아' 그리고 '전원일기' 등이 TV

인기 프로였습니다. '이상구 박사의 건강강좌'도 그 시절 인기프로였습니다. 이상구 박사는 육류를 피하고 채소류 식단을 권했습니다. 육식은 돈 버리고 건강 버리는 행위라고 했습니다. 좋은 채소류, 물, 공기, 가벼운 운동을 강조했습니다.

배고픈 시절을 한풀이하듯 80년대 말 많은 고기들을 먹었습니다. 채소류를 먹어야할 시대적 상황이 왔는지 모른다, 그런 생각을 해봅니다. 아내는 이상구 박사가 그렇게도 강조한 감자와 된장국을 식탁에 매일 올려놓던 시절이 생각납니다.

강상원 부지사가 행정심판 심의관으로 자리를 옮겨 공석이었던 전라북도 부지사에 전주시장 육종진 씨가 그리고 후임 전주 시장에는 이상칠 민정당 중앙연수원장이 임명되었습니다.

백악관 파들이 그랜드 파 박 모씨를 칼로 찔러 중상을 입혔습니다. 이에 격분한 그랜드 파들은 백악관 파 채 모군을 칼로 찔러 숨지게 한 사건이 백주에 장미동 두꺼비당구장 앞 노상에서 벌어져서 시민들을 놀라게 했습니다.

히로이또 일본 왕이 87세로 사망했었습니다. 히로이또는 군국주의 일본이 대동아전쟁을 일으키게 한 장본인이었습니다. 그는 살아있는 신이었습니다. 히로시마에 원자폭탄이 투하되었던 며칠 후 1945년 8월 15일 천왕 히로이또는 떨리는 목소리로 항복을 선언합니다. 그의 목소리는 제2차 세계대전 종식을 예고하는 순간이었습니다. 그렇게 한국은 해방이 되었습니다. 하지만 남북분단의 시작이었습니다. 일본 정부는 40일간의 국장 기간을 거쳐 그의 장례를 치르기로 했습니다.

히로이또 조문을 위해 일본에 왔던 미국대통령 아버지 부시가 중국을 다녀서 '89년 2월 27일 한국에 왔습니다. 청와대 한·미정상회담에서 '한반도 안보협력 증진 강화와 양국 간 통상마찰 해소에 노력할 것'을 합의했습니다. 그는 국회로 가서 '주한미군 감축계획이 없다.'는 요지의 연설을 했습니다. 5시간 15분 동안 머물다가 부시는 한국을 떠나갔습니다.

부시가 한국에 왔다가기 며칠 전 노태우 대통령은 민정당 당직자회의에서 '중간 평가를 언제라도 실시할 수 있도록 준비하라.'고 지시를 합니다. 5공 청문회로 꼬일 대로 꼬인 정국은 야3당에게 질질 끌려가면서 민심 또한 질질 끌려갔습니다. 이를 수습하기 위해 정부가 할 수 있는 일이 대선공약으로 내새웠던 재신임 국민투표라는 카드를 쓸 수밖에 없었는지 모릅니다. 4월초 중간평가를 위한 준비작업을 서둘렀습니다.

하지만 정작 중간평가를 부르짖어왔던 야당이 당황하게 되었습니다. 국민투표에서 이길 수 없다는 민심을 잘 알기 때문이었을 것입니다. 야3당 총재들이 만나서 중간평가 조기실시를 반대한다는 결의를 합니다.

노태우 대통령은 야3당 총재를 따로따로 만났습니다. 김영삼이 '특검제를 도입하여 광주만행과 5공 비리를 완전히 캐낸 후에', 김종필 총재는 '악법철폐와 민생관련법을 대폭 강화한 후', 김대중은 '업적 없는 중간평가는 무의미하다는 것'으로라는 논리를 폈습니다. 세 사람은 연기를 하되 자기 당 주도로 하자는 것이었습니다. 노태우는 느긋한 듯 보였고 야 3당의 기 싸움은 치열했습니다. 김영삼과 김대중 기 싸움은 더했습니다. 대통령과 상대 당 총재 간의 '밀약설'로 야 3당은 서로를 공격했습니다. 김영삼이 노태우와 만나서 1시간 15분 동안 있다 오면, 김종필과 김대중도 같은 시간만큼 회담을 끝내 주어야 했습니다.

'88년 2, 3월 내내 재신임 국민투표 소용돌이 속에 있었습니다. 민심은 중간평가 유보 쪽으로 가닥을 잡는 듯했습니다. 노태우 대통령 입장에서도 찬·반 간에 국민투표 이후 정국 운영에 많은 부담을 가질 수밖에 없었겠지요. 야당 뜻을 받아들이면서 국민투표를 하지 않는 것이 정치적 부담이 적다고 판단했을지 모릅니다.

이 때 돌연 김용갑 총무처장관이 사표를 내던집니다. 자기 사표로 탄력을 받아 국민투표를 강행하라는 강한 메시지를 던진 것입니다. 민감한 시기에 한 보수파 장관의 사표는 나름대로 상당한 파열음을 주었습니다.

'89년 3월 20일 노태우 대통령은 '중간평가를 무기한 연기한다.'는 특별담화를 발표했습니다. 말이 무기한 연기이지 실시하지 않겠다는 것을 국민들은 잘 알고 있었습니다. 삼학동 사무소에서 대통령담화 발표를 TV를 통해 지켜보았던 우리들은 환호했습니다. 마음의 준비를 하고 있던 국민투표 선거사무에서 해방이 되었기 때문이었겠죠.

예쁜이! 내리는 눈 속에 봄은 오고 있습니다. 함라산과 숭림산을 자주 다닙니다. 충청도 청양에 있는 백월산도 다녀왔습니다. 산의 정상에 서서 세월의 강을 봅니다. 추억의 강 속엔 얼음조각처럼 흘러가는 우리들 사랑의 상처가 가슴을 너무 아리게 합니다.

(2005. 3. 5)

335
문익환 목사 평양 방문

예쁜이! 노태우 대통령 중간평가 무기 연기 선언 5일 만인 '89년 3월 25일 북한 김일성 주석의 초청을 받은 문익환 목사가 일본, 북경을 거쳐서 평양을 전격 방문했습니다.

평양 순환공항에 내린 문 목사는 '1948년 4월 김구 선생이 남북 동족들이 피로써 피를 씻는 참담한 비극을 방지해 보고자 모든 방해와 곤란을 무릅쓰고 휴전선을 넘은 지 41년이 지난 오늘 김구 선생이 걸은 같은 길을 걷기 위해 평양 땅을 밟게 되어 감회가 깊다.

오래 전부터 평양을 방문하여 존경하는 김일성 주석과 만나, 서로 흉금을 털어놓고 진정으로 민족의 미래에 관한 기탄없는 대화를 염원했었다. 그러던 차에 1989년 정월 김일성 주석의 초청으로 이 자리에 왔다. 어떠한 형태의 권력이나 권위를 배경으로 하고 서 김일성 주석을 만나는 것은 아니다.

김구 선생은 통일의 비원을 이루지 못하고 동족의 총탄에 쓰러져 가셨지만 우리는 이제 그 뼈아픈 실패를 결코 되풀이할 수 없다. 하늘을 우러러 한 점 부끄럼 없는 민족의 사랑으로 일제시대 때 옥 중에서 목숨을 잃은 윤동주는 저의 죽마고우이다.

우리 민족의 지상과제는 통일이며 아무런 조건 없이 어떠한 형태의 것이든 통일이면 선이라고 절규하면서 독재자의 손에 암살당한 장준하는 나의 둘도 없는 마음의 벗이다.

우리는 이제 하늘을 우러러 한 점 부끄럼 없기를 바랐던 윤동주와 모든 통일을 선이라고 외쳤던 장준하와 같은 마음으로 김일성 주석 동지를 만나고자 한다.' 라는 요지의 도착 성명을 발표했습니다.

국민들은 놀랐습니다. 언론은 일요일의 충격이라고 썼습니다. 노태우를 항상 도당이라 칭했던 그가 '존경해온 김일성 주석, 독재자의 손에 암살당한 장준하, 어떠한 통일이든 선' 등의 발언은 그 시대 일반 국민의 정서로서는 도저히 받아들이기 어려운 것들이었습니다.

그는 김일성을 세 번이나 만났습니다. 김일성과의 오찬장에 전에 입북한 것으로 알려진 소설가 황석영이도 함께 참석하여 세상을 놀라게 했습니다. 그는 김일성과 회담에서 남북통일 방안, 정치와 군사 그리고 경제회담, 노태우 대통령, 김대중, 김영삼 등 정치지도자들의 북한 방문에 대해 논의했다고 전해져 오고 있었습니다.

문익환 방북은 여야 간에 이상 난기류가 형성되었습니다. 늘 사상을 의심받았던 김대중 평민당 총재의 처신에 어려움이 많았습니다. 문익환 목사 불법 입국을 규탄하는 궐기대회가 대대적으로 서울에서 열렸습니다. 전라북도 자유총연맹 주관으로 전주시청 광장에서도 열렸습니다.

대검공안합동수사본부는 2백여 개의 재야단체를 수사했습니다. 문익환과 전민련 공동의장인 이부영을 구속했습니다. 이재오, 장기표, 김근태, 백락천, 이영희 등을 연행해갔습니다. 미국 언론에서는 한국의 쿠데타 설이 보도되기도 했습니다.

문익환은 북한에 10일 동안 있었습니다. 그는 판문점을 통해 돌아오려 했지만 북한 허담의 반대로 그리하지 못했다 합니다. 허담도 남북관계를 고려했을 것입니다. 물론 남한 당국도 허가하지 않았겠지만 말입니다. 그는 일본으로 돌아왔습니다. 그리고 그의 방북이 국내외에 엄청난 파문을 일으키고 있다는 것을 알고 있었습니다. 귀국하면 구속할 것에 대비해 마음의 준비를 하려는 듯 8일 동안을 일본에서 머뭇거립니다.

문 목사가 귀국하던 날 연세대에서 전민련 등 재야단체가 하려던 대대적인 환영행사를 경찰이 원천봉쇄합니다. 김포공항은 삼엄한 경비에 들어갔습니다. '89년 4월 13일 상오 문익환이 김포공항에 내립니다. 공안 합동수사본부 요원들은 그를 구속합니다.

'울고 넘는 박달재'를 불렀던 가수 박재홍이 65세로 그리고 언론인 송지영 씨가 74세를 일기로 각각 저 세상 사람이 되었습니다. 전북문인협회는 최진성 지부장 후임에 허소라 씨를 그리고 부지부장에 김남곤, 윤갑철, 김학 등을 선출했습니다. 간사에 소재호를 선출했습니다.

4월 28일 시청 회의실에서 군산시 의료보험조합 운영위원회 총회를 열어 초대 대표이사에 신동소 씨를 선출했습니다. 이사에 정찬수, 고석강, 문무송, 고대식, 최중엽 씨를 그리고 감사에 신종희, 이충효 씨를 선출했습니다.

시청 김석정, 황현택, 송대근, 변태산, 최성호 등이 사표를 내고 의료보험조합 과장과 계장 등으로 전출이 되었습니다. 의료보험조합 태동은 복지사회로 가는 첫걸음이었습니다. 군산시 사회과 의료보장계에서 의료보험조합 만드는 작업을 했습니다. 얼마 후에 나는 그 자리로 전입이 됩니다.

예쁜이! 금년(2005) 새해 벽두에 고이즈미 일본총리는 신사참배를 했습니다. 얼마 후 시마네 현縣 의회가 '다께시마 날' 제정조례안을 상정한 가운데 서울 한복판에서 다까노 도시유끼 주한 일본대사가 '독도는 일본 땅' 이라는 망언을 했습니다. 거기다가 일본 교과서 왜곡까지 겹쳐져서 반일 감정은 극에 달하고 있습니다.

오는 수요일(2005년 3월 16일) 시네마 현 의회에서 통과될 것으로 보이는 '다께시마 날' 조례안 의결을 앞두고 정부와 국회는 강경한 대응에 나섰습니다. 민간단체들과 일반시민들이 일본 만행규탄에 나섰습니다. 급기야 일본 정부는 다까노 도시유끼 주한 일본 대사를 소환했습니다. 일본이 어떠한 대책을 내놓을지 궁금합니다.

어제(3월13일)는 한마음산악회를 따라 아내와 함께 장수 백운산을 다녀왔습니다. 봄이라고 생각했는데 차가운 눈보라 속에 산은 꽁꽁 얼어 있었습니다. 한벌뿐인 아이젠을 아내와 한 짝씩 나눠 신고 미끄러운 눈길을 간신히 걸어 해발 1,278m의 백운산 정상에 올랐습니다. 등정의 기쁨보다 하산이 걱정되었습니다. 아, 큰일이구나! 하는 생각이 들 정도의 응달의 빙판길을 내려오며 아내와 나는 몇 번을 넘어졌습니다. 햇볕이 들어오는 젖은 흙 길은 속이 아직 얼어있었습니다. 아내와 나의 아래옷은 흙 장아찌가 되었습니다. 하산 지점은 경남 함양군이었습니다. 고행을 견디어준 아내가 고마웠습니다.

(2005. 3. 14)

336

이방자 여사의 주검은 우리를 슬프게 하였습니다

예쁜이! '89년 5월이 왔습니다. 그 해 5월 1일 전주시에 완산, 덕진 구청이 새로 생겨 문을 열었습니다. 조선의 마지막 황태자비 이방자 여사가 88세를 일기로 한 많은 생을 마감하여 우리들을 슬프게 했습니다.

이방자 여사는 1901년 일본 황족의 딸로 태어납니다. 황족의 딸 미사코는 귀족만이 누릴 수 있는 최고의 신교육을 받으며 사춘기에 접어듭니다. 그의 뛰어난 미모와 재능 때문에 당시 히로이또 황태자비 최종 후보까지 오르기도 했다 합니다. 1920년 일본은 그녀를 인질로 끌려가 있던 조선의 마지막 황태자 이은과 정략적인 결혼을 시킵니다. 이방자가 19세 이은이 22세였습니다.

조선의 왕세자 이은은 1907년 이토히또부미[伊藤博文]에 의해 일본에 끌려가서 일본의 육군사관학교와 육군대학을 졸업하고 대동아 전쟁을 누비며 육군 중장에까지 오릅니다.

'45년 8월 15일 일본은 항복을 합니다. 그로 인해 한국은 남북으로 갈라집니다. 한국의 신헌법에 의해 이은은 왕족신분을 상실하고 무국적 상태가 됩니다. 라이벌 의식을 갖은 이승만의 냉대가 그를 방치한 요인도 됩니다. 이은 왕 부부는 이승만이 물러간 이후 1963년 한국 국적을 취득하고 귀국을 합니다.

귀국한 이은은 뇌혈전증에 시달리다 1970년 74세를 일기로 생을 마감합니다. 왕비 이방자는 영친왕 기념사업회와 자혜학교 그리고 명혜학교 등을 운영하다가 저 세상으로 갔습니다.

영친왕 이은과 이방자 사이에 진과 구 두 아들을 두었으나 진은 일찍 죽고 구가 상주였습니다. 역사의 제물이 되어 한 많은 세상을 살았던 이국의 슬픈 왕비는 홍유릉에 먼저 간 남편 곁에 합장됩니다.

나는 이 글을 쓰며(2005년) 이구 씨 근황을 알아보기 위해 한겨레 신문을 검색해 보았습니다. 살아 있는 이구는 한국과 일본을 오가며 대한제국 황손자격으로 종묘제례의 초헌관을 맡고 있다고 적혀 있습니다. 그는 일본 왕족으로부터 생활비 지원을 받는 것으로 알려지고 있다 합니다.

'89년 5월을 전후하여 안내양 없는 고속버스가 운행되기 시작했습니다. 서울에서 지방을 운행하는 고속버스를 타면 안내양은 손님들에게 차와 과자를 대접합니다. 고속도로의 거리, 공사비, 주변 도시 역사 문화를 설명합니다. 미니스커트를 걸친 늘씬한 안내양은 고속버스 속의 꽃이었습니다. 꽃들의 상냥한 서비스에 빠지다 어느새 종점에 도착합니다.

안내양들은 총각 승객들의 가슴을 설레게 했습니다. 그 안내양이 없어지기 시작했습니다. 자가용의 증가로 고속버스 경영이 힘들어지는 시대로 진입하기 때문이었겠지요. 오라이! 오라이! 하던 군산 시내버스 조수도 얼마 후에 없어지기 시작했습니다.

우미자가 그의 첫 시집 ≪무거워라 우리들 사랑≫을 펴냈습니다. 박영희가 수필문학 5월호를 통하여 등단했습니다. 나의 근무지 삼학동에 살았던 장화자가 〈살풀이춤〉 〈벽을 향해 부는 바람〉 〈만남을 위한 서곡〉 등의 작품으로 시와의식 신인상에 당선되어 시인이 되었습니다. 군산 거주 여류의 첫 시인 탄생이었을 것입니다.

전라도 출신 김해성 교수가 시 전문지 월간 ≪한국시≫를 창간했습니다. 시인 양산시대로 가는 새로운 출발이었습니다. 안도현이 그의 제2시집 ≪모닥불≫을 펴냈습니다. 한대석과 박성옥이 제2회 전북수필문학상을 수상했습니다.

'89년 5월 18일자로 나는 삼학동 사무장에서 본청 의료보장 계장으로 발령이 되었습니다. 본청 전입을 전후하여 나는 심한 우울증에 시달린 슬픈 시절이었습니다. 남들은 나의 영전을 축하해 주었지만 나는 세상이 온통 쓰레기처럼 보였습니다. 스스로 건강이 의심스러워 병원을 수없이 들락거렸고 그러한 나로 인해 아내는 많이도 지쳐 있던 시절이었습니다.

내가 우울증을 앓았던 시절 북경엔 계엄령이 선포되었습니다. 등소평의 개혁개방정책으로 자본주의 물결이 스며들기 시작했습니다. 하지만 그에 상응하여 정치적 민주화 욕망이 나타날 수밖에 없는 것이었습니다.

당시 급진개혁주의자로 학생들의 추앙을 받던 당 전前총서기 호요방이 사망하자 북경대학을 중심으로 호요방을 찬양하고 보수파를 비난하는 대자보가 붙기 시작하였습니다. 그의 장례식을 전후하여 수십만의 학생과 시민이 참석하여 민주화를 요구하는 시위를 했습니다.

당황한 등소평은 개혁파인 당 총서기 조자양을 축출합니다. 이는 민주화를 갈망하는 중국의 청년들의 분노를 폭발시켰습니다. 북경, 상해, 심양, 장춘, 장사에서 민주화를 외쳐댔습니다. '89년 5월 20일 중국은 북경 일원에 계엄령을 선포하였습니다. 하지만 100만여 명의 성난 시민과 학생들이 천안문으로 몰려왔고 계엄군은 무력진압을 강행했습니다. 이 과정에서 1,400여 명의 사망자와 1만여 명의 부상자가 발생하였습니다. 그리고 그들의 민주화는 지하로 숨어들어 많은 세월이 흘렀습니다.

천안문 사태는 이제 16년의 세월이 흘렀습니다. 당시 미온적으로 대처했다는 이유로 실각한 후 가택연금 상태에 있었던 전 총서기 조자양이 지난 1월 사망했습니다. 세계인들은 숨어 있던 중국의 민주화가 살아날 것인가에 관심이 집중되었습니다. 하지만 당국의 감시 속에서 비공개로 그의 장례식이 치러졌다는 소식을 듣고 있습니다.

예쁜이! 우리 정부는 지난 화요일(2005년 3월 15일) 개성공단에 전력을 공급하기 시작했습니다. 북한이 지난 1948년 남쪽에 대한 전기를 일방적으로 끊은 뒤 57년 만에 역으로 공급하게 되었습니다.

지난 수요일(2005년 3월 16일) 일본 시마네현 의회가 '다케시마 날' 조례 안을 끝내 가결시켰습니다. 한일 관계가 급속히 냉각될 전망입니다.

어제는 아내의 56회의 생일날이었습니다. 송일이는 바빠서 못 온다하여 축의금만 보내오고 형진이와 소연이가 함께 내려왔습니다. 아이들과 함께 군산 아구집에서 저녁식사를 했습니다. 이성당에 가서 케이크를 사서 자르고 아이들은 생일축하 노래를 불러 주었습니다. 축하금도 내놓았습니다. 가족의 소중함을 생각합니다.

(2005. 3. 17)

337
의료보장계장으로 전출

예쁜이! 지난번에 이야기했듯이 나는 '89년 5월 18일자로 의료보장계장으로 발령을 받았습니다. 회의실에서 김인식 시장에게 사령장을 받았습니다. 이로써 나름대로 최선을 다했던 2년간의 삼학동 사무장 생활을 마쳤습니다.

나는 성문용 사회과장에게 사령장을 제시하고 인사를 했습니다. 그 전에 상공과에서 계장으로 모신 바 있었던 성문용 씨는 과장이 되어 있었습니다. 김인식 시장, 김영철 부시장, 채우철 사회환경국장, 성문용 과장이, 수직적인 상사였습니다. 조성근 사회계장과 김영태 노정계장 그리고 의료보장계장인 내가 수평적으로 포진되어 과를 운영합니다.

2년 전 내가 삼학동에 갔을 때 전임 사무장이었던 이희천 씨가 의료보장계장이었다가 내가 가자 지정계장으로 갔습니다. 삼학동 나의 후임 사무장은 최완신 씨였습니다.

의료보장계는 박영덕, 황길선이 계원이었습니다. 그 때 막 출범했던 지역의료보험조합의 지원과 군산의료원, 개정병원 등 시내 대소 병원들이 처리한 영세민과 국가유공자들의 의료비를 지급해주는 업무가 주였습니다. 국가의 돈을 주면 지도감독을 하겠지요.

의료보장계장으로 취임한 지 3주쯤 지난 '89년 6월 3일 이란회교공화국의 창건자로 아랍 속의 최고 실권자인 아야툴라 호메니옹이 88세를 일기로 서거하였습니다.

지난번 개신교 문익환 목사 북한 방문 충격이 잊혀지기도 전에 이번에는 문규현 신부가 평양을 방문했다는 소식이 전해왔습니다. 천주교 전주교구청 소속으로 미국에서 유학 중인 문규현 신부가 '89년 6월 5일 평양 순환공항에 내렸습니다. 문 신부는 도착 성명에서 '통일의 염원을 김일성 주석에게 전달하기 위해서 왔다.'고 밝혔다고 외신은 전하고 있었습니다. 문규현 신부는 평양의 한 성당에서 미사를 집전했습니다. 같은 시간 남한의 천주교 정의구현 전국사제단은 임진각에서 통일염원 미사를 가졌습니다.

'89년 6월 13일 소련을 방문하고 미국에 들린 민주당 김영삼 총재가 숙소에서 기자회견을 열어 지난 6월 6일 모스크바의 김총재 숙소인 돔퓨류에모프 영빈관 307호실에서 북한의 조국평화통일위원회 위원장 허담과 비밀회담을 가졌다고 밝혀 세상을 놀라게 했습니다.

이 회담은 김 총재측에서 김상현 부총재, 황병태 정책심의위원장, 박관용 국회통일특위위원장 그리고 북한 측에서는 허담 조국평화통일위원회위원장, 전금철 부위원장, 안병수 서기국장이 참석했다고 설명했습니다.

김영삼 총재는 노 대통령과 김일성 주석 간의 정상회담 촉구, 남북대화 창구 단일화 등을 제의했고, 북한측은 문익환 목사 등 용공인사 석방, 각 정당 사회단체 교류, 다음달에 북한에서 열릴 청소년 축제에 남측의 참석과 김영삼 방북을 요구했다고 말했습니다.

김 총재의 방소 준비차 모스크바에 먼저 도착한 민주당 정재문 의원과 북한 대사관의 윤영택 참사관과의 접촉으로 이뤄졌다고 밝혔습니다. 회담 전후 관계를 정부에 연락했으며 정재문 의원이 김 총재보다 먼저 미국에 가서 미국측에도 사전에 설명한 것으로 밝혔습니다.

야당 총재인 김영삼이 미수교국인 소련을 방문한 것도 이례적인 일이었지만 북한의 대남 총책인 허담과의 회담은 국민을 놀라게 했습니다. 소련에서 미국으로 건너갔다가 돌아오는 비행기에서 기세등등한 김영삼은 '이제 우리나라엔 전쟁이 없다.'고 거드름을 피웠습니다. 그는 귀국 후 청와대에 가서 노태우에게 소련 방문 결과를 설명하는 과정을 거쳤습니다.

얼마 후 이제는 서경원 밀입북사건이 터집니다. '89년 6월 27일 안기부는 서경원 의원을 전격 구속합니다. 서경원은 4년 전 부르셀 세계농민대회에 참석했다가 독일의 반한 인사와 접촉하여 평양 방문을 부탁합니다. 그리고 '88년 4월 26일 국회의원으로 당선된 후 같은 해 8월 18일부터 3일간 평양을 방문하여 김일성, 허담과 회담한 것으로 안기부는 밝혔습니다.

그가 평양에 갔다온 지 10개월 만에 구속된 것입니다. 그가 구속되자 평민당은 그를 제명하고 본인은 국회의원직 사표를 제출했습니다. 이렇게 되자 그의 방북을 평민당과 김대중 총재가 알고 있었는지에 대해 관심이 집중됩니다. 김대중 총재가 알았으면 불고지죄가 성립되어 보안법 위반 혐의로 체포할 수 있기 때문입니다. 늘 용공으로 매도당했던 김대중과 평민당은 고민에 빠질 수밖에 없었습니다. 검찰은 김대중 총재를 구인하려 했고 김대중은 옥외집회를 열어 적극 대응했습니다. 소련에 갔다온 김영삼은 기가 살고 김대중은 밀릴 수밖에 없었습니다.

문익환, 문규현, 서경원 방북과 김영삼의 소련 방문으로 국민들은 혼란과 두려움 속에 빠져 있었습니다. 지금 생각하면 그런 것들이 통일로 가는 작은 몸짓일 수 있습니다. 하지만 그 때 국민들은 김일성의 교란작전에 우리가 빠지는 것이 아닌가 하고 우려들을 했습니다. 전대협은 여권이 있는 학생들은 북으로 가라고 외칠 때였습니다. 서경원 방북 사건이 터진 이틀 뒤 또 다시 임수경이 평양 순환공항에 내렸다는 보도를 접합니다.

예쁜이! 군산시는 비응도 쪽에 방폐장 유치를 추진할 것으로 알려졌습니다. 군산은 찬반양론의 소용돌이 속에 빠질 듯 합니다. 내일(2005년 3월 25일)은 전북예술회관에서 화가 하반영河畔影의 미술전이 있다고 초청장이 와서 다녀오려 합니다.

(2005. 3. 24)

338

통일의 꽃 임수경

예쁜이! '89년 6월 30일자 세계 언론에 임수경 평양방문이 대서특필 되었습니다. 국민들은 또다시 큰 충격 속에 빠졌습니다.

남한에서 88올림픽을 성공적으로 개최했습니다. 북한인민들은 허탈해했습니다. 초조해진 북한 당국은 남한의 올림픽에 상응할만한 국제행사로 재미 한국교포 청년 200여 명을 포함하여 세계 각국에서 2만여 명을 초청하여 제13회 세계청년학생축제 평양대회를 준비해왔습니다.

그러면서 북한 학생위원회가 '89년 7월 1일에 열리는 제13회 세계청년학생축제 평양대회에 참가해달라는 초청장을 대한적십자사를 통해 전국대학생대표자협의회에 보내옵니다. 정부는 한때 이를 허용할 듯했습니다. 하지만 문익환, 문규환, 서경원 사건 등으로 국가가 혼란 속에 빠져들자 불허방침을 밝힙니다. 하지만 전대협은 비밀 방북을 추진합니다.

임종석 전대협 의장의 지령을 받은 한국외국어대 용인 캠퍼스 불어과 4년 임수경은 가족들에게 알리지도 않은 채 김포공항을 빠져나가 도쿄, 베를린, 베이징 등으로 비행기를 바꿔 타며 지구를 한 바퀴 돌아 열흘 만에 6월 30일 평양에 도착했습니다.

공항에는 수많은 북한 청년들과 주민들이 임수경을 기다리고 있었습니다. 트랩을 내린 임수경은 거칠 것이 없었습니다. 환호하는 열기 가득했습니다. 호텔로 가는 연도는 막아선 인파로 수없이 차가 멈췄습니다. 임수경의 얼굴을 보려고 손을 잡으려고 달려든 사람들은 광신도들처럼 보였습니다.

세계인의 관심 속에 '세계청소년 학생 축제'는 개막되었습니다. 2주 동안의 축제는 임수경을 꽃으로 만들기 위한 거대한 잔치처럼 보였습니다. 축제 내내 임수경의 언행이 전파를 타고 세계 속으로 나갔습니다.

축제가 끝나는 날 임수경은 남측 전대협 대표 자격으로 북한 학생위원회 위원장과 함께 단상에 올랐습니다. '하나의 조국, 하나의 민족이 타의에 의해 겪어온 45년의 분열은 민족 비극의 45년이었다.'로 시작되는 '남북청년학생 공동선언문'을 낭독했습니다.

낭독이 끝나자 참가자들은 일제히 'korea is one'을 외쳤습니다. 함성은 무더운 평양 하늘과 땅을 더욱 뜨겁게 달구었습니다.

'89년 6월 20일 임수경은 6·25 참전국 16개국을 포함해 5대륙 30여 개국에서 온 평화운동가 300여 명과 함께 1주일간 백두산에서 판문점까지 조국의 평화와 통일을 위한 국제평화 대행진에 오릅니다.

백두산에서 출정식을 가졌습니다. 호주 상원의원 조발렌타인이 대회사를 했습니다. 룩셈부르크 녹색당 대표 샬러의 연설이 있었습니다. 임수경이 출장 선언을 했습니다. 수많은 주민들이 몰려나와 울부짖으며 '조국 통일'을 외쳤습니다. '우리의 소원은 통일'을 합창합니다.

백두산을 출발하여 북으로부터 곳곳을 휘젓고 내려왔습니다. 가는 곳마다 기다리던 주민들이 통일을 울부짖습니다. 순환공항 개선문을 지나 10만 인파가 기다리는 평양군중대회장으로 가는 연도에는 임수경을 얼싸안고 벌이는 눈물과 함성의 바다였습니다. 대회장의 함성과 구호는 섬뜩할 정도였습니다.

다음날 행진단은 평양시 외곽을 돌아 사리원으로 가는 버스에 올라탔습니다. 북한 전역을 온통 통일열기로 빠뜨리면서 남하했습니다. 그리고 백두산을 출발한지 5일 만인 25일 개성에 도착합니다.

개성에서 이틀을 쉽니다. 임수경이 휴전선을 넘어 남으로 가려 한데 대하여 북한당국이 남한측과 협의하는 시간이 필요했을 것입니다. 북한과 임수경은 휴전선을 넘으려 하고 남측에선 받아들일 수 없는 입장이었습니다.

27일 아침 임수경 일행이 휴전선을 향합니다. 그들이 걸어서 선죽교를 지나갈 때 거리는 사람들로 완전히 메워졌습니다. 건물 꼭대기와 남대문 위까지 주민들이 새까맣게 올라붙어 있었습니다. 임수경 행진을 따라 개성 시민들도 함께 휴전선으로 오고 있었습니다. 판문점이 가까워졌습니다.

그 날 오후 1시. 통일각 앞마당에 도착한 행진단은 '한반도 평화통일을 위한 국제평화대회'를 열었습니다. 6·25 참전 16개국 대표들이 공동성명서를 채택한 데 이어 임수경의 고별 연설이 있을 차례였습니다.

그때 얼마 전 북한에 와있던 바로 그 문규현 신부가 도착했습니다. 그는 남쪽의 천주교 정의구현사제단을 대표해 임수경과 함께 판문점을 통해 남쪽으로 귀환하기 위해 왔다 합니다.

고별 연설을 끝낸 임수경과 문규현은 남쪽으로 걸어옵니다. 그들은 남쪽 철문이 열리지 않자 돌아섭니다. 그리고 행진단과 함께 단식 농성에 들어갑니다. 그날 밤 임수경과 문규현이 돌아서는 뒷모습을 TV를 통해 지켜보면서 남한 사람들은 울분과 혼란 속에 빠졌습니다.

임수경은 평양에 돌아가 호텔에 머뭅니다. 그의 행보는 거칠 것이 없었습니다. 본인의 평양행이 어느 정권을 위해서가 아니라 민족통일을 위해서라고 말합니다. 김일성 대학을 방문하였을 때 그들이 컴퓨터를 보여주자 남한에는 일반가정에도 있는 것이라고 하여 북한 당국을 당황하게 합니다. 평양의 많은 젊은이들이 임수경 패션을 입고 다녔습니다. 이렇게 되자 북한 당국도 3국을 통한 귀국을 강요해보지만 임수경의 의지를 꺾지 못합니다.

임수경이 밀입국한 지 한 달반 만인 8월 15일 오후 2시 20분 임수경과 문규현이 손을 꼭 잡고 군사분계선을 넘어옵니다. 그들은 체포됩니다. 그리고 국가보안법 반국가단체의 지령 수수, 잠입 탈출, 찬양고무 협의 등이 적용돼 각각 징역 5년형이 확정된 3년 후인 '92년 말 풀려납니다.

생각해보면 임수경이 북한에 머무르는 동안 북한은 나라 전체가 통일의 열기로 가득하였습니다. 반면 남한 국민들은 허탈감에 빠져 있습니다. 그리고 통일정책이 북한에 밀린다고 답답해했습니다.

북한 사람들은 임수경이 돌아가면 극형에 처해지고 그의 집안은 쑥대밭이 될 것이라 생각했습니다. 그 임수경이 수감된 지 얼마 후에 남북고위회담이 서울에서 열렸습니다. 북한에서 온 기자들이 비밀리에 임수경 집을 방문하였습니다. 그들의 생각과 달리 임수경 아버지는 현직 고위 공무원이었습니다. 임수경 어머니는 북에서 온 손님들에게 냉장고에서 맥주를 꺼내 대접했습니다. 집에도 컴퓨터가 있었습니다. TV를 통해 이를 본 북한 주민들은 놀랐다 합니다.

같은 회담으로 북으로 간 우리 기자들에게 북한의 어린이들은 눈물을 흘리며 '조국통일의 꽃 임수경 언니를 석방해주세요.' 하고 앵무새처럼 조잘거렸습니다. 그 임수경이 3년 만에 석방됩니다. 그는 얼마 후 미국에서 유학하고 결혼하고 아기 엄마가 되어 남북 여성지도자회의 참석을 위해 평양에 갑니다. 이를 지켜보며 북한 사람들은 남한의 인권과 체제의 우월성을 생각할 수밖에 없었을 것입니다.

우리들은 임수경이 북한에 갔을 때 이웃간 어른들 싸움에 한쪽에선 어린애 데려다 장난질한다고 생각했습니다. 그 장난같이 보이는 일이 뒷날 북한에 자유물결이 흘러가게 하고 통일을 앞당기는 일이었다는 생각을 요사이 하게 됩니다.

예쁜이! 저 지난주 토요일(2005년 3월 25일) 전주 전북예술회관에서 열린 하반영 미수米壽전에 참석했습니다. 구상과 비구상을 두루 30여점의 작품을 전시했습니다. 그의 그림들은 미술의 기본에 충실하면서 독특한 자기 경지를 구축한 것으로 보였습니다.

신풍초등학교 동기인 올해 88세의 군장 대학장 이종록 박사가 축사를 했습니다. 많은 원로 화가들이 그의 미술전을 축하해 주었습니다. 며느리 김용옥 시인이 그의 딸 도미와 함께 와서 많은 이야기를 하고 돌아갔습니다. 하반영 화백의 건강과 정신력 그리고 예술혼은 그가 100세가 되도록 그림을 그릴 수 있지 않을까, 그런 생각을 했습니다.

그리고 지난 토요일(2005년 4월 2일) 교황 요한 바오로 2세가 84세를 일기로 서거했습니다. 84, 89년 두 차례 한국을 방한하기도 했던 폴란드 출신의 교황은 재위 27년 동안 인류 평화와 영혼의 구원을 위해 헌신했다 합니다. 오늘은 식목일인데 양양 고성에서 대형 산불이 났습니다. 이 산불로 천년고찰 낙산사가 전소되었습니다. 다음주 화요일(4월 12일) 우리 부부는 필리핀 여행을 떠납니다. 그 날이 나의 회갑 날입니다. 아! 세월의 덧없음에 가슴이 아립니다.

(2005. 4. 5)

339

지난 화요일(2005년 4월 12일)은 나의 회갑이었습니다

예쁜이! '89년 6, 7, 8월은 문익환, 문규현, 임수경, 서경원 방북문제들이 쏟아져 남한 사회는 혼란 속에 빠졌습니다. 당시는 너무 위험스러웠던 일들이었지만 지금 생각하면 그들은 통일로 가는 길을 개척한 선각자들이었습니다. 그런 것들이 거름이 되어 지금 우리가 금강산도 가고 개성공단도 갈 수 있었을 것입니다.

국회의장을 지낸 한솔 이효상 씨가 '89년 6월 18일 86세를 일기로 대구 자택에서 별세했습니다. 그는 경북대학 교수와 학장을 지내고 ≪안경≫ ≪산≫ ≪바다≫ ≪인생≫ 등의 시집을 낸 시인이었습니다. 그는 박정희와 김대중이 붙은 1971년 제7대 대통령 선거 때 전라도 사람들이 똘똘 뭉쳐 김대중을 지지한다고 선동하여 영호남 지역감정을 처음 부추겼습니다. 이를 시점으로 하여 국민정서가 동서로 철저히 갈라졌습니다. 사람이 죽으면 과보다 공을 생각하게 하지만 그의 주검은 우리들의 가슴속 상처를 더욱 덧나게 했습니다.

제15회 전주 대사습놀이에서 군산 출신 김연수가 판소리 명창부문 장원을 하였습니다. 내 첫 시집 ≪개구리≫ 표지화를 그렸던 서양화가 이승우가 시민문화회관에서 세 번째 개인전을 열었습니다. 박양훈이 수필집 ≪간이역≫을 그리고 우한용이 첫 소설집 ≪불바람≫을 펴냈습니다. 정희수가 시대문학을 통하여 시인으로 등단했습니다.

'89년 7월 8일 한국야구위원회는 이사회를 열어 전북프로야구단 창단을 의결했습니다. 1991년부터 공식 레이스에 들어갈 제8구단주를 (주)쌍방울로 지명했습니다. 도민들은 호남을 연고로 한 해태타이거즈가 잘나가고 있었을 때라 전라북도에 새로운 구단을 만드는 것을 반가워하지 않았습니다. 전라북도와 전라남도의 민심을 갈라놓기 위한 정치적 계산으로 받아들였습니다. 꺼림칙한 시작은 끝이 좋지 않는 법입니다. '90년대 초 쌍방울이 쓰러지는 것을 보면서 잘못된 시작은 참 안타까운 것이구나 하는 생각을 했습니다.

정부의 통제가 어려울 정도의 산발적인 북한 방문이 국기가 흔들린다고 판단한 노태우 대통령은 이를 일신하기 위해 '89년 7월

19일자로 안기부장을 비롯한 6개 부처 개각을 단행했습니다. 신임 안기부장에 서동권, 내무 김태호, 건설 권영각, 보사 김종인, 노동 채영철, 정무수석 박철언 등을 새로 임명했습니다. 대통령이 자신의 친척인 박철언의 발탁은 그를 대북 특사 활용을 위한 포석으로 전해지기도 했습니다. 그 개각에 전라북도 사람이 들어 있지 않다하여 전북 푸대접 논이 비등했습니다.

'89년 7월은 그런 세월이었습니다. 아! 그런 세월에 나는 우울증에 빠져 있었습니다. 이를 극복하는 데 아내의 힘이 컸습니다. 아이들이 큰 힘이 되었습니다. 신풍초등학교 6학년 1반이었던 형진이와 같은 학교 3학년 5반이었던 송일이가 1학기말 고사에서 같이 금상을 받아왔습니다. 아이들은 내게 행복을 주었습니다.

그런 세월 속에서 '89년 7월 28일 승객 181명과 승무원 18명 등 199명을 태우고 리비아의 수도 트리폴리공항에 착륙하려던 KAL 803편이 추락하여 70명이 숨졌습니다. 나머지 129명은 대부분 화상으로 인근 병원에 입원을 했습니다.

탑승자들은 대우, 동아, 현대, 공영토건 등 한국근로자 165명이었으며 외국인은 10명 중 7명이 사망한 것으로 밝혀졌습니다. 동아건설 소속으로 리비아로 파견되었던 군산 중동 사람 김종청 씨가 살아있어서 화제가 되었습니다. 그는 40세인 용접공이었습니다.

예쁜이! 지난 화요일(2005년 4월 12일)은 나의 회갑이었습니다. 전 전날 토요일 날이었습니다. 그 날 라대곤 형 따님 결혼식에 참석하고 오니 형진이, 소연이, 송일이가 내려와 있었습니다. 동생 면이 식구를 오도록 하여 함께 저녁을 먹었습니다. 우리는 저녁 후 덕담과 노래를 했습니다. 형진이 내외, 송일이, 동생 내외가 축의금을 마련해 주었습니다. 아버님 회갑이 엊그제 같은데 내가 벌써 회갑이라니 감회가 새로웠습니다. 참 무정한 것이 세월이구나. 생각했습니다.

회갑날 새벽 작은집 형옥이가 우리 내외를 전주 코아백화점 옆 리무진 타는 곳까지 실어다 주었습니다. 새벽길을 달려 인천공항에 도착하여 필리핀을 갔습니다. 3박 4일 필리핀 여행은 1년 6개월 전인 2003년 8월에 갔다온 그대로였습니다. 나는 그때 그대에게 여행기를 써 보냈습니다.

열대의 숲과 과일나무가 긴 평원을 이룬 남쪽나라는 우리를 가슴 설레게 했습니다. 도로변 아줌마들이 진열해 놓은 바나나, 망고, 야자, 파인애플 등 과일들은 탐스럽고 아름다웠습니다.

아내는 망고를 몽땅 사서 호텔 냉장고에 채웠습니다. 하루 저녁에 10개 이상씩을 먹어도 물리지 않았습니다. 12명의 여행객 중에서 가장 나이가 많아 어르신 소리를 들으면서 우리 부부는 나머지 삶을 어떻게 살아야 할 것인가를 생각했습니다. 아름다운 필리핀····기회가 나면 다시 가보고 싶습니다.

여행을 다녀오니 지난해 뇌물수수혐의로 구속 수감돼 2심 재판에 계류 중인 강근호 군산시장이 구속 5개월 만에 사퇴했다 합니다. 2001년 4월 재보선거를 통해 민선 2기와 2002년 6·13 선거에서 제3기 시장으로 선출됐던 강 시장은 젊은 시절 민주투사였습니다. 그는 안기부에 끌려가 받은 고문으로 일생 동안 지팡이를 짚고 다녔습니다. 재임 중 김 시장은 수송택지개발, 외국어고 유치, 군산국제자동차 엑스포, 세계철새축제 등 많은 일을 했습니다. 하지만 아름답지 못하게 떠나가는 그의 뒷모습에 연민의 정을 느낍니다.

어젯밤 78세의 독일 요제프 라칭어 추기경이 요한 바오로 2세의 뒤를 이어 제265대 교황에 선출되었습니다. 새 교황 베네딕토 16세의 선출을 세계인들은 축복하고 있습니다.

(2005. 4. 20)

340

김용태의 망언

예쁜이! '89년 8월이 왔습니다. 그 8월 첫 일요일 군산에서는 우리, 면이, 형순 아재 식구와 순창에선 형님, 모산이 아짐 식구가 버스를 이용해서 지리산 화엄사 입구에서 만났습니다. 내가 건강을 회복하여 좋아하던 면이가 마련한 자리였습니다.

어른 아홉과 아이들 여덟 명 모두 열일곱 명은 지리산을 자주 다녔던 형님의 안내로 좋은 계곡에 자리를 잡았습니다. 계곡엔 햇볕, 바람, 바위, 물, 잎사귀, 푸름, 곤충, 물결과 소리들이 넘치고 있었습니다. 준비해 가지고 간 술과 음식을 들며 오랜만에 긴장들을 풀었습니다.

노래도 하고 사진도 찍었습니다. 좋은 하루였습니다. 제수씨가 바위를 타고 내려오는 목욕을 즐기다가 빠른 물살로 발목을 겯질러 상당히 오랫동안 고생했던 생각이 지금도 떠오릅니다.

군산 문인협회 주부백일장 출신으로 청사초롱문학회 회원이었던 오복순과 이경아가 나란히 김해성이 발행한 한국시에 시인으로 등단하였습니다. 국사학계의 태두 이병도 박사가 93세를 일기로 별세했습니다. 남성 중, 고등학교를 설립했던 이춘기 씨가 85세를 일기로 별세했습니다. 그는 대한민국 평통자문위원장을 지내기도 했습니다.

그 때 전라북도 국회의원은 평민당 일색이었습니다. 여당이었던 전라북도 내 민정당 지구당위원장들이 김용태 예결위원장 내정 자를 찾아가 간담회를 가졌습니다. 위원장들은 전북도가 요구한 1990년도 예산을 충분히 반영해달라고 건의하자 김 예결위원장 내정자는 전남북 지역에 돈을 주면 평민당이 생색을 낼 우려가 있다, 지역 개발사업이 그렇게 필요하면 민정당 소속의원을 좀 뽑아줘야 할 것 아니냐고 푸념했습니다. 그리고 전라북도에서 민정당 국회의원이 많이 나와야 장관이 나올 수 있다고 답했습니다. 예결위원장 내정자의 공식석상의 발언은 전북 도민에게 큰 파문을 몰고왔습니다.

전북도민들의 민심이 발칵 뒤집혔습니다. '89년 8월 13일 오후 '지역차별 김용태 망언 도민 규탄대회'를 열었습니다. 평민당이 주관한 행사였지만 3만여 명이 모였습니다. 현 정권의 부도덕성을 지적하고 김용태 공직사퇴를 강력히 요구했습니다. 야당과 시민단체 간부들이 국회와 민정당을 항의 방문했습니다. 박준규 민정당 대표는 전북도민의 자존심을 파괴하여 유감이라고 사과했습니다. 다급해진 김용태도 전북도민에게 사과했습니다. 김용태 내정자가 교체되면서 유야무야 사태는 가라앉아 갔습니다.

김용태가 한 이야기를 뒤집어 놓고 보면 민정당과 경상도 쪽 속사정을 그대로 이야기한 것일 뿐입니다. 전라도와 경상도 쪽 사람들은 서로가 서로의 양보를 요구해왔습니다. 만나면 번드레한 이야기 해놓고 표 찍을 때는 똘똘 뭉쳐서 상대지역 정당에 찍지 않았습니다. 김용태 발언에 전라도 사람들은 흥분했고 경상도 사람들은 속으로 옳은 말했구나, 했을 것입니다.

지난 2002년 12월 대선에서 전라도 사람들은 경상도 사람 노무현을 지지했습니다. 하지만 지역감정은 상당히 오랜 세월 갈 것입니다. 1,300여 년 전 신라와 백제의 지역감정이 지금도 꺼지지 않고 있습니다. 언젠가 통일이 되면 오래도록 동서, 남북 지역감정으로 재편성되어질 것이란 생각을 하면 몸서리쳐집니다.

'89년 8월 15일 군산시와 자매시인 미국 워싱턴 주 타코마시 시민의 날을 며칠 앞두고 기념행사 참석을 위하여 김영철 부시장이 13명의 방문단을 이끌고 미국으로 떠났습니다. 막 해외여행 자유화가 시작된 후였지만 미국 가기가 어려웠던 시절이었습니다. 타코마 시장 초청장을 가문의 영광으로 알고 미국에 갔던 시절이었습니다. 그들은 돈과 선물 보따리를 싸들고 미국에 갔습니다.

간 사람들에게 '축 장도'라는 봉투들을 주었습니다. 업무 수행차 간 그들이 관광 실컷하고 돌아올 때는 길거리에서 선물 사들고 폼 재고 왔던 시절이었습니다.

'89년 8월 26일자로 임명환 완주군수가 직위해제되었습니다. 직위를 이용해 선산 일을 했다는 투서에 의해서 군수자리에서 물러났습니다. 한때 군산시청 총무과장을 하기도 했던 임명환 군수는 얼마 후 사직을 합니다. 그 얼마 후 민선 완수군수를 지냈습니다.

'89년 8월 28일부터 9월 2일까지 일주일 동안 사회복지 교육을 위해 서울 국립사회복지 연수원에 입교하여 교육을 받았습니다. 조성근 사회계장이 바쁘다하여 성문용 과장의 권유로 대신 가는 교육이었습니다. 조금은 자존심이 상했지만 바람이나 쏘이자는 심정으로 교육을 가기로 했습니다.

군산에서 버스를 타고 강남 터미널에서 내렸습니다. 내려서 지하철을 타러 가는데 앞서 가방을 들고 간 사람이 눈에 띄었습니다. 그 사람은 군산에서도 같은 버스를 타고 왔습니다. 틀림없이 공무원 같은 모습이었습니다. 옥구군 사회계장이구나, 그런 생각이 들었습니다. 지하철역 기차가 도착하기 전에 내가 먼저 말을 걸었습니다. 혹시 옥구군 사회계장입니까? 예, 교육가시죠? 나는 군산시청 의료보장 계장입니다. 서로 인사하고 명함을 주고받았습니다. 그는 권창호 계장이었습니다.

우리는 함께 등록했습니다. 뚝섬 밑에 여관을 잡아 한방을 썼습니다. 시험이 없는 교육이라 부담이 없었습니다. 하루하루 교육을 끝내고 돌아오면 함께 뚝섬에 나가곤 했습니다. 저녁 식사 땐 반주로 소주 두 병을 시켜 마시면서 세상이야기를 했습니다. 사람은 한방에서 생활하면 서로의 성격을 알기 마련입니다. 그는 차분하고 순해 보였습니다. 그의 덕에 심심치 않게 교육을 끝내고 군산에 돌아왔습니다.

둘이 쓴 여관비를 함께 관리했는데 내가 좀 더 냈을 것입니다. 그게 부담스러웠던지 그는 과일을 사서 사양하는 내 손에 쥐어주었습니다. 얼마 후 그는 감사계장으로 갔습니다. 그리고 아들의 결혼 청첩장이 왔습니다. 1995년 군산시와 옥구군이 통합되었습니다. 내가 사회계장일 때 그는 사무관이 되었습니다. 2001년 내가 체육시설관리과장으로 갔을 때 그 자리에 있던 그는 옥구읍장으로 갔습니다. 그는 나보다 3년 전에 퇴직하였습니다. 지금 그는 옥구에서 농사를 지으며 노후 생활을 한가히 보내고 있습니다.

예쁜이! 군산은 꽃 천지입니다. 꽃이 눈발처럼 쏟아집니다. 꽃이 지면서 온통 이파리들이 돋아나고 있었습니다. 녹색 이파리들은 혁명군처럼 일거에 도시와 산하를 점령합니다. 아! 계절의 변화는 너무 빠르면서도 무심한 것인가 봅니다.

(2005. 4. 28)

341
참 부러운 사람이구나

예쁜이! 사회복지 교육에서 돌아와 집에 와 있던 전북일보를 보았더니 그 전에 군산 시청에서 근무했던 하광선 씨가 옥구군수로 그리고 허동일 씨가 정읍군수로 발령이 났습니다.

우편물 중에 권갑석 교장 선생 정년퇴임식 초청장도 와 있었습니다. 9월 3일인가 정확한 날자는 잊었지만 전북대학교부속병원 옆 전일여자중학교에서 갖는 퇴임식에 참석했습니다. 운동장에는 학생과 많은 하객이 모여 있었습니다. 하객 중에는 정년퇴임에 부치는 축시를 쓴 이기반 교수와 설경雪景의 대가 토림 선생도 와 있었습니다. 일찍이 군산시청 현판 글씨를 썼던 여산 권갑석 선생은 '80년대 중반 군산교육장으로 근무했습니다. 나는 중앙초등학교 뒤 그 분의 관사로 글씨 받으러 많이도 다녔습니다.

여산如山 선생은 재임 중에 사회적인 존경과 공직사회의 부러움을 받았습니다. 그는 정년 후에도 붓을 놓지 않았습니다. 그리고 많은 사람들은 묵향대(돈)를 싸들고 그의 글씨를 받으러 전주 풍남 맨션에 모여들었습니다. '96년도 말경 군산시청이 조촌동 신청사로 옮겨갈 때 나는 김길준 시장과 상의하여 그 분에게 '군산시청'이란 글씨를 받아왔습니다. 받아온 글씨를 바탕으로 정문 현판을 제작하고 그 원본은 내가 보관하고 있답니다. 80이 넘은 권갑석 선생은 지금도 글씨를 쓰며 노익장을 자랑하고 있습니다. 정년을 한 달여 앞둔 나는 그가 참 부러운 사람이구나, 그런 생각을 합니다.

강원도 오대산에서 자살한 3명의 시신이 발견되었습니다. 10대인 중앙고 재학 중인 박 모군, 천안 성화신학교 휴학생 진 모군, 20대인 송풍동 사는 전 모씨 등 3명 모두가 군산의 젊은이들이었습니다. 그들은 통일교 신도들이었습니다.

'84년 착공했었던 운암대교가 총사업비 71억 원을 들여 4년 10개월 만에 완공되었습니다. 길이350m, 폭10m, 높이48m 운암대교 완공으로 전주에서 순창 가는 길이 많이 쉬워졌습니다. 전주교대 앞을 지나 임실읍을 거쳐 순창으로 갔던 길을, 이제 전주 교도소 앞을 지나 운암대교를 거쳐 강진을 지나 순창으로 갈 수 있게 되었습니다. 전주를 지나서 가는 산길은 참 아름다웠습니다. 아름다운 산길 속 운암저수지 교각 위로 걸쳐진 대교와 휴게소 주변 경치는 그 때나 지금이나 참 아름답습니다.

'89년 9월 15일 금요일은 추석이었습니다. 추석 전날 비가 와서 아이들을 집에 두고 아내와 면이 내외와 버스를 이용해 순창에 내려갔습니다. 정읍 작은아버님도 오셨습니다. 서울 동생 철이가 자가용을 가지고 와 있었습니다. 이 때는 이미 귀성객들이 자가용을 가지고 시골로 몰려오던 시절이 왔었습니다. 고향 산비탈 솔밭이나 대숲 머리맡엔 자가용들이 숨어서 비를 맞고 있었습니다. 차례 모시고 성묘 후 철이 차를 이용해서 정읍 작은아버님 댁에 들려오기로 했습니다. 정읍 가는 도중 내장산 뒤 깔재에서 작은아버님 모시고 사진을 찍었습니다. 그 때 찍은 빛바랜 사진을 보면 저 세상에 계신 작은아버님 생각이 납니다.

순창을 다녀온 다음 날 오후 추적추적 비가 와서 집에서 쉬고 있었는데 시청 당직실에서 전화가 왔습니다. 시청 유일한 여 과장이었던 전춘옥 씨가 교통사고로 사망했다는 내용이었습니다. 서울에서 추석 쇠러 온 딸과 딸의 애인을 이리역에서 서울 가는 열차를 타도록 남편과 함께 데려다 주다가 변을 당하였습니다. 급히 옷을 챙겨 입고 금동 군산의료원으로 나갔습니다. 현장을 수습했던 성문용 과장이 분주했습니다.

전춘옥 과장은 영안실에 안치되었습니다. 갈비뼈 등을 다친 전 과장의 남편 고석기 옥구군 과장은 병실에 입원해 있었습니다. 불행 중 다행으로 딸과 딸의 애인은 크게 다치지 않았습니다. 운전했던 양楊기사는 구속되었습니다.

추석 며칠 전 연세대 다니는 딸이 애인을 데리고 온다는 연락을 받았다 합니다. 전춘옥 과장은 그들이 올라갈 버스표를 구입했다가, 버스보다 더 안전한 기차표를 어렵게 구했습니다. 남편 고석기 과장이 자가용을 몰 수도 있었지만 안전을 생각하여 평소 알고 지내던 시청을 다니다 퇴직하고 개인택시를 하는 양 기사에게 예약해 두었습니다. 그들 일가는 약속된 시간에 개인택시에 올랐습니다. 추석날 하루 종일 일을 했던 양 기사가 몰던 택시가 빗길로 대야를 넘어 가다가 브레이크를 세게 밟았습니다. 차는 180도로 돌면서 반대쪽 벚나무에 부닥쳐서 사람들은 머리 숙인 벼논으로 튕겨나갔습니다.

군산시청 최초의 여성 과장이었던 전춘옥 씨는 여성공무원 하면 터부시했던 시절인데도 시청 직원들에게 존경을 받았습니다. 나와 함께 근무했던 현배 누나이기도 한 전 과장의 주검은 시청 직원들에게 많은 충격을 주었습니다.

소식을 듣고 많은 사람들이 의료원 영안실 앞에 모여들어 밤을 새웠습니다. 전 과장의 사진 앞에 술을 따른 홍선기 씨가 대성통곡을 하며 눈물을 흘렸습니다. 많은 사람들이 가슴을 쓸었습니다.

전 과장의 상중에 완주 모래(곰터)재에서 전북여객 소속 버스가 100m 벼랑 아래로 굴렀습니다. 이 사고로 승객 26명이 사망했습니다. 1966년도에도 비슷한 사고로 15명이 숨진 마의 고갯길이었습니다. 그 사고 당시 진안군청에 다녔던 송준길 씨가 구사일생으로 살았단 이야기를 우리들은 전설처럼 알고 있었답니다.

10여 일 후 전에 삼학동에 함께 근무했던 김웅원, 김영화, 엄기명, 전금철, 김종호, 추현례 등과 함께 완주 만덕산행을 했습니다. 가는 길이 모래재 사고 현장 밑이었습니다. 버스가 굴러간 상처들이 산비탈에 붉은 흉터로 남아 있었습니다. 찢겨진 옷가지들과 신발들이 나뭇가지에 걸려 죽은 영혼들과 함께 바람에 흔들리고 있는 것을 보았습니다.

만덕산 정상에 올랐습니다. 내 가슴엔 죽어간 영혼들이 울고 있었습니다. 전춘옥 과장 얼굴이 환영처럼 다가왔습니다. 빗속에 죽어간 영혼들을 생각했습니다. 나는 생각했습니다. 연작시를 써야지 하고요. 만덕산을 다녀온 후 1년여에 걸쳐 전 과장 주검으로부터 시작해서 25편의 연작시를 썼습니다. 그리고 3년 후 작품들을 모아 발행한 나의 제2시집 ≪미룡동의 참새≫에 묶었습니다.

예쁜이! 지난 목요일(2005년 4월 28일) 6자회담에 나오지 않고 있는 북한의 김정일에 대하여 미국의 부시 대통령은 '위험한 사람, 주민을 굶긴다. 위험하고 허풍떤다.'고 비난했습니다. 북한 당국은 부시를 망나니라고 대응했습니다. 그리고 북한은 단거리 미사일을 발사했다고 합니다. 이는 미국에 거는 도전이라고 언론은 쓰고 있습니다.

부시 정부가 김정일을 모독했다는 구실로 북한은 6자 회담에 나오지 않고 있습니다. 다시 앤드루 카드 백악관 비서실장이 '깡패 같은 김정일' 이라고 말했습니다. 이에 북한은 해볼 테면 해봐라합니다. 그러자 이제 콘돌리자 미 국무부 장관은 '만약의 경우를 대비하고 있다.'고 선언했습니다. 일이 이쯤 되자 정부는 곤혹스러워하고 국민들은 불안해합니다. 벼랑 끝으로 가는 김정일의 외교가 정말 불안합니다.

세월은 어느덧 5월로 접어들었습니다. 꽃 천지였던 군산의 산하가 어느덧 신록으로 가득합니다. 은파와 설림산 그리고 월명산 산보로가 일시에 초록으로 물들어 버렸습니다. 참 자연은 위대하다는 생각을 합니다. 한때 우리들의 사랑은 참 푸르렀습니다. 처음 만남은 이별을 예비했습니다. 배신 없는 이별을 약속했습니다. 생각하면 우리의 사랑은 그리 되지 않았고 너무 빨리 조락했습니다. 일시에 낙엽처럼 쏟아져 내렸습니다. 쏟아진 상처들은 쓸어도 쓸어도 남아 있으면서 가을이, 겨울이 갔고 이 봄이 지나고 있습니다. 1개월여 남는 정년입니다. 자신은 없지만 그 안에 내 마음의 상처가 치유되길 빕니다. 아! 은파 숲에 나가 소나무에 기대여 찬 맥주나 한 잔 하고 싶습니다.

(2005. 5. 4)

342

전종민과 박영덕 씨 생각을 합니다

예쁜이! 전 과장 사고 며칠 후인 '89년 9월 25일자로 황길선이가 교통행정과로 전출되고 전종민이 의료보장계로 왔습니다. 나와 전종민, 박영덕이 한 계에서 근무하게 되었습니다. 사무실 일은 전종민이가 맡고 바깥 일은 박영덕이가 맡았습니다.

군산의료원, 개정병원 등 종합병원과 신풍동에 있는 대성병원 그리고 100여 개의 의원들의 영세민과 국가유공자들의 의료행위를 감독하고 의료비를 지급하는 일이 주였습니다. 2차기관인 전북대병원, 이리 원광대병원, 전주 예수병원 등도 함께 관리했습니다.

군산시청 직원들은 언제부터인가 교사, 목사, 의사 3사가 무섭다고 전해오고 있습니다. 걸리면 다친다는 것입니다. 의사를 상대로 하는 업무이기에 긴장이 됐습니다.

돈을 쥐고 감독권이 있으면 청탁이 따르게 됩니다. 먼저 돈을 타가려고 병원들마다 나름대로 부탁을 해옵니다. 부당 진료행위가 적발되면 무마하려고 압력과 로비가 들어옵니다.

우리들은 병의원 사무장 회의를 불러서 의료비는 청구순서대로 지급하고 부당 진료행위가 적발되어 로비를 하면 불이익을 주겠다고 엄명했습니다. 서면으로도 통보해 주었습니다. 그리고 스스로 깨끗이 하자고 결의를 했습니다.

하지만 그렇게 하기 어려운 경우를 가끔 만납니다. 모 산부인과에서 큰 잘못도 없는데 시청공무원인 자기 조카를 통해서 식사나 하라고 상당히 많은 돈을 보내왔습니다. 조카 공무원은 자기 체면을 봐서 받아달라는 것입니다. 밀고 당기다가 3개월 지나 추석 명절 때 받아 계비로 쓴 일이 있습니다. 그 외에도 사소한 것이 몇 건 있었습니다.

그 때 한 해 예산이 22억 원쯤 되었는데 이 중 0.3%인 6백만 원 정도가 계에서 쓸 수 있는 행정비이었습니다. 큰돈이었습니다. 당시만 해도 행정비를 별 죄의식 없이 변태해서 계 살림살이에 썼습니다. 국도비로 온 행정비를 반납하면 준 돈도 못쓰는 무능공무원으로 찍히던 시절이었습니다. 국도비 결산 때 행정비를 다 집행하지 못하면 담당도 직원에게 많은 질타를 받았습니다. 결산서 처음부터 끝까지 잔액이 올라가고, 결산이 끝나면 반납하는 번거로움이 있기 때문이었습니다. 그럴 경우 중앙에서 도청공무원에게 비웃음을 주던 시절이었습니다.

우리들은 행정비를 집행하여 계 살림을 그리 어렵지 않게 꾸렸습니다. 계 살림이란 국장, 과장의 대외활동을 위한 비용부담금도 있지만 계 단위 스스로의 축조의금, 언론, 상급관청, 정보, 감사 계통에 보내지는 촌지, 양 명절대책, 일과 끝나고 직원들과 대포 한 잔 하는 것이 계 살림살이라 합니다.

이 살림살이가 문제입니다. 물론 시장이나 부시장은 전담하는 한 사람의 직원이 있습니다. 국장 살림살이는 주무국 차석이 합니다. 과 살림살이는 주무계 차석이 합니다. 일반 계는 차석이 살림살이를 합니다. 차석 자리는 일보다 살림살이가 어렵습니다. 가지도 않은 출장 여비를 빼거나 서류변태를 하여 돈을 만들어야 하기 때문입니다. 주지도 않는 출장비에 수령 도장을 받으며 직원들 눈치를 보기 마련입니다. 위험을 무릅쓰고 변태서류를 만들어야 합니다. 돈이 있는 곳에 말썽이 있습니다. 차석은 종갓집 맏며느리처럼 상급자와 직원들 사이를 잘 아우러야 합니다. 그 고초를 겪어내야 근무평정에서 상위 점수를 받을 수 있기 때문입니다. 그래야 진급을 앞당길 수 있습니다. 절묘한 조직의 속성입니다.

우리 계 차석 전종민이는 무던히 좋은 사람이었습니다. 전종민이는 나보다 한 살 아래입니다. 나보다 세 살 위인 박영덕 씨 또한 좋은 사람이었습니다. 우리들의 호흡은 환상적이었습니다.

언젠가는 세 사람이 부인들을 불러 성미식당에 가서 찜을 먹기도 했습니다. 경산옥에도 갔습니다. 어느 일요일 부인들을 데리고 유성온천을 다녀오기도 했습니다. 박영덕 씨 주선으로 이리 과부 아줌마들을 만나 술집도 가고 춤추는 데도 간 적이 있습니다. 내 공직 생활을 통하여 가장 마음 편히 직원 간의 우의를 돈독히 했던 시절이었습니다.

전종민이도 나처럼 월남전에 다녀왔습니다. 가정이 비교적 풍족했던 그는 공무원이 되기 전에 사업을 했습니다. 하지만 아옹다옹 돈 버는 것이 싫어서 공무원에 들어왔다 합니다. 그는 노모를 모시고 많은 농사를 지었습니다. 도회지 속의 논들은 금싸라기 같은 땅들입니다. 하지만 그의 성품은 처음부터 끝까지 시골 농사꾼 일뿐입니다.

그는 의료보장계와 몇 군데 차석을 거쳐 '95년 3월 4일 계장 보직을 받아 나운 2동으로 나갔습니다. 그 후 의료보장계장, 호적계장, 토지관리계장, 통계계장 등을 하다가 나보다 일 년 전에 시청을 떠났습니다. 군산 토박이인 전종민은 군고를 나왔습니다. 그가 지연과 학연 그리고 돈질을 잘 했으면 일찍 사무관도 하고 좋은 보직을 가질 수 있었을 것입니다. 길이 아니면 안 가는 그의 모습을 생각합니다. 그는 항상 논두렁에 서 있는 농부의 뒷모습으로 가슴에 와 닿습니다.

박영덕 씨 이야기를 하려합니다. '79년 서무계에 있을 때 그는 건설과 관리계에 있었습니다. 우연히 정종 집에서 만난 그가 나에게 술잔을 권하며 형이라고 칭했습니다. 2년 후쯤 송준길 씨가 서무계장일 때 최영식 씨의 권에 의해 우리 계로 왔습니다. 그 때야 비로소 박영덕 씨가 나보다 나이가 많다는 것을 알았습니다.

얼마 후 이보석 씨가 과장일 때 '봉사 눈뜨나마나 사건'이 터졌습니다. 준비가 되지 않은 상태에서 민방위 검열이 나와서 엉망이 되어버렸습니다. 검열관이 가고 난 뒤 화가 난 이 과장이 박영덕에게 달려갔습니다. 위기감을 느낀 박영덕은 시청 후문으로 토끼었습니다.

이 과장은 영화동으로 달려간 박영덕을 추격했습니다. 쫓고 쫓기다가 박영덕은 과장 체면을 봐서 잡혀주었습니다. 슈퍼로 들어가 과장에게 항복을 했습니다. 목구멍에서부터 창자까지 시원한 맥주를 마시며 이 과장은 박영덕에게 채근을 했습니다. 야! 이놈아, 과장이 화나면 잘못했다고 하면 됐지 왜 도망갔느냐고, 그러자 박영덕은 "과장님 나는 봉사 안경 쓰나마나 입니다!" 했답니다. 과장 왈 네 말이 맞다. 자 맥주나 실컷 마시자 더러운 놈아, 했답니다(봉사 어쩌고를 풀이하면 나는 아무리 해도 진급할 수 없는 사람이란 말입니다). 정말 지금은 생각할 수 없는 낭만의 공무원 시절의 아름다운 이야기입니다.

박영덕은 일도 잘했지만 술, 노래, 고스톱, 바둑 또한 잘합니다. 100개가 넘는 병의원들의 전화번호도 외우고 있습니다. 그는 상당한 과부 클럽도 알고 있습니다. 그러면서도 그는 상대에게 피곤

하지 않는 사람이라 많은 사람들이 그를 좋아합니다. 사람은 돈 거래를 하면 그 사람의 성격을 알게됩니다. 그는 돈 거래가 깨끗합니다. 하지만 믿었던 사람들의 실수로 본인은 물론 아주머니까지 괴로움을 당한 일이 있었습니다.

그는 의료보장계에 나와 함께 있다가 내가 떠난 뒤에 그도 떠났습니다. 그는 몇 군데를 거쳐 다시 의료보장계로 와서 근무하다가 나보다 6년 전쯤 시청을 떠났습니다. 그는 내가 개정동장일 때 조그마한 회사를 차렸다고 개업 초청장을 보내왔습니다. 사업 안 했으면 하고 찾아가서 돼지머리에 만 원짜리 석 장 쑤셔넣고 절하고 왔습니다. 얼마 후에 전화했더니 문닫았다하여 마음이 아팠던 기억이 있습니다. 하지만 나는 그가 택시회사 전무로 행정동우회 이사로 사회생활에 원만히 적응하고 있는 것을 보면서 부러워한답니다.

며칠 전 나는 전종민과 박영덕 처들을 함께 초청하였습니다. 셋쌍 부부는 나의 승용차를 이용해 서천에 있는 희리산을 갔습니다. 산에 다녀오면서 은파 버섯전골 집에서 저녁을 했습니다. 아주머니들은 함께 유성온천에 갔다온 지 15년 만에 만나서 처음 식사한다고 감격해하더군요.

15년 전 우리가 사회과에 있었을 때 전종민이 딸 셋, 박영덕이 딸 셋, 황종규가 딸 넷이어서 박자 좋게 3, 3, 4 라고 놀리던 생각이 납니다. 그런데 우리가 헤어지고 얼마 후인 1994년도에 50이 다된 전종민이는 늦둥이 아들을 얻어 툴툴거리며 축하해준 생각이 납니다.

지난번 저녁을 하면서 내가

"종민아! 아들놈 몇 살이냐?" 했더니,

"응, 대학 다니다, 군대갔어." 하더군요. 곰곰이 생각하니 이상했습니다.

"야! 너, 거짓말!"

종민이 부인이 말하더군요.

"우리 재원이 열한 살이고 초등학교 4학년이에요." 모두 유쾌히 웃었습니다.

예쁜이! 내일(2005년 5월 15일)은 불기 2549년 부처님 오신 날입니다. 봉축행사 후 산상음악회를 한다고 영월암 법수 스님에게서 초청장이 왔습니다. 아침 일찍 스님에게 참석할 수 없어 미안하다고 전화한 후 연등 값 3만 원을 절 사무처에 보냈습니다. 한 생을 중생을 위해 사는 스님이 참 경외스럽습니다.

어제는 월명동 김택례, 채인숙 부녀회원들과 보성 일림산 산행을 했습니다. 10만여 평의 철쭉 군락지는 별유천지였습니다. 남해 바다가 내려다보이는 꽃길 터널을 오르내리며 그대 생각 속에 빠졌습니다. 우리들의 아름다웠던 시절을 생각하며 녹차단지를 둘러보았습니다. 해수탕에서 뜨거운 물에 몸을 담그고 창밖을 바라보았습니다. 모래톱 멀리 남해 바닷가를 아슴히 걷고 있는 그대 뒷모습이 환영으로 나타나 내 가슴은 탕 물보다 더 뜨거웠습니다.

(2005 5. 14)

343

달라이라마 노벨 평화상 수상과 교황 요한 바오로 2세의 한국 방문

예쁜이! 전종민이가 의료보장계로 온 다음날인 '89년 9월 26일 제70회 전국체전이 수원종합경기장에서 열렸습니다. 다음달 1일까지 열린 이 대회에 전라북도는 1,500여 명의 선수단이 참가하여 금54, 은48, 동59개 등 모두 161개의 메달을 따내 경기, 서울, 경남, 부산에 이어 5위를 차지했습니다. 생각보다 좋은 결과에 도민들은 만족해했습니다.

'89년 9월 28일 12시 48분 페르디난트마르코스 전 필리핀 대통령이 72세를 일기로 망명지 하와이에서 사망했습니다. 인생의 덧없음과 권력의 무상을 생각했습니다. 묘하게도 독재자 이승만, 마르코스가 죽어간 하와이의 푸른 파도가 마음에 다가왔습니다. 세계 언론은 마르코스의 주검보다 살아있는 그의 부인 이멜다에게 많은 관심을 가졌습니다. 천 몇 켤레의 구두를 소장한 부와 권력의 화신인 그의 희화적 모습을 보도했습니다.

지난 달(2005년 4월 12일) 나는 두 번째 필리핀 여행을 다녀왔습니다. 여행 중 가이드에게 남편이 죽은 지 16년이 지난 이멜다의 근황을 물었습니다. 가이드는 말합니다. 부정축재 등으로 기소된 그의 재판이 10년이 넘도록 끝나지 않았지만 지금도 그녀는 많은 부와 정치적 추종자를 보유하고 있다 합니다. 한때 대통령 출마도 했었던 이멜다는 지금도 건재하답니다.

'89년 9월 28일 군산 명화학교가 나운동 배수지 밑으로 신축 이전 했습니다. 어린이 장애인 학교인 명화학교는 미장동 쪽에 있었는데 공단진입로 개설로 대야초등학교로 옮겨 임시수업을 해왔었습니다. 서울의대 출신 서홍관 시인이 그의 첫 번째 시집 ≪어여쁜 당신≫을 상재했습니다. 그렇게 '89년 9월이 갔습니다. 그리고 10월이 왔습니다.

그 10월에 망명 중인 달라이라마가 그해 노벨평화상 수상자로 선정되었다고 발표했습니다. 달라이라마라는 단어는 라마교의 법왕을 뜻한다 합니다. 그는 1935년 티베트고원에서 태어납니다. 그는 그의 나이5세 때 제14대 달라이라마로 추대됩니다. 17세의 나이로 친정을 합니다. 그는 중공의 침공으로 1959년 그의 나이 24세 때 인도로 망명합니다. 그가 조국을 떠난 지 어언 46년 그리고 그의 나이 71세가 되었습니다. 그는 세계적인 정신적 지도자이지만 그의 조국이 언제 독립될 지는 신만이 알 뿐입니다. 선과 기도만으로 한 민족과 나라를 지탱하기가 얼마나 어려운 것인가를 생각게 합니다.

이회창 중앙선거관리위원장이 그 지난 달 실시된 동해 및 영등포 을구 국회의원 보궐선거를 공명하게 치르지 못한 데 대한 도의적 책임을 지고 '89년 10월 13일자로 위원장직을 사퇴했습니다. 대쪽같은 인품이 알려져 신선한 충격을 주었습니다. 이를 가상히 여긴 김영삼이 훗날 대통령이 되어 그를 국무총리에 그리고 여당 대표가 되도록 해줍니다. 그런 발판으로 그는 두 번의 대통령 후보가 되어 대선에 도전을 하였습니다.

'89년 10월 7일 교황 요한바오로2세가 제44차 세계성체대회에 참석하기 위해 전용기편으로 김포공항에 도착했습니다. 교황의 탑승기가 활주로에 멈추자 김수환 추기경과 이반디아스 주한 교황청 대사 그리고 외무부 의전장이 기내에 들어가 교황을 영접했습니다. 군악대 팡파르가 울려 퍼진 가운데 요한바오로2세는 트랩을 내려와 한국 땅에 키스를 했습니다.

교황은 노 대통령과 인사를 교환한 후 함께 3군의장대 도열을 마치고 단상에 올랐습니다. 노 대통령은 환영사에서 '지난 84년 한국천주교 2백주년과 한국순교복자 103위 시성식에 참석하신 것을 기억하고 있다며 이번 두 번째 한국 방문을 온 국민과 더불어진심으로 환영한다.'고 말했습니다.

교황은 도착 성명을 통해 '이번 서울 성체대회가 이념, 인종, 언어, 종교, 국경을 초월하여 온 인류가 평화의 실현을 위해 염원하는 시간이 되도록 하자.'고 말했습니다. 교황은 환영식이 끝난 후 서울 강남구 노현성당에서 강론을 했습니다. 그리고 청와대로 노태우 대통령을 예방했습니다.

다음날 여의도 광장에는 65만 인파가 모였습니다. 한국의 가을 하늘은 맑았고 소금을 뿌려놓은 듯한 인파를 가르고 유리보호막차를 탄 교황이 다가왔습니다. 그리고 김수환 추기경, 로체에 체가라 등 교황청 사제단이 기다리는 단상에 올랐습니다.

그는 강론에서 '오늘날 인류를 갈라놓고 있는 장벽과 분쟁 그리고 불신을 허물자.'고 기원했습니다. 교황은 2박 3일간의 일정을 모두 마치고 다음 목적지인 인도네시아 자카르타로 떠나갔습니다. 그가 마지막 한국을 방문하고 간 지 어언 16년의 세월이 지났습니다. 그는 지난 4월 2일(2005년) 84세를 일기로 서거했습니다. 그는 죽으면서 '나는 행복합니다.'라고 말했다 합니다.

예쁜이! 지난 주에(2005년 5월 16일)는 남북 차관급 회담이 개성 자남산 여관에서 열렸습니다. 휴전 이후 개성에서의 남북 당국자 간 회담은 처음이라 합니다. 남한의 이봉조 통일원 차관과 김만길 북측 수석대표 간의 밀고 당기는 4일간의 회담을 끝냈습니다.

이 회담에서 다음 달 평양에서 열리는 6·15 남북 공동행사에 정동영 통일원 장관 일행 참가와 6월 21일부터 24일까지 서울에서 남북장관급회담 개최 그리고 북한에 20만 톤의 비료 우선 지원 등 3개항에 합의를 했습니다. 이로써 10개월 여 동안 미뤄졌던 남북대화가 정상화됐습니다. 앞으로 이산가족 상봉, 경의선 개통 등의 회담이 진행되겠지만 핵문제를 풀기 위한 6자회담에 북한이 나오도록 하는 지렛대를 한국이 쥘 수 있다는 것이 큰 성과라 합니다.

황우석 서울대 교수가 지난 목요일(2005년 5월 19일) 영국에 건너가 과학전문지 ≪사이언스≫ 주최의 연구발표회를 통하여 난치병 환자의 배아줄기세포를 만드는 데 성공했다고 발표했습니다. 제2의 산업혁명이라고 세계가 놀라고 있습니다. 국가의 융성은 각 분야에서 세계를 제패해야만 나타나는 현상이라 생각합니다.

세월은 어느새 5월의 중간을 넘어섰습니다. 날마다 달마다 세월을 쥐고 앉아서 우주와 세계 그리고 역사를 생각합니다. 내 한 생을 생각하면서 그대를 생각합니다. 아! 그대에 대한 사무친 그리움으로 이 세월을 보내고 있습니다.

(2005. 5. 21)

344

외국에서 북한 인사와 접촉하면 보안법에 저촉되던 시절이 가고 있었습니다

예쁜이! 교황 요한바오로2세가 한국을 다녀간 얼마 후인 '89년 10월 14일 노태우 대통령은 5박 6일간 미국을 방문했습니다. 노태우 대통령은 부시를 만나 한미연합방위력현상유지, 방위비 분담, 농산물 5년 내에 85%개방 등에 합의했습니다. 말하자면 한국의 안보를 미국이 함께 할 터이니 주한미군 주둔 비용도 적당히 내고 농산물도 개방하라는 내용이었습니다. 미국에 대한 경제적 구걸 외교가 서서히 가시고 있다는 것을 말해주고 있는 것입니다.

노 대통령이 미국을 출발한 다음 날 이탈리아 월드컵 아시아 최종예선전이 한국, 북한, 중국, 카타르, 아랍에 밀리, 사우디아라비아 등 6개국이 참가한 가운데 싱가포르 국립경기장에서 열렸습니다. 상위 2개 팀이 월드컵 본선에 진출한 이 대회에서 잘하면 남북한이 함께 진출할 수 있기 때문에 국민적 기대가 대단했습니다.

그러나 강력한 우승후보였던 한국은 약체로 평가됐던 카타르와 첫 경기에서 1:1로 비겨 국민들은 실망했습니다. 북한과 2차전을 앞둔 한국팀은 큰 부담을 않게 되었습니다.

나는 대 북한전 축구를 보기 위해 일찍 귀가했습니다. 우리가 살았던 나운1동 주공아파트 112동 301호에서 아내와 12살이었던 형진이, 9살이었던 송일이랑 모처럼 한가족이 TV 앞에 앉아 KBS1을 틀었습니다.

'89년 10월 16일 밤9시 이회택 감독의 한국팀과 박두익 감독의 북한팀 간 축구 대결은 시작되었습니다. 한국팀은 황금의 콤비 최순호- 황선홍을 비롯 GK 김풍주, 정용환, 박경훈, 구상범, 최강희, 윤덕여, 황보관, 김주성, 김상호 등이었으며 북한은 한영일, 윤종수, 방광철, 탁영빈, 이영진, 추경식 등이었습니다.

초반 한국은 최순호가 공격의 주도권을 잡기 시작하면서 구상범, 황선홍이 소나기 슛을 퍼부었고 북한도 주경식의 슈팅을 윤종수가 받아 위협적인 슛을 날리는 등 1진1퇴를 거듭하였습니다. 전반 18분 한국의 김주성이 왼쪽에서 얻은 코너킥을 짧게 연결하자 구상범이 문전으로 센터링한 볼을 황선홍이 뛰어들며 완벽한 헤딩

슛이 네트에 꽂혀 선취골을 잡았습니다.

후반 들어 북한은 필사적인 반격을 가했고 한국 선수들의 체력은 급격히 떨어졌습니다. 북한의 한형일, 윤종수, 방광철의 소나기 슛을 골키퍼 김풍주가 잘 잡아주어 가까스로 경기가 종료되었습니다.

1:0으로 한국이 승리를 했습니다. 경기가 끝나자 한국 선수들은 북한의 벤치에 가서 인사했습니다. 북한 선수들은 남한의 벤치에 가서 인사를 했습니다. 감독들은 상대 선수들의 어깨를 두드렸습니다. 오랜만에 남북축구가 화기애애한 모습을 보이자 5,000여 명의 한국응원단이 열화 같은 박수를 보냈습니다. TV로 경기를 지켜보던 국민들도 마음을 놓았습니다.

경기 도중 남한의 구상범이 북한의 윤종수의 발에 걸려 넘어지자 윤종수가 구상범의 손을 잡아 일으켜주었습니다. 이를 지켜보며 서수남, 하청일이 이끈 응원단이 열광했습니다. 국제스포츠 남북대결에서 서로를 증오했던 시절이 사라져가고 있음을 우리들은 보고 있었습니다. 적대적인 남북관계가 서서히 녹아내리는 시절을 맞이하고 있음을 감지하게 했습니다.

북한을 1:0으로 누른 한국은 이후 중국을 1:0 그리고 사우디를 2:0으로 누르고 아랍에밀리에 1:1로 비겨 3승 2무로 조 1위를 차지하면서 아랍에밀리와 함께 '90년 이태리월드컵 본선 진출이 확정되었습니다. 1승1무3패를 한 북한은 최하위로 탈락했으며 중국, 카타르, 사우디도 탈락했습니다. 그때만 해도 중국의 축구 실력이 한국에 접근하기 힘들었던 시절이었습니다.

한국은 월드컵 본선에 진출권을 따서 좋았습니다. 김주성 선수가 MVP를 따서 좋았습니다. 또 다른 좋은 소식이 전해졌습니다. 이회택 감독 아버지가 북에서 살고 있다는 사실이 박두익 북한 감독에 의해서 알려졌기 때문이었습니다.

경기도 김포에서 태어난 이회택은 그의 나이 4세 때 6·25가 났고 아버지는 의용군으로 끌려갔습니다. 어머니마저 재혼하자 고아가 된 이회택은 할머니 손에서 자랐습니다. 이회택이 1987년 태국의 킹스컵에 포철팀을 이끌고 참가했습니다. 그리고 그 대회에 참가한 북한의 박두익 감독에게 북에 끌려간 아버지의 생사를 알아달라고 부탁했다 합니다.

북한에 돌아간 박 감독은 이 감독의 아버지가 재혼하여 3명의 자녀를 두고 황해남도 신계군 신계읍에서 살고 있다는 것을 확인했습니다. 하지만 기회가 없어 2년여를 기다리다가 싱가포르 월드컵 예선전에서 만난 이 감독에게 부친의 소식을 전했습니다.

아버지 소식을 접한 40대 중반인 이회택은 북에 계신 아버지와 이복동생들과 떠날 수밖에 없었던 젊은 시절의 어머님 모습 그리고 평생을 손자 하나만을 위해서 살다 76세로 저 세상으로 가신 할머니가 함께 떠올랐을 것입니다. 그는 회한과 연민으로 싱가포르 하늘 아래서 눈물을 흘렸을 것입니다. 그것은 민족 분단의 작은 역사입니다. 하지만 생각해 봅니다. 외국에서 북한 인사와 접촉하면 보안법으로 엄히 처벌되던 시절이 천천히 가고 있다는 것은 놀라운 사실일 수 있었습니다.

예쁜이! 그제는(2005년 5월 23일) 군산항 제5부두에 북한 화물선 원산 2호가 분단 이후 처음으로 북한에 보낼 비료를 싣기 위해 입항했습니다. 원산 2호는 2천 5백 톤의 비료를 선적하고 오늘 새벽 남포항으로 출항했습니다. 나는 어제 제5부두에 나가 북한에서 온 화물선을 멀리서 보고 돌아왔습니다.

뇌물수수죄로 1심에서 징역 4년형을 선고받았던 강근호 전前 군산시장이 광주고법에서 징역 3년, 집행유예 5년과 추징금 1억6천5백만 원의 판결을 받았습니다. 이렇게 강 전 시장은 어제 수감생활 7개월 만에 광주형무소에서 석방되었습니다. 하지만 1억6천5백만 원의 뇌물증여 혐의가 있는 8명의 군산시 공무원 처리문제가 크게 떠오르고 있습니다. 70의 노 정객이 아름다운 뒷모습을 남기지 못한 채 떠나는 아쉬움이 큽니다.

(2005. 5. 25)

345

안재형 자오즈민의 세기의 핑퐁 사랑

예쁜이! 김인식 시장은 '89년 10월 21일자로 군산시 인사를 단행했습니다. 죽은 전춘옥 가정 복지과장 후임에 김길자 부녀계장이 발령되었습니다. 도서관장 유인식 씨, 서무계장 임갑수, 예산계장 김재호, 용도계장 최영호, 감사계장 김용호, 주택계장 김인택 등으로 하는 인사였습니다. 사람이 죽어도 자리는 얼마든지 채울 수 있다는 사소한 진리를 알 수 있었습니다.

인사를 단행한 김인식 시장은 군산시와 자매결연되어 있는 미국 타코마시 수립 100주년 기념행사에 군산 시민이 기증한 기념비 제막을 위해 김두영 군산대학장과 함께 미국으로 갔습니다.

전주에서 서울로 가는 한진고속버스가 논산시 연무읍에서 트럭과 추돌하여 16명이 타죽었습니다. 그렇게 '89년 가을은 참담했습니다. 폭풍으로 바닷물이 내항 하수구를 타고 역류하면서 시청 주변과 월명동 일대가 1/3쯤 침수되어 시청 당직실 전화가 천둥치듯 울려댔습니다. 날마다 시청 4거리에서 동양화학 TDI 철거를 위한 시위대가 물결쳤습니다.

나는 그 가을 일요일마다 내장산으로 향하면서 심신을 다지고 있었던 시절이었습니다. 내장산을 다녀오며 정읍 터미널에서 군산 오는 차를 기다리며 안재형 자오즈민 커플이 김포공항을 통하여 입국하는 모습을 TV를 통해 보았습니다. 아나운서는 세기의 핑퐁 사랑이라고 이야기했습니다.

안재형과 자오즈민은 '84년 10월 파키스탄 이슬라마바드에서 개최된 아시아탁구선수권대회에서 처음 만났다 합니다. 이후 국제대회에서 만나면서 서로는 사랑을 느꼈답니다. 이를 알게 된 대한 탁구협회장 최원석은 '86년 한국 아세안게임에 참가한 자오즈민 일행을 별장으로 불러 파티를 하면서 두 사람이 만나도록 주선해 주었습니다. 이후 두 사람은 많은 편지를 주고 받습니다.

'87년 11월 서울 아시아탁구선수권대회 때 서울에 온 자오즈민을 만나본 안재형 어머니가 합격점수를 주자 안재형은 청혼을 하고 결혼을 약속합니다. 88년 서울올림픽 때 다시 만납니다.

'89년 10월 17일 한국과 북경에서 동시에 출발하여 스웨덴 스톡홀름에 도착합니다. 공항에서 만난 그들은 한국대사관에 도착하여 최필립 대사 입회하에 결혼신고서에 서명합니다. 안재형의 나이 26세 자오즈민 27세였습니다. 그리고 그들이 내가 정읍터미널에 있을 때 대한항공기편으로 김포공항에 도착했습니다. 얼마 후 자오즈민 부모가 서울에 와서 결혼식을 올립니다.

노태우 정권이 중국과 국교정상화를 서두른 시절, 그들의 사랑은 미국이 중국과 국교 정상화를 위한 핑퐁외교와 같은 것으로 인식되었습니다. 그들의 결혼 여부는 몇 해 동안 국가적 관심사였습니다. 보이지 않는 힘과 지혜와 노력이 필요했기 때문이었습니다. 이 일의 총 지휘자는 최원석이었습니다. 중국에서 사업을 했던 양원찬 씨가 두 사람과 양가 그리고 양국을 이어주는 어려운 중매역할을 했습니다. 돈과 시간을 아끼지 않는 희생으로 결혼에 이르게 한 것입니다. 300여 통의 편지를 보내면서 국제적 사랑을 이끌어낸 안재형의 끈기를 국민들은 참으로 가상히 여겼습니다.

86아세안 게임과 88올림픽 때 한국 국민들은 중국선수들을 융숭히 대접했습니다. 중국과 국교정상화를 염원하였기 때문이었습니다. 역사적으로 보면 안재형과 자오즈민의 결혼은 중국과 수교를 위한 작은 몸짓일 수 있었습니다.

예쁜이! 그제(2005년 6월 3일)는 고은 시인이 서울 배재빌딩에서 '늦봄통일문학상'을 수상했습니다. 민족화해와 통일에 이바지한 사람에게 수여하는 상으로 그 동안 민주화실천가족운동협의회, 한겨레신문 북한동포 돕기 캠페인 팀, 리영희 교수, 송두율 교수, 김대중 전 대통령 등이 수상한 바 있습니다. 72년 전 은파유원지 밑 용둔마을에서 태어난 고은 선배는 지난해 노벨 문학상 최종 후보로도 올랐답니다.

어제는 황제예식장에서 대야 사는 강동춘 씨가 그의 동시집 ≪꽃보다 아름다운 친구≫ 출판기념회를 했습니다. 농사와 목수 일을 하며 동시를 쓰는 그의 출판기념회에 김남곤, 소재호, 윤갑철, 허호석, 윤이현 등 전주 문인들이 참석했습니다. 지난 번 지부장 선거로 군산 문인들은 편이 갈려 정확히 반만 참석하여 마음이 아팠습니다.

현충일을 하루 앞둔 군산의 산하는 푸름으로 가득합니다. 언뜻 하반기가 다가와 버렸습니다. 세월은 나를 멀리 가버리게 합니다. 하지만 그대에 대한 그리움은 가까이 다가오고 있습니다. 우리들의 첫 만남은 비가 온 날 밤이었습니다. 우리는 언젠가 헤어질 수 있지만 그 동기를 말해 주자고 다짐했습니다.

우리의 헤어짐에 대해서 생각합니다. 동기에 대해서 말하지 못하고 헤어졌습니다. 하지만 지금 생각하면 그것은 세월이었습니다. 세월이 주는 한탄을 누구를 향해 원망하고 한숨짓겠습니까? 그 쓰라린 상처를 잊기 위해 또 다시 세월이 가는 것입니다.

이 달 20일이면 내 생애 마지막 봉급을 탑니다. 월말이면 32년 공무원생활이 끝이 납니다. 뒤돌아가는 세월에 모든 것 다 흘려 보내고 싶습니다. 우리의 사랑과 상처도 전부 가시게 하고 싶습니다.

(2005. 6. 5)

346

제8구단 쌍방울 레이더스를 창단했습니다

예쁜이! '89년 11월 18일 노태우 대통령이 16박 17일간의 긴 일정으로 독일, 헝가리, 영국, 프랑스 등 유럽 4개국을 공식 방문하기 위하여 특별기편으로 김포공항을 떠났습니다. 그의 긴 외유 기간 동안 전두환 청문회를 매듭지을 수 있도록 시간을 주기 위함이었습니다. 하지만 노태우의 생각과 달리 외유를 마치고 돌아왔을 때야 비로소 전두환 전 대통령의 청문회가 열렸습니다.

노태우 대통령의 외유를 전후하여 김영삼 민주당총재와 공화당 김종필 총재 간의 골프회동이 자주 있었습니다. 그들은 9시간 30분 동안 공을 치고 만찬으로 이어졌습니다. 뭔가 낌새가 이상했습니다. 두 달 후에 알려졌지만 노태우, 김영삼, 김종필 3인이 김대중이 눈치채지 못하게 3당 야합을 은밀히 추진하고 있었습니다.

신풍초등학교 6학년 1반이었던 형진이와 3학년 5반이었던 송일이가 2학기 중간고사에서 똑같이 금상을 타 와서 집사람과 함께 홍원장에 데리고 나가 탕수육과 자장면을 사주면서 그들을 격려했습니다.

'파도' '어촌' '설경' 등 군산 주변의 풍치를 그린 원창희 유화전이 KBS 군산방송국에서 열렸습니다. 제7회 최락도 개인전이 서울 나화랑에서 열렸습니다.〈여름의 합창〉〈민족의 축제〉〈연극인〉〈가을이 가는 소리〉 등 추상화가 주축을 이룬 최락도 개인전 팸플릿 서문을 이원철 형이 썼습니다. 나는 전시회에 참석지 못하고 축전만 보냈습니다.

한글학계의 원로 일석 이희승 박사가 93세를 일기로 영면했습니다. 해방 전 조선어학회사건으로 투옥되기도 한 이희승 박사는 우리가 어린 시절 최현배와 함께 한국 어문학의 양대 산맥이었습니다.

남원에 사는 류희옥이 월간 ≪시문학≫ 11월호에서 바람 외 2편의 작품으로 등단했습니다. 등단 후 전주로 올라온 류희옥은 한때 전북문협 사무국장을 역임했습니다. 류희옥은 ≪바람의 날개≫란 시집을 낸 후 지금껏 시작활동을 열심히 하고 있습니다. 박형보씨가 그의 두 번째 시집 ≪산 이야기≫를 상재했습니다.

군산문학 제5집을 펴냈습니다. 임명진이 편집한 군산문학에 출향문인 고은, 이향하, 신순애, 채규판, 곽문환, 문효치 등의 작품을 실었습니다. 고헌, 이병훈, 김봉열, 이복웅, 최영, 전길중, 장화자, 박환용, 김정수, 최영봉, 양병호, 황의춘, 주봉구, 이시연, 김기경, 박순호, 이윤재, 조재현, 임명진 등의 작품을 실었습니다.

군산예총에서 매년 가을에 실시하는 진포예술제 일환으로 하는 '시와 육성의 밤'이 '89년 11월 24일 오후7시 나운동 영빈회관에서 열렸습니다. 이날 고헌 교수가 '시와 둘레'를 주제로 강연을 했습니다. 몇 사람의 문인들이 시낭송을 했습니다. 행사가 끝나고 깊어 가는 가을밤을 만끽하며 술들을 마셨습니다. 나와 같은 아파트에 사는 이시연, 임명진과 함께 돌아오며 들린 술집들은 가을밤 낭만을 더해주었습니다.

군산상고 출신 선수들이 대거 포진한 해태 타이거즈가 '89년 한국 시리즈에서 우승을 차지했습니다. '86년부터 4연패를 달성하여 군산 사람들과 전라도 사람들을 기쁘게 했습니다. 오랫동안 해태타이거즈는 소외받은 호남 사람들의 자긍심을 드높여 주었습니다.

정치권에선 프로야구가 호남의 민심을 꼭꼭 묶는다고 판단했습니다. 그래서 전북에 야구단을 하나 더 만들려 했습니다. 하지만 호남 사람들의 정서는 달랐습니다. 전라북도에서 프로야구가 창단되면 머지않아 전라남도 해태와 새로 창단한 전라북도 구단도 다 죽는다는 여론이 지배적이었습니다.

하지만 그 겨울 고도의 정치적 판단으로 기어이 이리 쌍방울과 군산 미원(대상)이 8:2의 컨소시엄으로 전라북도를 연고로 프로야구가 만들어지고 있었습니다. 해태 수석코치인 김인식을 9,000만 원을 주고 감독으로 영입했습니다. 김윤겸과 임신근 코치를 영입하고 다시 선수들을 영입하기 시작했습니다. 이렇게 해서 롯데, 삼성, 해태, OB, 삼미, 청보, 한화의 7개와 새로 생긴 쌍방울을 합쳐서 8개 구단의 프로야구가 생성해 있었습니다.

우리들의 예상대로 쌍방울 야구는 창단된 지 10여 년이 넘어서 해체됩니다. 재정과 선수가 분산돼 힘이 빠져버린 해태도 기아에게 팔아넘깁니다. 호남 사람들의 정서가 분산되면서 허탈감은 말할 수 없습니다.

한 해 17골을 기록했던 차범근이 '89년 11월, 10년에 걸친 서독생활을 끝내고 부인 오은미와 2남 1녀를 데리고 김포공항을 통해 귀국했습니다. 그는 80년대 서독에서 차차 붐을 일으킨 한국 젊은이들의 영웅이었습니다.

예쁜이! 오늘 새벽(2005년 6월 9일) 쿠웨이트에서 열린 월드컵축구 최종 예선전에서 한국은 박주영, 이동국, 정경호, 박지성의 골에 힘입어 홈팀인 쿠웨이트를 4-0으로 누르고 본선 진출이 확정되었습니다. 아시아 지역에선 한국, 사우디아라비아, 일본, 이란 등이 독일 월드컵 본선에 진출합니다. 한국은 월드컵 6회 연속 본선에 진출하는 위업을 달성했습니다.

나는 새벽잠을 설치며 천재축구선수라는 박주영을 비롯한 한국 선수들의 경기 내용을 지켜보았습니다. 16년 전 아버지 차범근의 손을 잡고 김포공항에 내리던 어린 차두리가 대표팀에 합류하여 머리 빡빡 깎고 뛰는 모습을 보면서 흐르는 세월을 감지합니다.

지난 일요일(2005년 6월 5일) 텍사스 레인저스의 박찬호가 캔자스 시티 로열스와의 원정경기에서 승리하여 통산 100승의 위업을 달성했습니다. 미국 메이저리그 130년사史에서 동양인으로는 일본의 노모히데오에 이어 두 번째라 합니다. 국민들은 32세의 박찬호가 더 높은 목표에 도달할 것으로 기대하고 있답니다. 체력은 국력이란 말을 상기해 봅니다.

나는 지난 2주 동안 원대병원 순환기내과에 다녔습니다. 소변을 한 통씩이나 받아가고 심장 초음파촬영, 가슴 사진, 피검사를 했습니다. 10여 일 검사결과 의사는 혈압이 약간 높은 것으로 판단하고 약을 복용하라는 권고를 했습니다. 처방한 약 제대로 먹고 운동 열심히 하고 즐거운 마음으로 살면서 글 쓰는 일에 최선을 다하려합니다.

(2005. 6. 9)

347

80년대 마지막 밤을 전두환의 청문회 시청으로

예쁜이! 1980년대가 마지막 가는 12월을 보내면서 우리들의 일상은 계속되었습니다. 나운동 쪽으로 대규모 아파트가 들어오면서 한일은행 군산지점과 축협군산지점 등 금융권이 따라 들어왔습니다. 월명, 장미, 영화, 영동 등 구 시청을 중심으로한 상권이 나운동 쪽으로 서서히 몰려오기 시작하고 있었습니다.

73세로 병석에 누워 있는 백양촌 시인을 위해 국정원의 높은 자리에 있던 그의 아들 신건이 김해성 선생에게 부탁하여 문학상을 만들었습니다. 그 해 겨울 제1회 백양촌 문학상을 황길현과 허소라 시인이 받았습니다. 시상식에 참석했더니 신건과 전주고 동창인 고향 마을 최병수 씨도 참석해 있었습니다. 최병수 씨를 모시고 술 한 잔 하며 고향 이야기를 많이 들을 수 있었습니다.

시조시인 진병주 씨가 53세로 별세했습니다. 원대 교수였던 시인 조두현 씨가 64세를 일기로 별세했습니다. 군산에서 교편을 잡은 적도 있던 김은실 씨가 월간 ≪한국시≫로 등단했습니다.

12월 27일자로 강현욱 전북지사가 단행한 인사에서 김영철 군산시 부시장이 전주시 부시장으로 가고 후임에 정희운 씨가 왔습니다. 군산 출신 김영철 씨가 전주 부시장으로 전출되어 그 곳에서 공무원의 수명을 마친 이야기는 지난 번에 했습니다.

김제 출신 신임 정희운 제19대 군산시 부시장은 오랫동안 도청 산하에서 근무했습니다. 여성적인 성격에 섬세한 행정을 편 사람이었습니다. 그는 군산 부시장으로 온 지 7개월 만에 전출되었습니다. 다음 공이택 11개월, 박해구 1년, 신진하 4개월, 경삼수 8개월…… 90년대를 넘어 지자제로 가면서 부시장의 수명과 권한은 한없이 추락하고 있었습니다.

한때 크리스마스카드와 연하장이 사무실로 집으로 눈발처럼 몰려왔던 시절이 있었습니다. 하지만 80대를 넘기면서 90년대 초부터 줄어들기 시작하여 언젠가부터 사라져갔습니다. 서양 것들을 흉내내다가 삶의 질이 높아지면서 자아의식을 찾는 현상이라 말할 수 있습니다.

언론은 '전두환의 정권찬탈' '통금해제' '소련 전투기에 의한 KAL기 추락' '아세안 게임' '올림픽' '최초로 평양에서 30명, 서울에서 35명 이산가족 동시 상봉' '미얀마 아웅산 사건' '6·29 선언' '문익환 임수경 입북사건' '북방외교' 등을 1980년대 한국의 10대 뉴스로 꼽았습니다.

그리고 이제 백담사에 있는 전두환 문제를 매듭짓고 1990년대를 맞자는 게 정치적 사회적 정서였습니다. 하지만 17일간 유럽 방문을 마치고 돌아왔으나 자신의 기대와 반대로 전두환 청문회를 열지 못하고 있었습니다.

노태우 대통령은 귀국 보고의 형식으로 김대중, 김영삼, 김종필 등 야당 총재를 만났습니다. 그들은 5·18 당시 계엄군 사령관이었던 이희성 도로공사 사장을 사퇴시키기로 합의했습니다. 진압군 특전사 사령관이었던 정호용 의원을 사퇴시키고 보안사 요원이었던 이원조 의원은 고발한 후 그 해가 가기 전에 백담사 전두환을 불러 청문회를 하고 광주 문제를 매듭짓자고 합의했습니다. 정호용 의원은 자신을 사퇴시키면 다시 국회의원 선거에 출마하겠다고 호헌하며 반발했습니다.

영수회담이 끝난 뒤 야 3당 총재는 자기 당에 돌아가 당직자회의를 열어 영수회담 결과를 추인받았습니다. 그리고 김영삼, 김종필 양 총재는 정계개편을 해야 한다는 이상야릇한 이야기를 언론에 흘렸습니다. 때를 맞춰서 박준규 민정당 대표가 정계개편의 낌새가 있다고 터트렸습니다. 김대중이 어리둥절한 사이 화가 난 노태우 대통령이 박준규의 사표를 받았습니다.

'89년 12월 31일은 왔고 시청에서는 종무식을 마쳤습니다. 직원들과 회식을 한 후 전두환이 나오는 5공 청문회를 보기 위해 일찍 귀가했습니다. 신풍초등학교 다니던 형진이와 송일이는 망년회 하러 나가고 아내와 함께 5공 특위 실황 TV중계를 기다리고 있었습니다.

이양우 변호사의 안내를 받아 백담사서 방금 온 듯 초췌한 모습의 전두환 씨가 나타났습니다. 증언석 앞에서 선서를 한 후 125개 항의 서면 질문답변서를 읽어나가기 시작했습니다. 석고대죄를 생각했던 국민들은 변명투성이의 지루한 연설에 울화통이 터졌습니다. 국회엔 국민들의 항의 전화가 빗발쳤습니다.

산만한 분위기 속에서 전두환이 광주학살은 '자위권 차원에서 어쩔 수 없었다.' 운운하자, 흥분한 정상용 의원이 '자위권 발동이 뭐야! 발포 명령자나 밝혀!'라고 소리치며 뛰어나갔습니다.

이철용 의원이 '야! 살인자 전두환!' 하며 달려나갔습니다. 책상이 뒤집혀지면서 전두환을 끌어내려는 의원들과 이를 저지하는 의원들로 아수라장이 되어버렸습니다. 허탈하고 참담하게 광주청문회가 막을 내리면서 1980년대 마지막 밤이 그렇게 깊어가고 있었습니다.

예쁜이! 지난 금요일(2005년 6월 10일) 노무현 대통령이 미국으로 건너가 부시 대통령을 만나 '북한이 핵을 포기하면 미국은 북한의 체제를 인정하고 남한은 북한에 중요한 제안'을 한다는 등의 세 가지 대북현안을 조율하고 돌아왔습니다. 1박 3일간의 짧은 방문 중에 만난 두 정상은 한미공조가 원활하다는 것도 세계에 과시했습니다.

노 대통령이 돌아온 다음날 대통령의 메시지를 가지고 정동영 통일부 장관이 6·15 5주년 평양 축전에 참가했습니다. 평양은 무엇이 좋은지 춤, 노래, 구호, 체조의 열기로 가득했습니다. 국민들은 정동영 특사가 김정일을 만날 것인가, 만일 만나면 무슨 일이 있을 것인가? 하고 긴장하고 있었습니다.

그러나 2박 3일간의 행사를 마치고 그냥 돌아오는 듯 했습니다. 하지만 그가 평양 백화원 초대소를 떠나려 할 때쯤 김정일의 만나자는 연락을 받습니다. 정동영 특사는 2시간 30분 동안의 단독 면담 후 2시간의 합동오찬도 가졌습니다.

정동영 특사는 노무현과 부시가 만나 약속한 세 가지의 메시지를 김정일에게 전달했습니다. 이에 김정일은 미국이 북한을 진정한 친구로 대한다면 당장 7월에라도 6자회담에 나갈 수 있다고 확약했습니다. 그리고 핵문제가 해결되면 NPT복귀와 국제 사찰을 받겠다고 약속했습니다. 그리고 김대중 전 대통령 초청, 남한 방문 약속 이행, 남북이산가족상봉 재개, 군사회담 재개, 서울과 평양 간의 직항로, 전산상봉, 해상회담 등 굵직하고 많은 사항 등을 합의하고 돌아왔습니다.

국민들의 환호 속에 정동영은 돌아왔습니다. 그는 겸손하게 노 대통령을 만나 귀국 보고를 했고 침착하게 기자회견을 열어 방북 성과를 설명했습니다. 그는 남북관계에서 제2의 김대중처럼 각인시키고 있습니다. 그가 김정일 앞에 뚜벅뚜벅 걸어가 머리 숙이지 않고 서는 모습이 너무 자연스럽고 당당했습니다.

지난 번 한·미정산회담에서 노 대통령이 미국 부시를 설득 "미스터 김정일"이라 호칭한 부분을 정동영이 언급하자, 김정일은 "나는 부시 각하라고 할까요." 하면서 "부시 각하가 우릴 진정한 친구로 대한다면 우리는……"이라고 표현했다고 소개했습니다.

만찬장에서 김정일은 "지금껏 정 장관이 잘 생긴 얼굴을 좀처럼 펴지 아니하다가 오늘에서야 얼굴을 환히 편다."며 "남한에서처럼 폭탄주로 축하하자."고 제의했다 합니다. 이 에피소드는 북한 당국이 남한을 너무나 속속들이 알고 있구나, 하는 것을 느끼게 합니다. 우리 민족이 전쟁 없는 미래를 향하고 있구나 하는 생각을 합니다.

지난 '99년 IMF 때 세계기업 사상 최대 규모인 100조의 파산기록을 남기고 외국으로 도망가 5년 8개월 동안 낭인생활을 했던 대우의 김우중 회장이 귀국을 하였습니다. 돌아온 김우중 씨는 검찰에 체포된 첫날 밤 라면을 먹고 싶다고 했답니다. ≪세계는 넓고 할 일은 많다≫라는 책을 쓴 70세의 김우중 씨가 한 평반짜리 감옥에 수감되는 현실을 보면서 인생의 무상을 느낍니다. 총무과에 정년에 따른 연금과 공제회비 신청을 모두 마쳤습니다. 정년 2주일이 남았습니다. 날마다 내변산, 성주산, 희리산 등 산으로 향합니다. 산에 오르는 고통을 그대에 대한 그리움으로 환치합니다.

(2005. 6. 18)

348

태진아의 '옥경이' 연속 7주 1위 차지

예쁜이! 대망의 '90년이 밝아왔습니다. TV는 둥둥^^ 새 년대를 알리는 보신각 종소리를 내보냈습니다. 동해의 붉은 해가 떠오르는 바다 앞에 많은 사람이 환호하는 모습을 경쟁적으로 내보냈습니다. 언론은 노 대통령을 비롯한 3부 요인과 4당 총재의 신년사를 내보냈습니다. 80년대의 갈등을 해소하고 이제 서로를 아우르며 새 시대를 열자고 다짐했습니다.

설날 아침 김인식 시장은 새로 부임한 정희운 부시장과 시내 기관장을 대동하고 나운동 군경묘지를 참배했습니다. 이틀간의 연휴를 마치고 시무식을 했습니다. 시무식을 마친 시청은 강현욱 지사 연초순시를 준비했습니다.

강현욱 지사는 1월 15일 군산·옥구 연초순시를 했습니다. 이

날 김인식 시장은 군산사업기지 개발, 신항건설, 새만금사업 등 국가사업이 원활히 추진되도록 지원을 아끼지 않겠다고 보고했습니다.

2000년대 군산시 인구가 70만으로 증가할 것에 대비하여 소룡4토지, 나운5토지, 조촌6토지, 개발 등을 차질 없이 서두르겠다고 들고 군산시의 당면 사업인 실내체육관 건립, 청소년 수련원 건립, 청사 이전, 하수종말처리장 건설 등을 차질 없이 추진하고 서민주택 보급을 위해 시영아파트를 많이 짓겠다고 보고했습니다.

지금 생각하면 10년 후인 2000년대 인구 70만 명의 예상은 무리였습니다. 당시 군산 20만, 옥구 68천해서 군옥 인구가 27만쯤 되었습니다. 지난달 통합군산시 인구가 264천 명입니다. 15년이 지난 지금 그때보다 6천 명이 줄었습니다. 출산은 줄고 젊은 사람들이 거의 외지로 나가기 때문입니다. 젊은 사람들이 외지로 나가는 이유는 군산에 일자리가 없기 때문입니다.

15년 전 김인식 시장이 구상했고 추진했던 실내체육관, 청소년 수련원, 신청사, 하수종말처리장 등은 지금 생각해도 군산시 발전에 빛나는 시금석이 되었음을 알게 합니다.

지사 연초순시를 준비하면서 비교적 업무가 적은 우리 계는 각 종장부를 새로 만들고 한 해 할 일들을 분기별로 계획하여 기획계에 보고하는 일들을 했습니다. 계 운영의 일들은 전연 문제가 없었습니다.

우한용이 전북일보에 소설 '그리운 청산'을 새로 연재하기 시작했습니다. 한대석 씨가 전북수필문학 회장에 당선되었습니다. 옥구군 회현면 금광리에 사는 송현섭이 전북일보 신춘에 '그 해 봄을 준비하며'란 시가 당선되었습니다. 그는 얼마 후 월간중앙인가의 문예작품 현상모집에 시가 당선되어 부러움을 샀습니다. 하지만 그 후 송현섭은 생활의 어두운 그림자 뒤에 숨어서 나타나지 않아 우리들을 안타깝게 합니다.

백승연 씨가 제6회 동양문학상 신인상에 당선되어 시인으로 태어났습니다. 어렸을 때부터 소원했던 소설가의 오랜 꿈을 접고 그의 나이 46세에 시인이 되었습니다. 그 4년 전 그는 군산 문협에서 실시하는 백일장에 시가 당선되기도 했습니다. 백승연은 오랜 세월 낮은 자세로 살면서 스스로 문학을 갈고 있습니다. 그러면서 세월은 흘렀고 이제 그의 나이가 회갑을 넘기고 있습니다.

'90년 1월 어느 날 밤 임명진, 양병호 교수와 저녁 후 술 한 잔을 했습니다. 임명진 교수의 권에 의해서 함께 살았던 나운동 주공아파트 단지 입구 구세약국 앞 지하의 노래방이었습니다. 처음 노래방을 갔습니다. 한 시간 동안의 사용료를 주고 설치된 화면을 통하여 곡과 가사가 나와 편리하게 노래할 수 있는 시설을 일본에서 개발했는데 얼마 전부터 한국에서 도입해왔다고 했습니다. 임명진 교수는 그가 좋아한 '10월의 마지막 밤'을 불렀습니다. 양병호 교수는 무슨 노래를 했는지 잊어버렸습니다. 나는 박자도 안 맞는 태진아가 부른 '옥경이'이란 노래를 불렀습니다.

그 때 미국에서 생활을 했던 가수 태진아가 한국에 돌아온 후 순창 출신 임종수가 작곡한 '옥경이'를 불러 연7주째 각종 방송에서 1위를 차지했습니다. 태진아가 MBC에서 실시하는 가수왕이 되어 우느라 노래를 부르지 못하는 모습을 TV를 통해서 보았습니다. 그 후 수없이 생겨났던 노래방이 이젠 한물간 사업이 되어가고 있습니다.

예쁜이! 이해찬 국무총리가 중국에 갔습니다. 통일부 차관이 미국에 갔습니다. 그리고 고이즈미 일본 총리가 청와대를 방문하여 한·일 정상회담을 하였습니다. 지난주 정동영 통일부 장관이 북한에 가서 김정일을 만나 협의한 사항들을 세 나라에 설명을 하고 핵문제를 조율했습니다.

그런 사이 지난 화요일(2005년 6월 21일)부터 3박 4일 동안 제15차 남북장관급회담이 서울에서 열렸습니다. 정동영 통일부장관과 북한의 권호웅 내각책임참사를 수석대표로 하는 이번 회담에서 '8·15 서울축전 참가와 이산가족들의 화상상봉' '8월 26일 이산가족 금강산 상봉' '백두산에서 제3차 남북장성급군사회담' '쌀, 비료지원' '핵문제는 대화의 방법으로 실질적으로 추진' 등 12개항을 합의했습니다.

당분간 남북관계가 봇물터지듯 밀려올 것 같습니다. 이번 회담은 정말 화기애애했습니다. 그들이 직항로로 인천공항을 통해서 들어올 때 납북자 가족들의 반대시위가 있었습니다. 그리고 그들이 둘러보려던 영화촬영소도 시위로 취소되었습니다. 하지만 북한 방문단은 이를 이해했습니다. 회담도 처음으로 원탁회의로 했습니다. 청와대에 들려 노무현 대통령과 면담도 좋은 분위기였습니다. 남북관계가 크게 향상된 듯 하여 국민들의 마음이 한껏 가벼워 진 듯 합니다,

평양 방문단이 서울에 체류하는 동안 경기도 연천군 육군 모 부대 전방초소 내무반에서 김동민 일병이 동료들이 잠자는 내무반에 수류탄을 던지고 총을 난사하여 동료 병사 8명이 사망하고 2명이 중상을 입은 사건이 발생하여 유족들은 물론 국민들이 큰 충격에 빠져 있습니다. 자기만 알았지 이웃과 함께 할 줄 모르는 신세대들의 정신세계가 우리들을 슬프게 합니다.

지난 20일(2005년 6월) 나는 공무원 생활 32년 6개월 마지막 봉급을 수령했습니다. 공직 생활 동안 한 번도 거르지 않고 집에 봉급을 가져다준 나에게 아내는 고마웠다는 인사를 했습니다.

나의 공직생활 마지막 행정 행위일 수 있는 연금과 공제회비 신청을 했습니다. 다음 달부터는 매달 250여만 원의 연금을 받습니다. 그 외 1억 원 정도의 수당은 은행에 맡겨놓고 내 일상의 품위 유지비로 사용할 것입니다.

마지막이란 단어는 참 슬픈 것이군요. 언젠가 그대의 마지막 편지를 받은 기억이 새롭습니다. 우리가 그렇게도 갈망했던 아름다운 헤어짐이 못되어 지금도 가슴이 아프답니다.

(2005. 6. 24)

349

한국의 정치지도자들에게 모멸감을 느꼈습니다

예쁜이! 노태우 대통령은 그 지난해 말 정계개편 낌새가 있다는 발언문책으로 박준규 민정당 대표를 물러나게 한 그 자리에 '90년 1월 6일자로 박태준 의원을 새로 임명했습니다. 김종필이 김영삼을 불러 골프를 치다가 김영삼이 엉덩방아를 찧는 사진과 함께 언론에서는 민주당과 공화당이 합당할 것이라는 소식이 흘러나오기 시작했습니다.

하지만 국민들은 설마했고 노태우 대통령도 전격적인 정계개편은 있을 수 없다고 했습니다. 그러면서 야3당 총재를 따로따로 불러 여야영수회담을 했습니다. 그러나 영수회담이 끝난 며칠 후인 '90년 1월 22일 이날은 월요일이었습니다. 사무실에서 라디오를 들으니 청와대에서 노 대통령과 김영삼, 김종필이 아침부터 만나기 시작하여 오찬을 함께 한 후에도 회담을 계속하고 있으며 이

회담이 끝나면 중대 발표가 있을 것이라는 소식을 계속 내보내고 있었습니다.

그 날 밤 집에 돌아와 TV를 켰습니다. 회견장 앞으로 노태우를 가운데로 하고 김영삼, 김종필이 함께 걸어나왔습니다. 노태우는 연설대에 섰고 양쪽 뒤로 김영삼과 김종필이 섰습니다.

'친애하는 국민 여러분! 국민의 선택에 따라 출범한 이 공화국의 국정 책임을 지고 있는 민주 정의당 총재 노태우와 오랜 세월 이 땅의 민주주의를 위해 몸바쳐온 통일 민주당 총재 김영삼 그리고 국태민안의 신념을 꿋꿋이 실천해온 신민주공화당 총재 김종필, 우리 세 사람은 민주번영 통일을 이룰 새로운 역사의 장을 열기 위해 오늘 국민 여러분 앞에 섰습니다!'로 시작한 공동 선언문을 읽어나갔습니다.

선언문을 통해 그들은 '아무 조건 없이 3당 합당, 우선 3총재가 임시공동대표' '온건 중도세력이 함께 참여 평화적 통일을 주도' '2월말까지 새 당을 등록하고 6개월 이내 전당대회 개최' '3당은 각5인으로 실무통합 추진위원회 구성' '타 당과도 대화타협 정치 추진' 등 5개항의 합의문을 발표했습니다.

발표가 끝나자 노태우가 양김씨를 불러 함께 손을 잡고 하늘을 향해 올렸습니다. 이것이었습니다. 나는 그때 김영삼과 김종필의 얼굴을 똑똑히 보았습니다. 그들은 노회老獪의 상징 그대로였습니다.

경천동지란 생각이 들었습니다. 아무리 정치라지만 태생이 다른 이질적인 사람들이 저럴 수도 있는 것이구나 하고 생각을 했습니다. 이조시대의 사색당파는 지조와 의리를 기본으로 했습니다. 하지만 현대 정치판에선 지조란 언제든지 버릴 수 있는 것이구나 하고 생각을 했습니다. 정치는 인간관계와 무관한 것이구나 하는 생각도 했습니다. 한국의 정치지도자들에게 모멸감을 느꼈습니다.

늘 어렵게 살아온 김대중이 다시 왕따를 당하는 모습을 보며 호남민심은 참담했습니다. 배신감에 가득찬 김대중은 3당 야합을 반대하는 1,000만인 서명운동과 장외투쟁을 선언했습니다. 다시 인동의 세월을 보내야하는 지팡이를 든 고독한 DJ 모습을 풍자한 동아일보 만화가 지금도 생각이 납니다.

여당인 민정당과 김종필의 공화당은 합당추인에 전연 문제가 되지 않았습니다. 하지만 김영삼의 민주당에선 부산 출신 소장파 노무현과 김정길이 강력히 반발했습니다. 한때 동교동 황태자라 불렸던 김상현이 김영삼을 따라갔다가 튀어나왔습니다. 이기택도 청와대에 몇 번 다녀오더니 신당 불참 선언을 했습니다. 얼마 후 이들이 모여 미니 정당을 만듭니다.

3당 합당추인을 위한 민주당 전당대회에서 노무현이 김영삼에게 강력히 항의했던 모습을 국민들은 기억합니다. 그 모습이 뒷날 그가 대통령이 되는 데 많은 기여를 했다, 합니다.

그렇게 노태우와 김영삼, 김종필이 3당 합당을 합니다. 3년 후 김영삼이 대통령이 되자 노태우는 감옥에 가고 김종필은 떨어져 나갑니다. 다시 5년 후 김대중과 김종필이 합쳐서 이회창을 누르고 김대중이 대통령이 됩니다. 김대중 대통령 아래서 국무총리를 했던 김종필은 다시 떨어져 나갑니다. 시대에 따라 부침을 거듭해 온 김종필 씨를 보면서 정치란 저런 것인가 하는 생각을 합니다.

예쁜이! 지난 주(2005년 6월 24일) 정부는 한전을 광주로, 주공을 경남으로, 한국자산관리공사는 부산으로, 한국가스공사는 대구로, 한국석유공사는 울산으로 하는 등 176개의 수도권 공공기관 지방이전 계획을 발표했습니다.

노무현 정권의 국가균형발전을 위한 획기적인 프로젝트에 따라 전라북도는 토지공사, 지적공사 등 13개 기관이 배치되었습니다. 앞으로 지방자치단체는 이전될 기관을 중심으로 혁신 도시를 만든다 합니다. 언제까지 어디에 어떻게 지방혁신도시를 세울지 도민들의 관심이 지대하답니다.

송웅재 군산시장 권한대행이 캐나다 윈저시를 방문하여 디후란시스 시장과 양 시 간 우호협력 증진을 위한 자매결연 협약 체결식을 가졌습니다.

어제 조촌동 신생식당에서 정년퇴임자를 위한 석별오찬이 있었습니다. 퇴임자 16명 중 나와 고석윤, 최상근, 유정규, 노재현,

두윤수, 김병출 등 7명만이 참석하고 시에서는 송웅재 시장대행과 임갑수 국장 등이 참석했습니다. 담담한 분위기에서 소주 한 잔씩 하고 점심을 마친 뒤 보자기에 싸 실어 준 녹조근정훈장을 가지고 돌아왔습니다.

오늘 2005년 7월 1일자로 만 32년 공무원 신분이 완전히 소멸되었습니다. 이제 사회란 망망대해에서 자아를 찾아 스스로 노를 저어서 한없이 가다가 주검을 향하는 것인가를 생각합니다. 호우가 쏟아지는 창가에 기대어 거의 하룻동안 지난 세월을 반추해 보았습니다. 공직과 인생은 참 허무한 것이구나 하는 생각이 가슴을 저미게 했습니다.

(2005. 7. 1)

350

90년대 하얀 노타이와 흰 양말

시대도 사라져 가고

예쁜이! '90년 2월이 왔습니다. 형진이가 신풍초등학교를 졸업하고 남중학교에 추첨되었습니다. 세월은 성장이란 방향으로 인생을 몰고간다고 생각했던 시절이었습니다.

졸업식 날 나는 양복을 입고 아내는 한복을 입고 식장에 나갔습니다. 졸업식이 끝나고 송일이와 함께 시청 옆 빈해원에 갔습니다. 예약해 놓은 방에 시킨 요리가 들어왔습니다. 형진이 졸업을 축하하고 가족 모두의 건강과 행복을 위한 건배를 했습니다. 다른 방에서 식사를 마치고 나온 형진이 동창 하나를 보았습니다. 할머니와 함께 온 그를 우리 방에 오게 하여 축하해주었던 생각도 납니다.

형진이가 중학교에 들어갈 때 참 세월 빠르구나 하고 생각을 했었습니다. 형진이가 작년 12월에 결혼을 했습니다. 나와 아내 사이 꽃다발을 들고 서 있는 예쁜 형진이의 초등학교 졸업사진을 봅니다. 참 세월은 빠른 것입니다.

전주 이 시계점 손자 이창호가 15세의 나이로 스승 조훈현을 꺾고 최고위전 타이틀을 획득했습니다. 그 얼마 전 KBS배 바둑왕전에 이어 2관왕을 차지한 이창호 4단은 국내 최연소 타이틀 기록을 세워 세상을 놀라게 했답니다.

남원방송국에 5년여를 근무했던 김학이 전주방송국 방송부장으로 자리를 옮겼습니다. 전주로 자리를 옮겨온 김학 형의 주선으로 금암동 전주방송국에 가서 대담방송을 했던 생각이 납니다.

군산시는 승용차 등록이 5,578대라고 발표했습니다. 군산시 인구 46명당 1대 꼴이었습니다. 15년이 지났습니다. 지난달 말 59,249대가 등록되었다 합니다. 4.5인당 한 대꼴이 된 것입니다. 딱 10배가 늘었습니다.

90년대가 오면서 몇 가지 일들이 사라져 가고 있었습니다. 언젠가 이야기했지만 수없이 날아오던 연하장이 사라지기 시작했습니다. 흥청대던 크리스마스 전야 풍속이 차분해졌습니다. 생각난김에 하얀 노타이와 흰 양말 이야기를 하고 싶습니다.

내가 고등학교 1학년 때 박정희가 쿠데타를 일으켜 정권을 잡았습니다. 내가 고등학교를 졸업하고 군대를 다녀왔습니다. 그 때도 박정희는 대통령이었습니다. 브루나이 공화국을 다녀와서 공무원이 되었을 때도 박정희는 대통령이었습니다.

내가 공무원에 들어가기 얼마 전 여름 검은 양복에 노타이 하얀 와이셔츠를 밖으로 받쳐 입은 박정희 대통령이 공식석상에 나타났습니다. 뜨거운 여름날에 검은 양복에 흰 칼라가 매우 인상적이었습니다. 그 후 총리가 검은 양복에 흰 칼라를 받쳐 입었습니다. 그리고 장관, 지사, 시장, 군수가 그런 복장을 했습니다. 시청 간부들이 그렇게 입었습니다. 계장들이 그런 복장을 했습니다. 하지만 계장급 아래 사람들은 그러하지 못했습니다. 누가 시켜서 그런 것이 아니라 정서가 그런 것이었습니다. 검은 색에 흰 노타이가 권위의 상징으로 생각되던 시절이 있었습니다.

박정희가 검은 색 양복에 노타이 흰 칼라 와이셔츠를 받쳐 입었던 얼마 후 내가 시청에 들어갔습니다. 그런데 이젠 검은 양복에 흰 노타이 그리고 하얀 면양말을 신기 시작했습니다. '76년도 여름이었을 것입니다. 2층 회의실에서 시청 옆 골목을 내다보고 있었는데 군산시청이 인정하는 멋쟁이 송준길 씨가 유행의 신호처럼 그런 복장을 하고 걸어가고 있었습니다.

나를 비롯하여 많은 사람들이 흰 양말들을 신기 시작했습니다. '90년대 초까지만 해도 외국에서 흰 양말을 신은 남자는 한국 사람이더란 말이 있었습니다.

일송회 관계를 이야기하려 합니다. 김영배 도민일보 기자가 사무실 앞 이성당에서 만나자고 했습니다. 마주앉은 김영배 형은 제법 비장한 어투로 평생을 함께 할 사람들의 모임을 만들자고 제의했습니다. 그는 함께 할 사람들의 이름과 회칙 안까지 보여주며 나더러 총무를 맡아 달라는 것이었습니다. 일종의 통보 비슷했습니다.

계를 자기 보호나 처세를 위한 디딤돌로 생각했던 나는 모임 만드는 것을 그리 탐탁하지 않게 생각했지만 영배 형의 권이 너무 진지하여 받아들일 수밖에 없었습니다.

우리들은 '90년 2월 22일 저녁 개복동 운정식당에서 만났습니다. 남궁평, 김영배, 최영호, 임갑수, 이한국, 정진현, 이완희, 정성호, 유정규, 추두환, 송정웅, 이혜진, 임명호, 유창근, 권무, 조성석, 박성초, 최영 등 18명이었습니다. 그 중 14명은 공무원이었고 나머지 4명 중 3명은 사업을 했고 한 사람은 기자였습니다. 영배 형의 제의로 일송회라 이름을 짓고 남궁평 씨를 회장으로 뽑았습니다.

내가 총무를 맡아 7년간 일을 보다가 예산계장일 때 너무 일이 바빠서 추두환에게 넘겼습니다. 그 후 추두환이 5년, 정진현이 2년, 지금은 송정웅 씨가 맡으면서 15년의 세월이 흘렀습니다.

사람들은 오래 만나면 미운 정과 고운 정이 들어 인간관계가 끈끈히 유지될 수 있다는 것을 알게 합니다. 모임은 총무에 따라 모양이 크게 좌우된다는 것을 알았습니다. 내가 총무를 7년간 보았어도 축적된 돈은 거의 없었습니다.

하지만 추두환이는 아껴 쓰고 꼼꼼 하여 5년 동안 500여만 원의 돈을 모아 후임 총무에게 넘겼습니다. 내가 총무를 적게 했으면 반대로 많은 돈이 모아졌을 텐데 그런 생각을 지금도 합니다.

그 동안 설악산, 땅굴, 여수 등 관광과 연말에는 빠지지 않고 부부 망년회를 했습니다. 그러면서 15년의 세월이 흘렀습니다. 처음 직장생활을 했던 14명 중 이제 3명만 남고 모두 직장을 떠났습니다. 처음에는 소주, 맥주 닥치는 대로 술을 마셨는데 이제 거의가 회갑을 넘었거나 바라보는 나이여서 속없는 나를 포함하여 세 사람만 술을 마신답니다. 하지만 한 달에 한 번씩 만나는 정이 오래된 장맛처럼 담담하게 가슴에 와 닿는 답니다.

아참! 이 글을 쓰면서 일송회 기념사진을 찾아보았습니다. '90년 2월 22일자 창립기념 사진 앞자리에 6명이 앉아 있었는데 그 중 4명이 흰 면양말을 신고 있었습니다. 그 7년 뒤 '97년 1월 1일자 찍은 사진엔 앞자리 6명 모두 흰 양말을 신고 있었습니다. 사진을 보면서, 그렇구나, 하는 생각을 합니다.

예쁜이! 며칠 전 거리에서 라운3동 동장 정중석을 만났는데 새로 3개통의 통장을 선발하는데 지원자가 7:1이나 되어 부득이 시험으로 뽑았다, 했습니다. 군산타임즈에도 보도된 이 일을 들으면서 정말 세상 많이 달라졌다 생각했습니다.

지난 토요일(2005년 7월 2일) 공무원 사회에서 토요 근무가 공식적으로 소멸되었습니다. 고도화 사회에 따른 변화에 놀랍니다.

이날 형진이 송일이 소연이가 나의 정년을 위로해 주기 위해 함께 집에 내려왔습니다. 그들은 기념패와 선물을 주면서 위로와 감사를 표했습니다. 작은집 식구들도 함께 식사를 하면서 흘러간 세월을 반추해 보았습니다. 날짜 잡아 순창 내려가 부모님 산소에 성묘하면서 정년을 고하려 합니다. 장마 속의 무더위에 그대의 건강을 빕니다.

(2005. 7. 6)

351

시인 박봉우 저 세상으로

예쁜이! '90년 3월 2일 밤 월명동 신생식당에서 군산 문인협회 임원 선출을 위한 정기총회를 열었습니다. 연임을 했던 이복웅 지부장 임기가 끝났기 때문이었습니다. 고헌 이병훈 선생이 상의해서 지부장 김기경, 부지부장 김봉열, 최영을 지명하고 회원들이 이를 추인하였습니다.

신임 김기경 지부장은 고헌, 이병훈, 이주환, 박순호, 이복웅, 임명진 씨를 이사로 사무국장에 김정수를 지명했습니다.

회원들은 새 지부장을 축하해 주었습니다. 마침 고헌 교수가 ≪걸어서 걸어서≫ 이병훈 선생이 ≪눈 뜨는 하현下弦≫이라는 새 시집을 내어 함께 축하하는 자리가 되었습니다. 아름다운 봄 밤 2차까지 술자리를 했던 생각이 납니다.

군산여류문인들의 모임인 청사초롱이 동인지 ≪물빛으로 오는 노래≫를 창간했습니다. 회장이었던 이경아와 배환봉, 장화자, 백승연, 이윤재, 박정애, 조경숙, 이선비, 김순옥, 최순양, 최옥경, 이미라, 김재연 등의 작품이 실렸습니다. 군산문인들을 초청하여 금동 서해횟집에서 출판기념회를 했습니다. 여류문인들이 모두 한복을 차려 입은 현란함 속의 내가 조금은 부끄럽다고 생각했습니다.

군산문인협회 정기총회 며칠 후 시인 박봉우가 죽었다는 소식을 받았습니다. 1934년 광주에서 태어난 박봉우는 전남대학 재학 중인 1956년 조선일보 신춘에 시 '휴전선'이 당선되어 문단에 나왔습니다.

'산과 산이 마주 향하고 믿음이 없는 얼굴과 얼굴이 마주 향한 항시 어두움 속에서 꼭 한 번은 천둥 같은 화산이 일어날 것을 알면서 요런 자세로 꽃이 되어야 쓰는가.

저어 서로 응시하는 쌀쌀한 풍경. 아름다운 풍토는 이미 고구려 같은 정신도 신라 같은 이야기도 없는가. 별들이 차지한 하늘은 끝끝내 하나인데…… 우리 무엇에 불안한 얼굴의 의미는 여기에 있었던가.

모든 유혈流血은 꿈같이 가고 지금도 나무 하나 안심하고 서 있지 못할 광장. 아직도 정맥은 끊어진 채 휴식인가 야위어가는 이야기뿐인가.

언제 한 번은 불고야 말 독사의 혀같이 징그러운 바람이여. 너도 이미 아는 모진 겨우살이를 또 한 번 겪으라는가, 아무런 죄도 없이 피어난 꽃은 시방의 자리에서 얼마를 더 살아야 하는가. 아름다운 길은 이뿐인가.

산과 산이 마주 향하고 믿음이 없는 얼굴과 얼굴이 마주 향한 항시 어두움 속에서 꼭 한 번은 천둥 같은 화산이 일어날 것을 알면서 요런 자세로 꽃이 되어야 쓰는가.'

박봉우의 휴전선은 우리 문단사에서 분단을 노래한 최고의 절창이라 합니다. 군부 독재 시절 남북대화를 외치는 대학의 대자보에 박봉우의 휴전선이 가장 많이 내걸렸다 합니다.

그는 등단한 이후 서울에 올라옵니다. 서울에 올라온 그는 술집, 경찰서, 정신병원을 들락거리면서 천상병과 함께 한국의 양대 기인으로 이름을 날렸습니다. 그러면서 첫 시집 ≪휴전선≫에 이어 ≪겨울에도 피는 꽃나무≫ ≪4월의 화요일≫ ≪황지荒地의 풀잎≫ 등을 펴냈습니다. ≪현대문학≫ 신인상을 수상하기도 했습니다.

그의 시는 서정을 통하여 정치와 역사 그리고 문명비평을 시도한 것이 특징이라고 합니다. 평론가들은 통일의 염원을 노래한 한국의 대표적 시인으로 박봉우, 신동엽, 고은, 김지하 등을 꼽고 있답니다.

하지만 그의 서울 생활은 그의 시와 함께 한없이 비상하고 싶지만 현실은 한없이 추락합니다. 처자식을 먹여 살릴 수 없었고 친구는 멀어져 갑니다. 한없이 외롭고 삶이 두려워집니다. 그는 우울증에 빠집니다.

그런 그가 광주고 동기동창인 이효계 전주시장의 도움으로 서울생활 20년을 청산하고 그의 나이 43세인 '77년도에 전주로 내려옵니다. 이 시장은 그를 전주 시립도서관 임시직으로 발령합니다. 하지만 그는 공무원생활에 적응을 하지 못하면서 기행은 여전하여 본인은 물론 동료직원들이 함께 어려움을 겪었다고 합니다.

박봉우가 전주 시립도서관에 근무하고 있구나, 그 정도 알고 있었던 '86년도 겨울인가, 전주 문인들 저녁 술자리에 예고도 없이 나타난 그를 처음 보았습니다. 당당한 체구에 약간 벗어진 머리 그리고 신경질적인 인상을 갖고 있었습니다. 그는 자신의 얼굴이 표지로 나와 있는 주간지 ≪선데이 서울≫을 여러 사람들에게 보이면서 소리소리 질렀습니다. 반쯤 실성한 사람처럼 보였습니다.

그 얼마 뒤 수필가 최증자가 하는 카페에 갔었는데 그곳에 나타난 박봉우는 홀 안을 엉망으로 만들어 버린 후 서서히 사라졌습니다. 참 안타깝구나, 하고 생각했습니다.

그렇게 박봉우를 만난 지 2년 뒤쯤 포장마차를 했던 그의 처가 사망하여 문상을 갔습니다. 그의 상가는 전주 5거리를 지나 코리아극장 골목 셋방이었습니다. 박봉우는 정신병원에 감금되어 있었고 어린 아들딸이 차에 실리고 있는 엄마의 관을 멍히 바라만 보고 있었습니다. 사람은 너무 절망하면 눈물도 말라버린다는 것을 알았습니다.

문상을 마치고 겨울바람이 울고 있는 골목을 빠져나오면서 생각했습니다. 가난은 죄악일 수 있다, 시를 쓰되 최소한 가족들의 생계는 유지할 수 있어야 한다. 그런 생각 말입니다. 박봉우 부인 주검을 바라보며 시인들은 시를 썼습니다. 정열 씨가 전북일보에 발표했던 시와 조기호의 시들이 지금도 생각이 납니다.

그렇게 부인을 저 세상에 보낸 후 박봉우는 생의 한계를 느낍니다. 그는 전주에 온 후 13년 동안 ≪서울 하야식≫ ≪나비와 철조망≫ ≪딸의 손을 잡고≫ 등의 시집을 펴냈습니다. 그리고 서서히 폐인이 되어 저 세상으로 갔습니다. 광주 사람 박봉우는 죽어 전주 효자동 시립공동묘지에 묻혔습니다.

예쁜이! 지난 목요일(2005년 7월 7일) 영국 런던의 한복판에서 폭탄테러가 발생하여 출근길 시민 75명이 사망하고 수백 명의 사람이 부상을 입었습니다. 그 전날 2012년 하계 올림픽 유치로 들떠 있는 영국 국민들을 경악게 했습니다. 영국의 다른 도시에서 선진8개국(G8) 정상회의가 열리고 있어 경계가 소홀한 틈을 탄 알-카에다 소행으로 추정되는 테러라 합니다. 미국의 문명이기에 대응하는 제2의 9·11테러라 합니다.

같은 날부터 3일간 남북경제협력 추진위원회 본회의가 서울에서 열렸습니다. 이 회담에서 '북한에 쌀 50만 톤 지원' '10월에 남북열차 시험 운행과 도로 개통식' '남한은 북한의 지하자원 개발에 투자할 것'등 10개항을 원만히 합의했습니다. 남북교류가 급물살을 타고 있습니다.

강근호 전 군산시장에게 승진 청탁 명목으로 뇌물을 제공한 군산시 공무원 7명에게 보직 해임 결정이 내려졌습니다. 돈을 받은 시장과 돈을 준 8명, 또 이에 가담한 사람 등 모두 10명이 불명예스러운 처벌을 받았습니다.

지난 7일 영국 런던에 테러가 발생한 날…… 그 날 7월 7일은 내 인생에서 가장 소중한 날입니다. 지난 세월 언젠가 그 날 11시 45분, 나는 시문학 행사에 참석하기 위해 서울행 우등열차 속에 있었습니다. 차가 논산을 지날 지음 그대에게 손전화가 걸려왔습니다.

전해 오는 진동음은 내 가슴을 얼어붙게 했습니다. 그렇게 시작된 우리들의 사랑은 꿈결만 같았습니다. 세월은 그 꿈을 깨게 했습니다. 해어짐의 슬픔보다 아름다운 이별을 하지 못했던 것이 진정 한으로 남습니다.

(2005. 7. 16)

나는 무슨 일이 있으면 서울에서 혼자 결정합니다

예쁜이! '90년 3월 15일 미하일 고르바초프 소련공산당서기장이 투표에 의해 초대대통령으로 선출되어 우리를 놀라게 했습니다. 취임선서와 연설하는 모습이 동구권 몰락의 상징처럼 보였습니다.

고르비가 대통령에 취임한 며칠 후 3당이 야합하여 민자당 최고위원이 된 김영삼이 박철언 장관을 대동하고 소련에 갑니다. 지난해 6월 민주당 총재 자격으로 소련에 가서 북한의 허담 조평통위원장을 만나고와 마치 본인이 대 소, 북한의 전문가처럼 거드름을 피웠던 그가 다시 소련에 갔습니다.

소련을 방문한 김영삼은 '90년 3월 21일 크렘린 궁으로 고르바초프 소련 대통령을 방문하여 경제협력, 양국간수교, 한·소 정상회담 등에 대하여 요담했습니다. 요담을 마친 김영삼은 자기에 의해 한·소 수교가 다된 것처럼 나팔불고 다녔습니다.

보안을 생명으로 한 외교전에서 동네방네 불고다니니 실무 장관과 엇박자가 나오기 십상이지요. 김영삼은 귀국하여 청와대에 보고하기도 전에 정재문 의원을 미국에 보내 방소 결과를 설명하는 우스운 짓을 했습니다.

김영삼은 자기의 외교력으로 한·소 수교가 다된 것처럼 보고합니다. 하지만 박철언 장관은 소련에 얼마쯤 쥐어 주어야 수교가 가능하다는 것 외에 여러 가지 현안 등을 청와대에 보고합니다. 이를 눈치챈 김영삼은 박철언을 공격했고 이에 박철언은 김영삼을 '중요한 외교활동을 맡기기에 곤란한 인물'이라고 말합니다. 평민당 김원기 원내 총무는 김영삼을 '화롯가에 놓은 어린아이'라고 폄훼했습니다.

이 일에 화가 난 김영삼은 한 달 후 거제도로 내려가 버렸습니다. 노태우가 박철언의 목을 자른 후에야 수습되었습니다. 2년 반 뒤 제14대 대통령 선거가 있었습니다. 대통령에 출마했던 정주영은 김영삼 후보를 향해 '김영삼 씨는 무슨 일이 있으면 거제도에 내려가서 자기 아버지께 묻습니다. 나는 무슨 일이 있으면 서울에서 혼자 결정합니다.' 하고 비아냥거려 많은 사람을 웃겼습니다.

김영삼 민자당 대표위원이 소련 방문을 전후하여 루마니아를 철권 통치했던 차우세스쿠 부부가 도망가다가 붙잡혀 처형되는 등 동구권이 몰락합니다. 한국은 헝가리, 폴란드, 체코슬로바키아에 이어 유고슬라비아와 등과 외교관계를 수립합니다.

우리의 북방외교가 급물살을 타던 시절이었습니다. 지금도 노태우 대통령 시절 남북관계 개선과 동구권 외교를 치적으로 치고 있습니다. 이는 사회주의가 자본주의로 변해가는 역사적 필연과 우리의 국력이 커지는 데 따른 반대급부인 것입니다. 외교에는 많은 돈이 필요하다는 것을 3개월 후 한소 수교를 보면서 알게 합니다.

그 지난해 광주 청문회를 마무리하는 과정에서 노 대통령은 광주학살의 책임을 물어 대구 서갑구 출신 국회의원 정호용을 사퇴시켰습니다. 그는 반발했고 마침내 90년 4월 3일로 예정된 보궐선거에 무소속으로 등록해버렸습니다. 민자당 공천을 받은 문희상이 무혈입성할 줄 알았던 노태우와 여당은 일격을 당했습니다. 언론은 이를 TK목장의 결투라고 썼습니다.

당황한 노태우는 안기부 직원을 대구에 내려보내 그를 잡아오려 했지만 허탕치는 바람에 웃음거리가 되었습니다. 다시 측근들을 대구로 내려보내 그를 회유했지만 허사였습니다. 역시 물태우였습니다.

정호용보다 그의 처의 반발은 컸습니다. 전두환, 노태우, 정호용은 나란히 육사동기였습니다. 그들은 12·12 쿠데타를 함께 일

으켰습니다. 전두환 보안사령관은 대통령이 되었습니다. 전두환의 뒷자리를 이어받은 노태우가 대통령이 되었습니다. 정호용은 노태우 뒷자리를 이어받은 후 국회의원이 되어 때를 기다리고 있었습니다.

그러나 세상은 달라졌습니다. 광주민주화운동을 무자비하게 함께 진압했지만 두 사람은 대통령이 되어 버렸고 모든 책임은 자기에게 와 버렸습니다. 전두환, 노태우, 정호용 부인들은 신혼 시절부터 잘 아는 친한 사람들이었습니다. 본인만 대통령이 못된 것도 억울한데 이제 모든 책임을 자신의 남편에게 씌운 노태우가 미웠습니다.

분을 참지 못한 정호용 부인 김숙환이 자살을 기도한 사건이 터졌습니다. 살아나기는 했지만 엉망이 되어버렸습니다. 국민 여론 때문에 정호용을 설득해야만 하는 노태우 꼴도 엉망이었습니다. 선거 5일 전 전격적으로 정호용과 노태우가 청와대에서 만납니다. 정호용이 출마를 포기하고 외국에 나가는 것으로 타결되었습니다. 우리는 역사에서 많은 혁명을 봅니다. 혁명 후 공과를 챙기면서 다시 피를 흘리는 것이 수없이 반복됩니다. 정호용 사건도 어쩌면 그리 똑같은지 모르겠어요.

예쁜이! 지난 토요일(2005년 7월 16일) 금강산에 갔던 고故정몽헌의 처 현은정 현대그룹 회장이 원산에서 북한 김정일을 만나 앞으로 평양을 거쳐 백두산 다녀오는 2박 3일짜리 관광 길을 열기로 합의했다 합니다. 바닷길을 이용한 금강산관광이 시작된 지 6년 9개월 만입니다. 시간이 걸리겠지만 이번에 합의한 평양과 백두산관광을 회의적으로 본 사람은 없습니다. 놀라운 일입니다.

군산시 의회는 제97회 제2차 본회의를 열어 방폐장 유치동의안을 찬성 18, 반대 8로 전국에서 제일 먼저 가결하였습니다. 이제 주민들의 첨예한 찬반 운동을 거쳐 오는 11월 말경 주민투표로 결정한다 합니다.

햇볕은 빛납니다. 무더위를 머금은 매미, 여치, 곤충들의 우는 소리가 하늘에서 내리고 땅에서 치솟습니다. 은파 산등성이로 온통 푸름이 토해지고 있습니다. 아침저녁 각각 1시간 30분짜리 등산만 하면서 마치 여름휴가나 하는 것처럼 쉬고 있습니다.

언젠가 여름날 오후 그대는 지리산 천왕봉에 있었고 나는 전주 문인들 모임에 있었습니다. 그대에게 손전화를 걸었습니다. 나는 지금도 기억합니다. 내가 그대를 뭐라고 불렀는지? 그대도 기억할 것입니다. 뭐라 대답을 했는지. 그 두근거림이 지금도 가슴을 울리고 있습니다. 그대에 대한 아름다운 추억 속에서 이 글을 쓰면서 올 여름을 보내고 있습니다. 늘 뒷모습이 아름다웠던 그대의 여름이 건강하길 빕니다.

(2005. 7. 21)

353
그대의 얼굴은 수밀도처럼 아름다웠습니다

예쁜이! 월명공원 산보로에 벚꽃이 휘날리고 무선국 비탈에 철쭉이 피어나던 '90년 4월이 왔습니다. 그 4월에 원형갑 교수가 제1회 원광문학상를 받았습니다. 충청도 사람 원형갑이 50년대 조촌동에서 살면서 원대로 통학하였습니다. 야간 대학생 신분으로 토요동인회에 참여했던 원형갑은 고은이와 막내그룹을 형성했었습니다.

상을 받을 당시 61세였던 원형갑은 문학평론가로 한성대학에서 근무를 했습니다. 그 대학 총장도 지냈던 원형갑 씨는 몇 년 전 세상을 떠나버렸습니다. 50년대 군산문학의 황금기를 구가했던 토요동인 멤버 중 생존한 사람은 이제 이병훈, 고은 그리고 미국에서 글을 쓰는 김신웅 정도가 아닌가 합니다.

군산문협 소속 황의춘이 ≪시와 의식≫ 봄호에서 시인으로 등단했습니다. 당시 32세였던 황의춘은 석조동인이기도 했으며 군산 LG서비스센터에 다녔습니다. '90년대 중반 춘천으로 간 후 근래에는 전주에서 살고 있다는 소식을 듣고 있습니다.

장화자가 첫 시집 ≪만남을 위한 서곡≫을 펴냈습니다. 김은숙이 현대문학 4월호에서 수필가로 등단했습니다. 변진섭의 '희망사항'이란 노래가 젊은이들 사이에 유행을 타던 시절이었습니다.

사무실 일은 탈 없이 굴러갔습니다. 그 때 워드용 컴퓨터가 보급되기 시작했습니다. 차드사를 시켜 글씨 쓰던 시대가 지나가고 있었습니다. 사무실 건너 2층에 있는 학원으로 직원들 몰래 워드를 배우러 다녔던 생각이 납니다. 군산시청 계장급 중에서 내가 제일 먼저 워드와 컴퓨터를 배우러 다녔을 것입니다.

그 해 4월 마지막 밤 시청과 삼성빌딩 옥상 그리고 금광초등학교 뒷산에서 개항 91주년 전야제를 위한 축포를 쏘아 올렸습니다. 내항에서는 무당들이 모여 진혼제를 올렸습니다. 바다에선 수많은 어선들이 깃발과 불꽃을 내품었습니다. 일제히 고동소리가 울렸습니다.

그리고 다음 날 5월 1일 10시 공설운동장에서 시민의 날 행사가 개최됐습니다. 군악대를 선두로 태극기와 시기를 든 기수단이 들어왔습니다. 실, 국, 동 가장 행렬이 들어왔습니다. 각 행렬단은

본부석을 향해 경례를 올렸습니다. 본부석 중앙에는 김인식 시장과 채영석 의원을 비롯한 각급 기관장들이 서서 답례를 했습니다. 운동장과 스탠드 모두가 형형색색의 깃발로 물결쳤습니다. 하늘에선 전투기가 날았습니다. 낙하산이 떨어지면서 병사들이 사뿐히 하강했습니다. 운동장은 함성의 도가니였습니다.

식이 시작되었습니다. 이날 박종대, 김복순, 김태욱, 한기홍, 박영민, 김윤만, 이금안 등이 군산시민의 장을 받았습니다. 400m 계주, 씨름, 줄다리기 등 동 대항 체육대회가 열렸습니다. 경기보다 응원전이 뜨거웠습니다. 몇 년 전 옥구에서 편입된 미성동의 응원전이 타 응원단을 완전히 제압해버렸습니다.

시민의 날 행사를 시작으로 예총산하 문화예술행사가 다채롭게 열렸습니다. 문인협회는 5월 15일 주부 및 학생 백일장대회를 월명공원 수시탑에서 열었습니다. '시 : 나들이. 산문 : 가족사진'이란 제목의 방을 부쳤습니다. 수시탑 근교엔 늦게 핀 벚꽃이 휘날렸습니다. 글 쓰는 사람들이 떨어진 꽃잎처럼 보였습니다.

이날 주부부 시에는 이안나, 심보실, 차혜숙 등이 입선을 차지했습니다. 장원을 한 이안나는 나와 시청에 함께 근무했던 심명보의 처란 이야기는 언젠가 한 바 있습니다. 주부부 산문은 이사라, 박명숙, 허영혜, 서춘연이 입선을 차지했습니다.

고등부 시 장원에는 군산여상의 문미숙이 차지했습니다. 문미숙은 학교 졸업 후 옥구 군청에 근무를 했었습니다. 10여 년 후 군청과 시청이 합쳐졌습니다. 그는 내가 시청을 떠나올 때까지 시장 부속실에서 근무하면서 내게 많은 도움을 주었습니다.

예쁜이! 지난 17일(2005년 7월) 이조의 마지막 황손 이구 씨가 일본 도쿄의 이름 없는 호텔에서 74세의 나이로 쓸쓸히 운명했다 합니다. 언젠가 이구에 대해 말한 바 있습니다. 말년을 외로이 살다가 저 세상으로 간 이구의 시신이 고국으로 돌아와 경기도 남양주시 금곡면의 영친왕 묘역에 묻혔습니다. 역사의 허무를 봅니다.

7월의 무더위 속에 비가 내립니다. 우리의 첫 만남은 어느 7월의 비 오는 날 밤 해녀였습니다. 식당 이름과 시간이 적힌 만남이라고 쓴 쪽지를 주고받았습니다. 좋은 분위기 방에서 마주앉았습니다. 음식이 들어오자 와인을 따랐습니다. 잔을 부딪치기 전에 나는 말했습니다. 우리는 파트너로, 언젠가 그대가 내게서 떠나고 싶을 때 미리 이야기해 달라고 제의를 했습니다. 그는 정중히 고개를 끄덕였습니다. 많은 이야기를 나누며 식사를 끝냈습니다. 우린 두 병의 와인을 마셨기 때문에 그대의 얼굴은 수밀도처럼 아름다웠습니다.

밖으로 나왔습니다. 비가 내렸습니다. 우산 하나는 나의 가방에 넣었습니다. 둘이서 우산 하나 속에 어둠이 깔리기 시작한 보도블럭을 거닐어 오래된 미래 쪽으로 갔습니다. 그곳에서 마주앙을 마시며 이야기를 나눴습니다. 우리는 삶과 영혼을 이야기했습니다.

여름비가 오는 날이면 해녀를 생각합니다. 하나의 우산을 생각합니다. 오래된 미래로 가면서 처음 손을 잡았던 생각을 합니다. 아! 언젠가 그대는 내게서 떠나겠다는 메일을 보내왔습니다. 단순하고 사무적인 단어는 내 가슴에 영원토록 상처를 남겼습니다.

그대가 떠난 후 많은 날들이 가버렸습니다. 비가 오는 날 밤이면 가끔 혼자 우산을 쓰고 해녀 쪽으로 나가봅니다. 오래된 미래 쪽을 지나면 창틈으로 홀 속에 마주 앉아 마주앙을 마시는 연인들을 보면서 가슴이 뜨거워짐을 느낍니다. 오늘처럼 비가 오는 밤이면 그대는 무엇을 사유하십니까? 그대의 사유 속에 우리의 만남이 존재할 수 있을까를 생각하면 가슴이 찡합니다.

(2005. 8. 1)

354

동양화학 TDI 군산입주

예쁜이! '90년 6월 4일 노태우 대통령은 미국에 건너가 '샌프란시스코' 어느 호텔에서 건국 이후 처음으로 공산권의 종주국인 소련의 고르바초프 대통령과 한소 수교를 위한 역사적인 정상회담을 했습니다.

한·소 수교는 북한이란 특수한 걸림돌을 극복해야 합니다. 이를 풀려면 비용이 필요합니다. 소련은 상당량의 경제 원조를 한국에 요구했고 미국은 이를 조율해줘야 했을 것입니다. 노 대통령이 한·소 정상회담을 마치고 워싱턴에 가서 부시 미 대통령을 만나고 돌아온 것으로 충분히 짐작할 수 있습니다.

샌프란시스코 한·소 정상회담을 가진 지 3개월 후인 9월 30일 소련과 외교관계가 수립됩니다. 그 해 12월 노태우 대통령이 러시아를 방문하여 다시 고르바초프를 만나 30억 달러를 소련에 주기로 합의합니다. 그리고 다음해 4월 20일 고르바초프는 일본을 거쳐 유채꽃이 만발한 제주도에 와서 노태우 대통령과 세 번째 만납니다. 지금 생각해도 드라마 같은 외교적 행보라 생각을 해봅니다.

노 대통령이 미국을 다녀온 때를 전후해서 군산공단에 건설 중인 동양화학 TDI 공장이 사고가 나면 원자폭탄과 같은 피해를 입을 수 있다는 시민단체의 격렬한 시위가 날마다 벌어졌습니다. 시민단체들은 시청 현관 앞에 천막을 치고 반대서명운동을 벌렸습니다.

'90년 6월 9일 오후 2시 KBS 군산방송국 공개홀에서 학계, 회사원, 공무원. 환경단체 등 500여 명이 모인 가운데 시민공청회를 개최했습니다.

서울대 김정원, 대전대 장원 교수는 동양 화학이 건설 중인 TDI 공장은 맹독성 원료인 포스겐을 사용함에 따라 가스가 누출되거나 폭발이 될 경우 어마어마한 인명 피해를 낼 수 있기 때문에 절대 적합지 않다고 밝혔습니다.

이에 반해 대덕연구 단지 최영복 교수와 동양화학 김상열 전무는 화학제품 원료인 TDI가 인체에 해로운 것은 사실이나 사고예방과 안전장치만 철저히 하면 100% 사고를 줄일 수 있다고 반박했습니다. 국가경제의 발전과 시민의 일자리 창출 그리고 지방세 증대 효과를 감안해 이해와 지지를 호소했습니다.

반대 교수들은 100% 안전이란 것은 상식 이하의 괴변이라고 반박했습니다. 찬성측 김상열 전무는 어떠한 개발이든 최소한의 환경파괴에서 시작된다면서 자연만 지키다 기아에 떨고 있는 아프리카를 보라고 반박했습니다. 단하의 사람들은 박수와 야유 함성을 함께 질렀습니다. 찬반의 감성이 혼합해서 분출되었습니다.

방청석의 의견과 질문을 들었습니다. 여성단체 대표는 군산시장에게 물었습니다. 한 집의 가장으로서 시장이 어떻게 이 어마어마한 일에 허가하는 사인을 했느냐고 물었습니다. 엄대우 씨는 시장은 문제의 TDI 공장만은 어떠한 일이 있어도 다른 곳으로 책임지고 보내도록 하라고 주장했습니다.

3시간 이상의 열띤 토론 말미에 김인식 시장이 단상에 섰습니다. 긴장과 침묵이 감돌았습니다. 시청 직원들도 긴장했습니다. 방청석에서 물었던 10여 개의 질문 요지를 메모해서 답변에 나선 김 시장은, 우선 공장 허가는 전임 시장이 판단해서 결정한 사항이다, 하지만 그 책임은 나에게도 있다고 답변했습니다. 나도 가장이고 손자손녀를 키우지만 개발 또한 필요하다는 논리로 답변했던 기억이 납니다.

시장의 답변 도중 거센 항의가 빗발쳤습니다. 엄대우 씨가, 당신! 당신! 하면서 시장을 질타했습니다. 김 시장은 '시장을 당신이라고 하는 언어와 자세가 인간 환경에 적합지 않다'고 답하자, 참석했던 시청 직원들은 옳소! 하고 소리쳤던 생각도 납니다. 여성단체들은 책임을 전임 시장에게 전가하려는 자세가 안 되었다고 거듭 항변했고 시장은 이미 90% 공정율이 현실이라고 답했습니다. 토론은 결론 없이 끝났습니다. 하지만 시민에게 상대적 본질을 이해시키는 역할을 했다고 생각했었습니다.

그 뒤 동양화학이 준공된 것과 여러 가지 어려운 일들을 언젠가 이야기한 바 있으므로 줄이려 합니다. 다만 오늘날(2005년 8월) 중저준위 방폐장 군산 유치문제가 15년 전 동양화학 TDI 공장 건설 때보다 더 큰 시민적 저항과 관심을 끌고 있습니다. 국민적 관심사이기도 합니다.

이미 지난 번에 군산시의회에서 유치의결을 했다 합니다. 그리고 수개월 내에 주민 찬·반 투표에 붙인다 합니다. 방폐장 문제는 개인적 이해관계나 정서적 판단에 의해 충분히 생각을 달리할 수 있습니다. 서로는 상대 의견을 인정하면서 자기의 입장을 시민들이 충분히 알 수 있도록 하는 노력을 다하길 바랍니다. 시민들은 시정문제를 답할 수 있는 권리와 의무가 있습니다.

예쁜이! 안기부 불법 도청 사건이 터져 이 여름(2005년) 내내 세상을 뜨겁게 달구고 있습니다. '97년 대선 때 여당인 이회창 후보에게 100억 원의 불법자금을 건넸다는 홍석현 주미대사(당시 중앙일보 회장)와 이학수 삼성 부사장 간의 도청록을 MBC 이상호 기자가 공개하여 세상을 놀라게 했습니다.

도청한 것으로 알려진 옛 안기부 미림팀장 공운영 씨를 검찰이 조사하면서 그가 숨겨놓은 274개의 테이프와 10여 권의 녹취록을 찾아내어 세상이 다시 뒤집혔습니다. 김영삼, 김대중 정부 시절에도 불법 도청했다는 사실이 알려지자 국민들은 분노하고 있습니다. 두 사람은 독재정권 시절 내내 도청으로 가장 많은 시달림을 받은 사람들이기 때문입니다.

어제(2005년 8월 7일)는 아내와 함께 순창에 다녀왔습니다. 국가가 나에게 준 훈장을 부모님 묘소 앞에 올려놓고 성묘를 했습니다. 유년, 학창 시절, 군대입대, 월남전, 공무원 시험, 브루나이 출국과 부상, 그리고 군산에 왔던 일을 생각했습니다. 결혼을 하고 자식을 낳고 부모님이 저세상으로 갔습니다. 시인이 되었습니다. 며느리를 얻고 정년을 했습니다. 그렇게 30 몇 년을 보냈습니다.

인생은 참 허무한 것이구나, 하는 생각을 했습니다. 남은 세월 정직하고 참된 삶을 살다 가고 싶습니다. 고향에서 돌아오는 길에 형진이에게 전화가 왔습니다. 며칠 후 소연이 송일이와 함께 여름 휴가차 군산에 내려온다는 연락입니다.

(2005. 8. 8)

355
한 해에 지사가 세 번 바뀐 일도 있었습니다

예쁜이! 동양화학 TDI 공장 군산입주와 관련 운동권의 저항이 심했던 '90년 6월에 제13대 국회는 후반기 의장에 박준규, 부의장에 김재광을 뽑았습니다. 삼당 합당에 반대하여 등원치 않는 평민당 몫을 남겨놓았습니다.

김영삼의 3당 합당에 반대한 민주당 잔류파들이 창당전당대회를 열어 이기택을 총재로 부총재엔 김현규, 홍사덕을 뽑았습니다. 박찬종, 김광일, 조순형, 이철, 노무현, 김정길 등이 함께 했습니다.

원로시인 모윤숙 씨가 향년 81세로 저 세상으로 갔습니다. 고등학교 때 읽었던 모윤숙의 ≪랜의 애가≫는 42판을 찍었다 합니다. 내가 전북일보 '전북광장'난에 주 1회씩 3개월 동안 칼럼을 쓰기 시작했습니다. 함께 했던 필진은 배숙자 전북대 교수, 화가 서희

주, 이태영 목사 등이었습니다. 나의 첫 번째 칼럼 '중심잡기'가 나갔을 때 진동규, 김남곤 씨 등이 격려 전화를 해주었던 생각이 납니다.

동양화학 TDI 문제로 시끄러운 중에서 개야도, 연도, 장자도 등 섬과 군산 시내 어민들의 200여 척의 소형 어선들이 내항과 외항을 장악해버렸습니다. 저인망 어선을 이용하여 꽃새우를 잡으면 바다 밑 어족들의 씨를 말릴 우려 때문에 수산청은 바닥에 안 닿는 어망으로만 잡도록 하고 이를 지키지 않는 어선을 단속했기 때문이었습니다. 고군산열도의 꽃새우 철에 벌어진 해상 시위는 육지에서 섬으로 가는 여객선과 외국으로 나가고 들어오는 수출입선의 항로를 봉쇄해 버렸습니다. 부안 줄포 앞바다에서도 동조 해상 시위가 벌어졌습니다.

해경이 저지에 나섰습니다. 행정지도선이 단속에 나섰습니다. 하지만 꽁꽁 묶인 배들은 움직일 줄을 몰랐습니다. 어민들은 내항에 정박 중인 행정지도선의 공무원들을 쫓아내고 불을 질렀습니다. 군산소방서 소속 소방차 3대가 긴급 출동했으나 어민들의 저지로 진입하지 못했습니다. 지도선 한 척이 완전히 타버리고 두 척은 거의 망가져 버렸습니다. 흥분한 어민들은 내항으로 몰려나와 시내로 진입하려 했고 전경들은 최루탄과 물대포를 쏘며 이에 맞섰습니다.

'90년 6월 14일 오후 4시 어민대표 20명과 육종진 부지사가 군산 수협에서 협상을 시도했으나 타결치 못하였습니다. 군산경찰은 임승택과 노정구를 구속했습니다. 강현욱 지사가 서울에 올라가 수산청장을 만났습니다.

지사와 청장은 '8월 말까지 우선 조업허용, 새로운 어구를 개발할 때까지 단속 보류, 구속자 조기 석방 노력' 등을 조율했습니다. 그리고 조율된 사안을 가지고 수산청 김창생 국장이 내려왔습니다. 강현욱 지사를 신임했던 군산 어민들은 이를 수락했습니다.

강현욱 지사가 서울에 가서 어민들 해상 시위 조율과 다음해 예산확보를 위해 관계부처와 협의하고 내려오는 날 정부 인사가 발령되었습니다. 강현욱 지사가 동자부차관으로 전출되고 후임 전라북도 지사에 남원 출신 최용복 씨가 발령되었습니다.

'88년 5월 20일에 취임하여 2년 1개월 동안 근무했던 강현욱 지사는 '서해안 시대의 새 전북 건설'이란 도정 지표를 내걸고 전주권 개발 2단계사업, 용담댐, 전북장학숙, 덕유산 스키장 건설 등 많은 일을 했습니다. 그가 새만금 사업의 기초를 다지고 떠났다는 것은 전북도민이 잘 알고 있습니다. 특히 군산신항, 군장 산업기지 조성, 군산대 종합대학 승격 등의 일들을 챙겼던 것을 우리는 잊지 않고 있습니다.

차분하고 정적인 강 지사는 대외적으로 적이 없었고 대내적으로 도청 직원들에게 존경을 받았습니다. 그가 남긴 몇 가지 일 중 3가지만 이야기하려 합니다. 그가 지사에 취임하여 공관에 갔을 때 제일 먼저 주방으로 들어가 식당 아줌마를 찾아 잘 부탁한다고 인사했다 합니다. 그는 도청 하위직 직원들 인기투표에서 역대 지사 중 가장 많은 인기를 얻었다 합니다. 그가 퇴임식을 하고 떠날 때 전별금으로 들어온 돈을 시설에 지원했다 합니다. 그 때 그의 나이 53세였습니다. 15년이 지난 지금 그는 민선 도지사로 일하고 있습니다.

'90년 6월 20일자로 취임한 제25대 최용복 지사는 전라북도 기획관리실장, 부지사, 내무부재정국장, 내무부 민방위본부장을 거쳐 영전하여 왔습니다. 누구보다 전라북도 사정을 잘 알고 있는 그는 '살기좋고 활기찬 새 전북건설'을 도정 지표로 삼고 도민본위 봉사행정, 화합으로 사회 안정, 내실 있는 소득증대, 의욕적인 지역개발, 격조 높은 문예 진흥 등 5대 시책사업을 추진하겠다고 밝혔습니다. 새로 온 지사들은 의욕적으로 일을 추진하려 하지만 그러나 용두사미가 되기 십상입니다. 짧은 재임기간 때문일 것입니다. 최용복 지사도 1년 10개월 만에 물러갑니다.

지사의 재임 기간이 짧은 것은 역사적 병폐일 수 있습니다. 기록을 보았더니 고려 공민왕 7년(1358)부터 조선시대를 거쳐 해방 이후 최용복 지사까지 633년 동안 560명의 지사를 배출했다 합니다. 평균 1년 1개월이 못 될 정도입니다. 조선조 500년 동안 2년 이상 근무한 관찰사는 21명뿐이었습니다. 세종 24년에 부임한 박중림 관찰사는 14일간 근무했던 기록이 최단수입니다.

1960년 이기세 지사 45일, 이용택 지사 72일, 임춘성 지사가 100일 만에 각각 물러납니다. 한 해에 지사가 세 번 바뀌었습니다. 633년 동안에 가장 장수한 지사는 5년 2개월의 황인성입니다. 현행 4년 임기가 보장된 민선자치단체장이 새겨야 할 일들입니다.

예쁜이! 내일은 제60회 광복절입니다. 8·15 민족 대축전에 참가할 북한대표단이 남으로 내려왔습니다. 문창초등학교 개교 60주년 기념행사를 이 학교 출신 탤런트 김성환이 주관하여 김수미, 백일섭, 사미자, 전원주, 김영철, 송대관, 주현미, 현숙 등 연예인을 불러 주민 한마당 잔치를 한답니다.

지난 금요일(2005년 8월 12일) 송일이는 바빠서 오지 못하고 형진이와 소연이가 여름 휴가차 집에 왔습니다. 아내와 아이들과 함께 희리산을 다녀서 서천 쪽 바닷가를 다녀왔습니다. 바다를 곁에 두고 누워 있는 들녘과 숲들 그리고 멀리 지나가는 버스까지 어울려 한 폭의 그림 같았습니다. 평상에 앉아 칼국수와 소주를 시켰습니다. 주식이 끝나자 가족들이 그대로 평상에 누워 잠을 잤습니다. 호화롭거나 들뜨지 않게 가족이 함께 하는 휴가는 작은 의미의 행복이라 생각했습니다. 그대의 여름휴가를 생각해보며 이 여름을 보낸답니다.

(2005. 8. 14)

화물차량들이 시내 주요도로를 점거해버렸습니다

예쁜이! 지사가 새로 오면 시·군 초도순시를 거쳐 대대적인 인사가 이루어진다는 것은 내가 수없이 말했습니다. 전주, 완주 초도순시를 마친 신임 최용복 지사가 '90년 7월 3일 오전 군산시청을 방문했습니다. 김인식 군산시장은 며칠 후에 있을 월명체육관 기공, 청소년 수련원 건설, 직업훈련원 설립, 군장산업기지 준설, 각종 시위 대책 등 당면 업무를 보고했습니다.

보고를 받은 후 지사는 회의실에서 시청 직원들에게 훈시를 했습니다. 그는 그가 내건 도정 목표와 5개 시책사업을 상세히 설명했습니다. 그리고 군산은 21세기 대륙교역의 대규모 국제항으로 발전할 수 있을 것이라고 들고, 이를 위해 공무원들이 사명감을 가지고 일해 달라고 당부했습니다. 군산시청에서 점심을 들고 오후엔 옥구군청으로 갔습니다.

지사가 군산시를 초도순시한 다음 날 오전이었습니다. 200여 대의 화물차량이 3조로 나누어서 팔마광장 입구와 세대제지 입구 그리고 공단진입로 입구 등 군산 시내 주요도로를 막고 점거해버렸습니다. 차주와 가족들은 '군산의 대기업들이 지방화물차량들을 이용하지 않아 벌어먹고 살 수가 없다.'고 농성에 들어갔습니다.

운수업자들은 군산 – 서울간 운임가격은 '81년 정부고시가격으로 134,000원인데 87,000원을 받아 적자운영에 허덕이고 있다는 것입니다. 그리고 '81년 당시 1천3백만 원하던 차량 구입비가 현재 2,000만 원으로 올랐고 각종 부속 비용이 크게 올라 현재의 운송 요금으로는 흑자 운영이 도저히 불가하다고 주장했습니다.

이에 반해 기업체들은 군·옥관내 화물차량 수가 5백여 대로 81년 당시보다 2배가 늘었고 이들 운수업체들이 덤핑 경쟁으로 운송요금이 하락하였다고 주장했습니다.

시에서 볼 때는 쌍방간에 의견이 모두 일리가 있지만 한국유리, 두산유리, 세풍제지 등 대부분의 대형업체들이 본사가 있는 서울 등 타 지역 업체에게 싸게 맡겨버린 것이 주요인이었습니다.

군산경찰은 이날 전경 2개중대 병력을 동원 진압에 나섰으나 농성차량 운전자들이 차량만 주차시킨 채 모두 자리를 비워버려 속수무책이었습니다. 이 사태로 시내버스, 시외버스, 고속버스, 화물차량 등 모든 교통수단이 마비되었습니다.

이렇게 되자 대원산업 파일제품 2천5백여 톤을 반출치 못했습니다. (주)선화의 수출용 신발 3만 족 선적을 못했습니다. 그리고 퓨리나코리아 등 3개 사료업체의 사료제품 4천5백 톤이 적체되고 두산유리는 원료가 반입되지 않아 조업을 중단할 수밖에 없었습니다. 그날 군산을 출발하여 김포공항을 통해 외국으로 나갈 사람들이 길이 막혀버려 가지 못하는 상황이 발생했습니다. 유통이 막혀버린 도시는 완전히 공동화되어버렸습니다.

시에서는 긴급대책회의를 소집하여 운송회사들의 요구조건을 들어주도록 노력하겠다고 설득하여 외부에서 들어오는 화물차량만이라도 통행을 완화토록 하자는 데 합의하려했습니다. 하지만 업자들 간에 의견통일이 안 되었습니다.

경찰은 주모자를 검거했습니다. 5개 중대병력을 추가로 투입했습니다. 군산의 대기업은 군산 업주와 운송계약을 하겠다는 협약을 하고 5일 동안 계속되었던 시위가 끝났습니다.

'90년 상반기 노태우 정권 시절 군산은 동양화학 TDI 건립 반대, 어민들의 해상 시위, 시내버스 총 파업, 국가공단과 새만금 보상시위 역전노점상 이전 반대 등 날마다 달마다 시위와 농성으로 거리가 얼룩졌습니다. 던져대는 돌멩이로 시청유리창이 수없이 깨졌습니다. 화염병이 투척되었습니다. 시장은 청원경찰 수를 늘렸습니다. 유리창을 철창으로 다시 보강했습니다. 그 시절 군산은 시위 천국이었습니다.

군산에 최루탄 가스로 얼룩진 그 7월에 윤보선 전 대통령이 93세를 일기로 안국동 8번지 99칸짜리 그의 저택에서 서거했습니다. 그는 온양의 가족묘에 묻혔습니다. 군산 출신 무용가 신용숙이 전주 에로스 극장에서 '고독한 이름의 여인'이란 명제의 춤을 추었습니다. 만나고 사랑하고 헤어지는 현대인의 고뇌를 이야기하는 춤이었다 합니다.

허소라가 회장을 했던 전북 문인협회 여름세미나가 남원군 대강면 섬진강 강변에서 열렸습니다. 소나무 밑 모랫바닥에 서서 고향을 거쳐 흘러온 물결을 보며 저 세상에 계신 부모님 생각을 했습니다.

아내는 3년간 살았던 주공아파트 시대를 청산하고 은파 현대아파트로 이사할 준비를 서둘렀습니다. 나는 지리산행의 여름휴가를 준비했던 생각이 납니다.

예쁜이! 지난 광복절(2005년)은 한민족대축전이 서울에서 열렸습니다. 김기남 노동당 비서를 포함한 17명의 당국자와 많은 북한 사람들이 남북직항로를 이용하여 서울에 왔습니다. 해외동포들도 왔습니다.

서울에 온 김기남 노동당 비서 일행이 국립현충원과 국회를 전격 방문하여 우리를 놀라게 했습니다. 그들 일행은 김대중 전 대통령을 문병하고 천년고도 경주 불국사를 둘러보았습니다. 청와대에 가서 노 대통령을 예방했습니다. 남북한 남녀축구가 열렸습니다.

남북이산가족 화상상봉이 처음 이뤄졌습니다. 북한 선박 두 척이 제주해협을 통과하였습니다. 북한 대표단은 3박 4일 동안 축제를 무사히 마치고 북으로 돌아갔습니다. 서울은 통일의 열기로 가득 했답니다.

올해로 3회째 채만식 문학상을 추진하고 있습니다. 하지만 '채만식 친일문학 문제'로 민족문제 연구소 전북지부 회원들과 일부 인사들이 적극 반대운동을 벌이고 있답니다. 그들은 문학상은 물론 문학관도 폐지하라고 주장하고 있습니다. 군산문인들은 이 문제로 많은 고민을 하고 있답니다. 그대의 이 여름이 행복하길 빕니다.

(2005. 8. 19)

357

은파 현대아파트 104동 702호로 이사하다

예쁜이! 새로 취임하여 시·군 초도순시를 마친 최용복 전라북도 지사는 '90년 7월 30일자로 전라북도 고위직 인사를 단행했습니다.

이 인사에서 정희운 부시장이 군산시에서 근무한 지 7개월 만에 김제군수로 영전을 했습니다. 재임 7개월 동안 무슨 일을 얼마나 했겠어요. 소리 안 나게 시장 보좌하면서 자리 지키다 가는 거지요.

후임에 공이택 완산구청장이 왔습니다. 제20대 군산시 부시장 공이택 씨는 도청 산하에서 잔뼈가 굵은 전형적인 행정가였습니다. 수필가 공숙자의 삼촌인 신임 부시장도 11개월 만에 군산을 떠납니다. 지자제시대가 가까워지면서 부시장 임기와 권한이 짧아져 갔다고 지난 번에 이야기한 바 있습니다.

같은 날 황하련 기획실장이 도 민방위과장으로 가고 홍성복 씨가 왔습니다. 회계과장 강택균 씨가 도 아동계장으로 가고 후임에 무주에서 유수군이 왔습니다.

그렇게 '90년 7월이 갔습니다. 8월이 왔습니다. 8월 2일 이라크가 쿠웨이트를 침공했습니다. 3주 전부터 쿠웨이트에 대해 원유도굴 시비를 벌이며 국경지대에 10만 명의 병력을 집결해 왔던 군사대국 이라크는 14개 사단과 수백 대의 탱크 그리고 전투기를 동원 삽시간에 수도 쿠웨이트의 모든 정부청사와 왕궁을 점령해버렸습니다. 왕궁의 사바 수장은 사우디로 탈출했습니다. 후세인 이라크 대통령은 의회를 해산시키고 괴뢰정권을 수립했습니다.

중동 8년 전쟁에서 미국의 힘을 빌어 이란에 승리했던 후세인 이라크 대통령은 자국의 석유권 확보를 위해서 쿠웨이트를 점령합니다. 하지만 그것은 잠자는 호랑이 콧수염을 잡아당기는 격이 되었습니다. 쿠웨이트와 최고 동맹국인 미국을 잘 건드려 주었습니다. 기다리던 아버지 부시 대통령은 유엔의 승인과 연합군 편성을 거치며 착착 전쟁의 수순을 밟습니다. 항공모함과 전투기들의 융단폭격 그리고 전자전에 의한 육군의 진격으로 6개월 후인 '91년 2월 28일 절단이 나면서 끝이 납니다. 다음에 다시 이야기하겠습니다.

'90년 8월 7일자로 3년 4개월을 우리 사회과에서 함께 근무했던 성문용 과장이 회계과장으로 가고 새로 김종기 과장이 발령을 받았습니다. 9년 전 '80년 8월 모셨던 김종기 서무계장이 과장으로 승진되어 장수군으로 가면서 헤어졌습니다. 그 후 옥구로 왔다가 다시, 군산시로 전입되었습니다. 9년 만에 계장이 되어 그 분을 과장으로 다시 뫼시게 된 것입니다. 9년 전 헤어질 때 덕진 포도밭 사건 이야기한 바 있습니다.

이날 인사에서 최인욱이 산업과장, 유인식이 주택과장, 김용길이 도서관장, 유수근이 녹지과장으로 함께 발령되었습니다.

집 옮긴 이야기를 하겠습니다. 아내는 4년 전에 600만 원 주고 샀던 주공아파트를 1,000만 원에 팔았습니다. 지난 4년 동안 새로운 아파트를 장만하기 위해 정성을 쏟았습니다. 새로운 아파트를 사려 할 때 현대, 공영토건, 유원, 삼성, 롯데, 진흥 등 총 3,443세대 매물이 함께 나와 있었습니다. 우리는 월명산 기슭을 깎아 만들어 기반이 든든하고 은파방죽이 한눈에 들어와 쾌적하다는 이유로 현대 아파트를 골랐답니다. 104동 702호를 4,300만 원을 주었습니다.

지난 4년 동안 살았던 19평짜리 주공 아파트는 우리 식구들의 추억이 어린 곳입니다. 아이들은 공부 열심히 하며 건강히 자랐습니다. 아내는 적금을 들고 정보를 얻으며 열심히 살았습니다. 나는 직장생활과 문학 활동을 그런 대로 잘 했습니다.

아내는 아줌마들이 하는 자장면 계에 들었습니다. 아내가 부탁하여 '훗날 계'라는 이름을 내가 지어 주었었습니다. 그들은 한 달에 한 번씩 만나서 스트레스를 풀고 생활의 활력을 얻습니다. 지금까지도 매월 한 번씩 만나지만 평범하고 건강한 아줌마들의 모임이었습니다. 그들은 아이들을 가르치고 하나 둘씩 여우면서 이제 할머니로 변해가고 있습니다.

유영복, 심명보, 김기형 등이 같은 아파트 단지에 살면서 서로 교류했습니다. 우리가 이사하기 전 해에 이시연은 전주로 이사하고 우리가 이사 온 다음 해에 임명진 교수도 전주로 이사를 했습니다.

이라크전이 터진 8월 3일 이사를 했습니다. 우리 아파트 같은 층 바로 앞에 형진이 샛별 유치원 친구 선중이가 이사와 있었고 주공아파트 바로 앞에 살았던 동민이네도 한 아파트로 이사를 왔습니다. 선중이 아버지와 동민이 아버지 둘 다 설계사들이라 시청을 자주 출입했기 때문에 나와 그들 모두 잘 알았습니다. 세월이 흘러 선중이는 예비 의사가 되어 있고 동민이는 서울대학을 다니던 중 군에 갔다 제대해서 복학했다 합니다. 지금까지 아이들은 아이들대로 어른들은 어른들대로 잘 지내고 있답니다.

아내는 오랜만에 샤워실과 화장실이 따로 달린 아파트에 형진이와 송일이에게 각각 다른 방을 만들어 주는 소박한 꿈을 이루었습니다. 그리고 이제 자가용을 사는 꿈을 꾸고 있었습니다.

우리가 주공아파트를 4년 살고 400만 원을 남겼습니다. 아파트는 사면 돈이 남았고 업자는 지으면 돈을 벌었던 시절이었습니다.

우리가 은파 현대아파트를 산 후에도 동신, 현대건설, 대명건설, 롯데, 삼성, 광주고속 등이 새 아파트를 짓고 있었습니다. 시에서는 소룡동 제4토지구역에 영세민을 위한 아파트도 짓고 있었습니다. 그 때 나의 비망록에 보면 '89년 9월 달부터 2년 동안 8,500세대의 아파트를 지어 분양했습니다.

그리고 은파 옆 지곡동 쪽에 택지를 만들어 대대적인 아파트단지를 조성하고 있습니다. 후에 이곳에 수많은 아파트와 보건소, 서해초등학교, 군산여상, 지곡초등학교, 군산의료원이 몰려와 신흥도시가 만들어집니다. 이곳을 중심으로 라운3동이 됩니다. 지금도 아파트 값이 살아있는 지역이랍니다.

내가 은파 현대아파트로 이사를 온 지 15년이 되었습니다. 지난 15년은 인생의 황금기였습니다. 읍장이 되고 과장이 되고 동장도 했습니다. 아이들 두 놈이 대학을 나왔습니다. 군대를 다녀왔습니다. 형진이 장가를 보냈습니다. 아이들은 객지에 나가 사회생활을 잘 하고 있습니다. 시집과 수상록을 썼습니다. 전북문학상, 전북시인상, 표현문학상을 받았습니다. 정년을 했습니다. 세월이 짧다 하지만 뒤집어 생각하면 15년은 길 수도 있습니다.

그 중간에 아내는 지곡동 현대 아파트로 이사를 가려 계약까지

했습니다. 아내 판단으로 앞으로 우리 아파트 값이 오르지 않을 것이라고 판단했기 때문이었습니다. 내가 이사 갈 아파트를 가보았더니 너무 살벌한 것 같았습니다. 내가 사는 아파트가 조용하여 글쓰기가 좋다고 우겨서 주저앉고 말았습니다.

나는 이 글을 쓰면서 시청 주택과에 전화하여 군산시 주택 현황을 알아보았습니다. 지금 군산시 아파트는 연립과 다세대를 합해 50,693가구라 합니다. 개인주택 33,334 가구를 합치면 84,027 가구라 합니다. 인구 265천 명에 91,910세대이니 주택 보급률이 91%를 넘어섭니다.

실질적으로 주택보급률이 100%가 훨씬 넘는 것입니다. 한때 호황을 누렸던 월명동, 중앙로, 중동, 영동, 신영동 지역은 상권이 완전히 죽었습니다. 도시 속의 공가들이 나옵니다. 셋방들은 찾는 사람이 거의 없습니다.

단독주택 값은 내려갑니다. 오래된 아파트 값도 내려갑니다. 15년 전 주공 아파트를 4년 살고 400만 원 남기고 팔고 이사를 왔습니다. 그러나 4,500만 원에 사서 이사온 우리 아파트는 15년이 지났어도 그 가격 그대로입니다. 그래서 요사이 아내는 중간에 아파트를 옮기자고 할 때 가지 않았다고 나에게 투정을 합니다. 지곡동 쪽은 8,000만 원이 넘는다, 합니다.

군산은 젊은 사람은 벌어먹고 살기 위해 수도권 등으로 나갑니다. 남아 있는 젊은 사람들은 아이들을 낳지 않습니다. 빈집들이 넘칩니다. 노인들이 많아집니다. 그러니 도시는 역동적이지 못합니다.

오늘 아침 신문을 보았더니 군산은 현재(2005년 8월 28일) 842가구의 아파트가 미분양이랍니다. 앞으로 8개 업체가 5,189가구를 새로 짓는다, 합니다. 개발 중인 수송택지가 다 되면 수천 채의 아파트를 다시 지을 계획이랍니다. 군산에 장차 아파트 과잉공급에 따른 대란이 오지 않을까 걱정을 하고 있답니다.

예쁜이! 지난 일요일(2005년 8월 21일) 전주 이동희 시인이 왔습니다. 그는 자신이 낼 제4시집 ≪벤자민은 클래식을 좋아해≫ 발문을 써 달라 합니다. 몇 번 사양하다 용기를 내서 써 보냈답니다.

어제는 일송회에서 부부 동반하여 청남대를 다녀왔습니다. 충북 청원군에 위치한 청남대는 대청댐 준공식에 왔던 전두환 전 대통령의 지시에 의해 착공하여 '83년 12월에 준공하였다 합니다. 내내 대통령의 별장으로 사용해 오다가 2003년 노무현 대통령의 결단에 의해 국민관광장소로 개방했다 합니다. 청남대를 개방한 지 2년 만에 200만 명이 다녀갔다 합니다.

별장을 둘러보았습니다. 산자락과 호수가 어우러진 아름다운 경관을 감상하며 산책을 했습니다. 참 좋은 곳이었습니다. 이 정도라면 대통령의 별장으로 존치해도 호사스러운 것은 아닐 텐데 그런 생각도 했습니다.

정년을 지나버린 우리들의 하루 관광이 역동성을 잃어가고 있구나, 하는 생각들이 엄습해왔습니다. 8월이 다가는 산하는 벌써 가을이 스며 들어오고 있었습니다. 세월은 슬픈 것이구나 하는 생각으로 하루 관광을 마감했습니다.

(2005. 8. 28)

은파에서 째보선창까지
제5권

초판인쇄 / 2007년 9월 20일
초판발행 / 2007년 9월 28일

지 은 이 / 최 영
펴 낸 이 / 서정환
펴 낸 곳 / 신아출판사

출판등록 / 1984년 8월 17일 제28호
주　　소 / 전주시 태평동 251-30
전　　화 / (063)275-4000, 252-5633
홈페이지 / http://www.shin-a.co.kr
전자우편 / sina321@hanmail.net
　　　　　shina321@chol.com

값 20,000원

ISBN 978-89-5925-278-7 03810